Aus der Reihe
Seemannsschicksale
Band 7

Dirk Dietrich - Auf See

Von Rostock in die Welt

Tagebuchnotizen

1986 bis 1996

Band 7

Aus der Reihe

Seemannsschicksale

Auf See

Von Rostock in die Welt

Tagebuchnotizen
1986 bis 1996

Dietrich's Verlag

Copyright © Mai 2002: Dirk Dietrich, Brunsbüttel, BRD

Herstellung: Books on Demand GmbH Norderstedt

Lektorat: J.Esdohr, Magdala
Layout: S. Dietrich

Dietrich's Verlag
Reepschlägerstrasse 6a
25541 Brunsbüttel

email: service@dietrichsverlag.de
www.Dietrichsverlag.de

ISBN 3-9808105-4-2

Inhalt

Herzlich Willkommen,

mein Name ist Dirk Dietrich. Ich bin 1968 in Greifswald geboren und habe dort meine Kindheit erlebt, bis ich 1985 in Rostock die dreijährige Lehre zum Vollmatrosen mit Abitur begann. Es gab damals jedes Jahr nur eine Ausbildungsklasse von 24 Lehrlingen aus der gesamten DDR, die diese kombinierte Berufsausbildung absolvierte. Wer hier begann, wußte, dass er eines Tages auch studieren würde.

Nach dem ersten Jahr Unterricht folgte ein Praxissemester an Bord eines der DSR-Handelsschiffe im weltweiten Einsatz. So kam es, dass ich bereits mit 17 Jahren zum ersten Mal an Bord ging, um die weite Welt kennen zu lernen. Seit diesen Tagen habe ich immer Notizen gemacht, wenn ich unterwegs war. Immer mit dem Gedanken, eines Tages ein Buch zu veröffentlichen, welches die Entwicklung eines nautischen Anfängers bis zum Kapitän darstellt. Und so ist es auch gekommen: nach der Lehre bin ich einige Zeit als Facharbeiter, also Vollmatrose Decksbetriebstechnik gefahren, dann, nach dem Studium an der Seefahrtsschule Warnemünde / Wustrow in den Jahren 1990 bis 1995 als Nautischer Offizier auf Containerschiffen.

1998 stand ich, wie viele andere Seeleute ebenfalls, vor der Entscheidung, weiter zur See zu fahren oder eine Familie zu gründen. Ich wagte den Sprung an Land und bin heute als Nautiker in der Verwaltung des NOK tätig.

Endlich sah ich mich auch in der Lage, mein Buch zu veröffentlichen.
Mein Ziel ist es, den zahlreichen DSR-Fahrern ein Stück Erinnerung zu geben, und jungen Menschen, die vor ihrer Berufswahl stehen, ein Bild dieses Jobs zu vermitteln. Ich möchte den Beruf des Seemanns weder in die eine noch andere Richtung überbewerten! Ich hatte Anfangsschwierigkeiten, aber als ich mich schließlich eingearbeitet hatte, fiel es mir doch schwer, zu gehen und wieder ganz von vorne zu beginnen.

Die ersten beiden Teile dieses Buches sollen an die guten alten Zeiten erinnern, der dritte Teil ist mehr für die interessierten Berufseinsteiger von heute gedacht: so oder ähnlich läuft der Bordbetrieb heute - und jeder sollte sich seine eigene Meinung dazu bilden.

Aber nun soll es losgehen. Um niemandem zu Nahe zu treten, sind alle Namen geändert, auch die Schiffsnamen. Um die Originalität der Tagebücher zu wahren, habe ich keine stilistischen Änderungen am Text vorgenommen. So liest sich jeder Teil des Buches, bedingt durch meine eigene Entwicklung, etwas anders.

Als Lehrling nach Südamerika

1. Kapitel

Freitag, den 11.7.1986 - Rostock

Der Abspann des Filmes lief im Fernsehen und ich verließ die Messe. Was nun? Eigentlich sollten wir schon gegen Mittag ablegen und nach Wismar verholen. Inzwischen ist es 21.30 Uhr geworden und das Laden von Kali, immerhin 7000 Tonnen, ist noch immer nicht abgeschlossen. Kein Wunder also, dass auf MS „Warnemünde" Hochbetrieb herrschte. Als ich die Messe verließ und zu Mark, unserem Gangwayposten, hinausging, erschien sogar der „Alte" persönlich, um sich vom aktuellsten Stand zu informieren.

„Etwa noch 150 Tonnen!"

„Wie lange noch?"

„Eine knappe Stunde."

Ich ging in meine Kammer, die ich bereits seit einer Woche mit Sören bewohnte, und richtete mich auf eine weitere Stunde Leerlauf ein. Da es aber allen zwölf Lehrlingen so ging, trafen wir uns schließlich wie auf Verabredung im Sportraum. Neben einigen Gewichten und einem Hometrainer gab es hier auch eine gute Tischtennisplatte. Da wir so viele waren, mussten wir „Chinesisch" spielen. Als bis 22.45 Uhr immer noch nichts passiert war, erkundigte ich mich bei der Gangwaywache. (Neben den Offizieren die Informationsquelle, vielleicht sogar die noch bessere, da hier auch die Gerüchte zusammenliefen.) Und dort hieß es nun, gegen 01.00 Uhr früh geht's endlich los! Na schön, da legte ich mich für die Stunde doch noch einmal ins Bett, pardon - in die Koje und schlief ein. Um 00.15 Uhr wurde ich vom Wachmatrosen geweckt. Ich zog mir meine Arbeitssachen an, setzte mich auf den Sessel und wartete. Sören lag auf der Backskiste, also der Couch, und döste.

Mit der Zeit bemerkte ich, dass sich im Schiff etwas tat. Alles vibrierte, kaum dass man es spürte, aber irgendwie stärker werdend.

‚Die Hauptmaschine läuft' dachte ich und sah sicherheitshalber aus dem Bulleye, dem runden Fenster. Ich sah hinaus, fixierte das gegenüberliegende Schiff und – erstarrte!

„Wir legen ab! Verdammt, ohne uns Bescheid zu geben. Los, raus!" rief ich und stürzte hoch. In der Eile vergaß ich meinen Helm und Sören brachte ihn mir mit.

Am Heck angekommen, bemerkten wir, dass es für uns leider nichts mehr zu tun gab. Wir hatten abgelegt!

Mit der Zeit ließ die Enttäuschung nach und wir konnten uns in Ruhe Rostock-Warnemünde ansehen. Bis auf ein paar Lichter war nicht viel zu erkennen - es war stockdunkel und sehr windig.

Dann gab's doch Arbeit: Den Schlepper losmachen und die Schleppleine einholen. Gerade als wir sie aufgeschossen hatten, fuhren wir an der Mole vorüber. Die Wogen überspülten sie häufig. Trotz dieses Wellenganges lag unser 10.000-Tonner aber ruhig im Wasser, mit Kurs auf Wismar.

Sonnabend, den 12.7. - Wismar

Unsere Kammertür ging auf und der 4-8-Wachmatrose stand im Raum:
„7.10 Uhr: Aufstehen! Es gibt Rührei mit Tomaten zum Frühstück - vorher Anlegemanöver." Tür
zu. Mühsam krabbelten Sören und ich aus unseren Kojen. Die letzte Nacht war wohl doch etwas
zu kurz gewesen.
So wie wir nachts zu spät kamen, waren wir jetzt viel zu früh oben. Wir genossen die schönen
Aussichten auf beide Ufer während des Einlaufens. Gegen 07.30 Uhr kamen die Schlepper und
zogen uns rückwärts an den Schüttgutkai heran.
Um 08.25 Uhr gab's Frühstück. Danach begaben wir Lehrlinge uns in den Beratungsraum, zum
theoretischen Unterricht. Währenddessen wurde der „Rest" der Besatzung damit beschäftigt, das
Laden der letzten Tonnen Kali zu überwachen. Inzwischen erzählte uns Genosse Müller, unser
Ausbildungsoffizier (AO) etwas über Lichterführung, Knoten und den neuen Rettungsanzug.
Darüber verging die Zeit und am frühen Nachmittag hatten wir wieder frei.
Nach dem Abendbrot, das wir diesmal sehr früh einnahmen, marschierten Olaf, Detleff und ich
los. In die Stadt hinein. Zuerst auf der Suche nach einer besseren Kneipe, wogegen ich mehr nach
einer Telefonzelle Ausschau hielt, später dann zog es uns als „kultivierte Bürger" ins Kino. Der
Film war sogar gut. Danach trennte ich mich von meinen Freunden und fand endlich eine Tele-
fonzelle. Es nahm aber leider niemand ab. Ich vermutete, dass meine Eltern bereits bei meinem
Bruder zu Besuch waren, ganz in der Nähe übrigens.

Sonntag, den 13.7. - Wismar

Nach dem Frühstück musste ich erst einmal unsere Sanitäranlage in einen optisch einwandfreien Zustand versetzen, was mir doch etwas Geduld abforderte - und Zeit. Aber ich konnte es so einrichten, dass ich um 8.30 Uhr fertig wurde und den Hafen verlassen konnte, um meinen Eltern bei der Suche nach dem Überseehafen zu helfen. So gab ich die Bordgenehmigungen für meine Eltern am Tor ab und wanderte in die Stadt. Diese Bordgenehmigungen brauchte jeder, der als Besucher an Bord kommen wollte.

Ich will es kurz machen: Wir trafen uns und gingen Mittag essen. Dann fuhren wir nach Neukloster. Wir wollten meinen Bruder noch einmal besuchen.

Besonders wir beide freuten uns riesig, uns zu sehen. Wer weiß, wann wieder?

Montag, den 14.7. - NOK

Um 3.00 Uhr wurden wir geweckt! Schnell etwas anziehen und die Kojen bauen. Und schon kamen die Herren vom Zoll.

„Guten Morgen, die Seefahrtsbücher bitte!" - Sören gab seines. Der Zöllner schaute aufs Paßbild, sah zu Sören, aufs Bild, auf Sören. „Danke." - Bei mir dieselbe Prozedur. Mühsam unterdrückte ich ein Grinsen. Dann waren wir erlöst.

Ein Stündchen später liefen wir aus Wismar aus, es war 4.30 Uhr. Mit Kurs auf die Kieler Bucht - Richtung Westen.

Während der Stunden bis zum Frühstück spulten wir die Decks vom Kali frei. Danach die „Große Bordversammlung". Endlich! So wie ich es mir vorgestellt hatte, saß die gesamte Mannschaft in der Messe und hörte dem Kapitän bei der Einweisung, den Belehrungen und Informationen zu. Nur dass der Alte nicht stand, wie es in Filmen gezeigt wird, irritierte mich etwas. Danach probten wir die Komplexrolle und stiegen anschließend schön vorsichtig in die 3000-Mark-Rettungsanzüge. Die letzte halbe Stunde bis zum Mittag fegten wir noch in Luke 2 Kali zusammen. Hier sollten in Hamburg drei Mercedes hinein. Nun, dann war wieder „Ausscheiden". Das bedeutete, wir hatten den Nachmittag über nichts anderes zu tun, als uns aufs Sonnendeck zu setzen und die Naturschönheiten, die uns geboten wurden, zu genießen.

Gleich nach dem Mittagessen steuerten wir auf Kiel zu und fuhren in die Schleuse des Nord-Ostsee-Kanals oder kurz NOK.

Und dann kamen wir aus dem Staunen einfach nicht mehr heraus. Zuerst hatten wir ja noch Karten gespielt und uns über belanglose Dinge unterhalten. Als dann aber die erste Brücke in Sicht kam, wurden wir aufmerksam. Und als sich dann rechts und links am Ufer die Ein- und Mehrfamilienhäuser abwechselten, ließen wir die Karten sein und griffen uns vielmehr die Fotoapparate. Die „schäbigsten" Bauten konnte man gerade noch als Villa bezeichnen; für alle anderen fehlen mir die Worte. Große, herrliche Holzhäuser, Villen in modernster Fassade, zwei- und dreistöckig, mit riesigem Vorgarten und sogar großen, gepflegten Rasenflächen wechselten sich ab. Unbeschreiblich schön! Jedes Haus auf seine Weise anders, aber nicht schlechter. Dies und die Natur, insbesondere das schöne Wetter, besorgten den Rest.

Um 16.00 Uhr gab es das erste Mal Transitwaren, aber keine Schokolade; und Zigaretten brauchte ich nicht.
Nach dem Abendbrot gingen wir frühzeitig in die Kojen, es sollte früh rausgehen.

Dienstag, den 15.7. - Hamburg

Die letzten Nächte hatte mich mein Zeitgefühl überrascht. So auch heute: Ich wurde wach, sah auf den Wecker und er zeigte genau 01.00 Uhr. Wenige Minuten später wurden wir vom Wachsmatrosen geweckt:
„Klar vorn und achtern zum Schlepper festmachen und anlegen!" hieß es. Als ich oben ankam, sah auch ich es: Wir fuhren bereits auf der Elbe. Das Hafenbecken öffnete sich vor uns und die Schlepper kamen uns entgegen.
Jetzt musste alles wieder sehr schnell gehen: Festmacherleine zum Schlepper, Wurfleinen und Festmachertrossen fertigmachen, aufklarieren, Rattenbleche heraus und Sonnenbrenner bereitlegen. Dann konnten wir in Ruhe unsere Einfahrt in Hamburg miterleben. Es war zwar Nacht, aber die vielen Flächenstrahler der Krane und die Leuchten der Schiffe ließen doch einiges erkennen.
Das Anlegemanöver klappte wie gewöhnlich. Die Gangway wurde ausgebracht, der Posten aufgestellt und der Rest der Mannschaft konnte wieder schlafen gehen.
Wieder wurde ich punkt sieben von allein wach. Aber es kam keiner wecken. So zog ich mich leise an und wollte gerade frühstücken gehen, da schallte es über die Bordlautsprecher durchs ganze Schiff:

„Guten Morgen! Ab sofort ist in der Messe Valutaausgabe und gleichzeitig bekommen Sie Ihr Seefahrtsbuch. Landgang ist bis 18.00 Uhr! Ich wiederhole ..." - Hurra! Ich war außer mir vor Freude. Sören begriff ebenfalls, aber der Schlaf saß ihm noch so in den Augen, dass es etwas verwirrt wirkte.

Die Sache hatte nur einen Haken! Jeder Lehrling brauchte einen Vollmatrosen als Begleitung. Nur, alles kam so plötzlich, dass noch nichts abgesprochen war. So hieß es dann von Seiten Genossen Müllers:

„Wer keine Begleitung hat, arbeitet!" - Also los. Mich wurmte das dermaßen, dass ich bis Mittag doch noch jemanden fand. Zusammen mit Sören, Detleff und dem Langen hatten wir fünf Matrosen und verschwanden nach dem Mittagessen! Jeder von uns hatte 20,-DM in der Tasche, kein allzu reichliches Taschengeld freilich, aber wir wollten ja auch nichts Bestimmtes kaufen. Um 12.55 Uhr brachte uns die Hafenfähre zu den Landungsbrücken, dicht an der Altstadt. Von hier

aus marschierten wir recht zügig in Richtung Stadtzentrum, welches wir erreichten, als wir in die Mönkebergstraße einbogen. Hier wurde uns Lehrlingen nun vorgeschlagen, allein die Straße hoch und runter zu laufen, aber um 16.00 Uhr wieder vor diesem Kaufhaus zu sein.

So zogen wir los. Und staunten. Ich kannte ja schon einige internationale Großstädte, halb Osteuropa hatte ich bereits mit meinen Eltern bereist. Aber dies hier war eine Stadt des Kapitals, was ich völlig unbewußt auch registrierte. Die Geschäfte waren alle voll. Es roch nach teuren Parfüms, auch auf der Straße. Preisschilder mit unmöglichen Zahlenkombinationen, bis auf den

Pfennig bezeichnet, zogen uns an. Und so viele Menschen! Bis wir an einem Geschäft vorbeikamen, an dem Leierkastenmusik ertönte. Jetzt kam ich mir vor, als wäre ich um mindestens 50 Jahre zurückversetzt worden. In das damalige Deutschland im Jahre 1929-34. Im nächsten Augenblick war ich wieder in der Wirklichkeit.

Die Musik kam keineswegs aus einem Lautsprecher, sondern neben dem Eingang zu einem modern eingerichteten Kaufhaus stand ein alter Mann mit grauem Bart. Schlecht angezogen, die Haut im Gesicht und an den Händen verwittert. Mit der einen Hand drehte er die Kurbel des uralt erscheinenden Leierkastens, mit der anderen hielt er sich daran fest. Auf dem Musikinstrument stand ein Korbbecher. Einige Geldstücke lagen darin. Ich konnte mich nicht losreißen. Und so steht dieser Mensch hier Tag für Tag. Vielleicht bekommt er so viel zusammen, dass es für den nächsten Tag reicht?

Ich musste Sören schnell folgen. Ihn zog wieder ein Klamottenladen an. Und wieder folgte Geschäft auf Geschäft. Es schien wirklich DIE Ladenstraße zu sein. Plötzlich hörte ich eine Flöte. Als ich mich suchend umsah, entdeckte ich ein etwa neunjähriges Mädchen vor einem Schaufenster sitzen. Vor sich hatte sie ein Notenbuch liegen und daneben - einen Becher! Sie spielte Kinderlieder und alte Volksweisen. Ich ging weiter.

Schließlich entschlossen wir uns, das „kleine" Karstadt-Kaufhaus in Angriff zu nehmen. In diesem Gebäudekomplex aus vier Etagen überraschte es uns förmlich auf Schritt und Tritt. Da gab es Haushaltwaren, Teppiche, Sportartikel, Koffer, Porzellan, modische Kleidung, ein Café, einen Stehimbiß, ein Restaurant und und und ...

Aber die 4. Etage wurde für uns unwiderstehlich: Schallplatten und Unterhaltungselektronik. Auf Anhieb hätte ich zwei, drei Platten kaufen mögen, nur reichte mein Taschengeld nicht ganz aus. Dann standen dort Fernseher, Radios, Recorder, Plattenspieler, Synthesizer, Walkmen ... sogar DDR-Produktionen waren darunter, relativ preiswert. Von all diesen herrlichen Dingen konnte ich mich nur schwer trennen. Aber dann musste es doch sein, wir wollten uns ja um 16.00 Uhr treffen.

In einem Neckermann-Eckhaus sah ich endlich die kleinen Videospiele (die Vorläufer der heutigen Gameboys), nach denen ich schon den ganzen Nachmittag gefragt hatte. Sören borgte mir 10,-DM und so konnte ich mir eins kaufen. Dann kamen unsere Matrosen. Da es wohl doch noch zu früh war, verabredeten wir uns auf die nächste dreiviertel Stunde. Wir liefen in Richtung Bahnhof los. Dort angekommen, fanden wir in einer Nebenstraße endlich auch Sörens Laden. Natürlich konnte er nichts kaufen. Gleich gegenüber übrigens lockten Werbungen wie „Sex-World", „Sex-Paradies" und ähnliches. Wir entdeckten auch eine „Spielothek", Wettbüros und mehrere Automatensaloons.

‚Alles ist käuflich' sagte ich mir. Wir lachten unbeschwert und zogen weiter. Als wir einen Straßentunnel durchquerten, stießen wir auf einen Mann, der am Boden kniete und mit bunter Kreide das Porträt eines alten ehrwürdigen Mannes auf den Boden zauberte. Jawohl, das Bild war echt gut, sicher würde es vollendet richtig wirken. Dann klimperte es. Der Mann hob den Kopf und murmelte „danke". Schnell gingen wir weiter. Wir hatten nur noch wenig Zeit, kamen aber trotzdem pünktlich auf unserem Dampfer an. Detleff und der Lange hatten sich Uhren gekauft, einer der Matrosen sogar Schallplatten. Mein Videospiel war von da an völlig in der Benutzung meiner Freunde.

Um 19.30 Uhr liefen wir aus, es war ein schöner Tag geworden. Abschließend laschte ich noch ein paar Kisten Ladung, dann war Nachtruhe. Gegen 23.30 Uhr verließen wir die Elbemündung, mit Kurs auf Antwerpen.

Mittwoch, den 16.7. - Nordsee

Nach dem Frühstück zeigte uns Gen. Müller, wie man eine Festmacherleine zum Auge verspleißt. Man hat 8 Kardeele. Je zwei gehören als Paar zusammen und werden so zu vier Paaren. Davon sind zwei Linksgesteckte und zwei Rechtsgesteckte. Die Ersteren werden unter die anderen gesteckt, und nachher umgekehrt. So bekamen wir die neue Festmacherleine und konnten die alte im Kabelgatt „aufschießen", einordnen. Dann begannen wir, Fender zu basteln. Zunächst einfache Holzfender. Die Pier in Antwerpen, insbesondere die Wände der Hafenschleuse sollten sehr rauhe Wände haben. Deshalb benötigten wir fünf Fender. Nach dem Mittagessen ging es um Reifenfender. Einen schafften wir, den zweiten fast. Dann war es 14.30 Uhr und in Anbetracht unserer Überstunden und einer eventuellen Nachtschicht hörten wir auf. Während des Nachmittages spielten wir mit meinem Videospiel. Abends fuhren wir an der holländischen Küste vorbei, passierten Vlissen und warfen dann auf der Reede vor Antwerpen den Anker. Gegen 23.00 Uhr sollten wir einlaufen. Darum ging ich bereits um 21.00 Uhr in die Koje. Ich stellte den Wecker, war mir aber sicher, dass ich von selber wach werden würde. Als ich dann das nächste Mal auf die Uhr schaute, war es 23.00 Uhr durch. Sören kam von der Wache, machte das Licht an und stieg ebenfalls in seine Koje.

„Laufen wir denn heute nicht mehr ein?" fragte ich ihn.

„Wir werden wohl noch vier bis fünf Stunden hier liegen. Da geht uns ein halber Tag verloren. Gute Nacht!" meinte er und schaltete das Licht aus. Na schön, da konnte man ja in Ruhe weiter schlafen.

Donnerstag, den 17.7. - Antwerpen

Um 6.30 Uhr wurden wir geweckt. Sofort hinaus und die Fender an der Backbordseite besetzen, hieß es. Backbord sollte nicht nur die Landseite werden, sondern auch in der Schleuse anliegen. So geschah es. Dann kam für den Lotsen und seinen Rudergänger das schwierigste Stück: Es galt eine Hafeneinfahrt zu passieren, die nur etwa 10 Meter breiter war als unser Schiff. Glücklicherweise war die See spiegelglatt. Trotzdem liefen zwei Lehrlinge, Uwe und Stefan, jeder auf einer Seite des Schiffes entlang und führten einen Holzfender mit. Sie wurden aber nicht gebraucht. Das Anlegen gelang nach zwei mißglückten Wurfversuchen mit der Wurfleine, endlich! Sofort wurde ans Ablaschen gegangen. Vier von den 12 geladenen PKW sollten raus und in zwei andere Luken geschafft werden. In die Luke, die so frei geworden war, wurde Malz in Säcken eingestaut. Alles verlief recht zügig, so dass wir zum Mittag fertig waren.

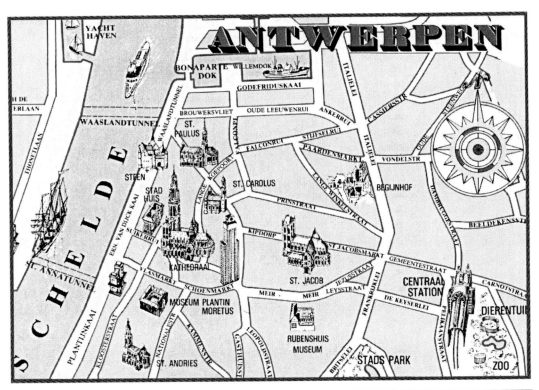

Da der Donnerstag aus alter Tradition „Seemannssonntag" ist, brauchten wir nach dem Mittagessen nicht mehr zu arbeiten, sondern konnten Landgang anmelden. Dieses Mal sah es auch gut aus. Der Elektriker wollte mich mitnehmen, aber dann wollten Detleff und Olaf ebenfalls mit, doch der gute Mann wollte sich nicht mit so vielen Begleitern belasten. So mussten wir uns entscheiden. Da ich keine Franken mehr bekommen hatte, also ohne Geld dastand, schien es bereits entschieden. Es wurmte mich zwar, weil Olaf eine doppelte Menge besaß, aber „bei Geld hört die Freundschaft auf", so auch bei ihm! Schweren Herzens fand ich mich damit ab und begann, mit den anderen Zurückgebliebenen Tischtennis zu spielen.

Plötzlich ging die Tür auf und Uwe rief mich heraus. Nichts geht über wahre Freunde! Er hatte noch zwei Begleiter ausfindig gemacht und bot mir jetzt an, mit Karstens Geld mitzukommen. Selbstverständlich!

Nach eineinhalb Stunden mühsamen Fußmarsches befanden wir uns dann endlich in der Stadt. Unsere beiden Motorenwärter trennten sich sofort von uns, was uns auch recht war, und wir versuchten, das Zentrum zu erreichen. Zuvor allerdings tauschte Uwe 10,-DM in 204,- Franken, so dass wir nun doch nicht so ganz ohne dastanden. Wir zogen durch verwinkelte Gäßchen und Straßen. Überall bunte Reklamebilder in allen Formaten. Viele kleine Läden, ähnlich wie in Ungarn oder Bulgarien, wo die T-Shirts teilweise draußen hingen und man im Geschäft selber kaum Platz zum Umdrehen fand. Und in jedem Laden Recorder und Uhren, egal, ob es sich um einen Kleinwarenhändler oder einen Textilienladen handelte.

Und noch eine Überraschung: Nicht nur, dass die Menschen hier Deutsch und Englisch verstanden, nein, wir fanden sogar eine ganze Straße, in deren Geschäften die Verkäufer fließend Russisch sprachen...

Schließlich kauften wir uns einige Ansichtskarten, setzten uns unter einem Baum auf eine Bank und beschrieben sie. Dann brauchten wir nur noch eine Post - die wir nicht fanden! Dafür stießen wir endlich auf das Stadtzentrum mit seinem Dom und dem Rathaus, vor dem alle europäischen Staatsflaggen gehißt waren. Hier befand sich auch die Touristeninformation.

Wir fragten nach einer Post. Auf einem Stadtplan zeigte uns die gute Frau eine und meinte: „Ist die einzige, jetzt aber zu!" - Toll! Hmh.

„Und wo bekommen wir Briefmarken?" - Überall, wo es Ansichtskarten gibt, versicherte sie, aber nur mit der Karte! Und wie teuer ist es ins Ausland, in die DDR? Das letzte ignorierte sie: „Nach Deutschland, hier Preise, Karte mit mehr als fünf Wörtern 13 Franken." - „Nicht Deutschland, DDR!" - Nein, nein, das sollte so stimmen. Neben uns stand ein älterer Herr, der, als er merkte, dass wir nicht weiter kamen, ihr mit den Worten „Da ist nämlich ein großer Unterschied" den Zettel aus den Händen nahm. Dann zeigte er uns, dass DDR wohl unter „sonstige Länder" fiel und somit 24 Franken kostete! Na, das wäre was geworden.

Wir unterhielten uns noch eine Weile mit diesem freundlichen Herrn aus Westberlin, der hier in Belgien seinen Urlaub verbrachte, bedankten uns höflich und suchten den nächsten Eckladen auf, um Briefmarken mit einer Karte zu erwerben. Ich suchte mir also eine möglichst ansehnliche heraus und wir gingen hinein. Der Verkäufer konnte ganz gut Deutsch und ich verlangte 12 mal 13er Marken. 175 Franken sollten wir zahlen. Er nahm die 6,-DM von Uwes restlichem Hartgeld, welches keine Bank einwechseln wollte für 120 Franken, ich schüttete mein Portemonnaie aus und gab den Rest in harten Franken ohne darauf zu achten, dass es 20 zuviel waren. Was ich erst später

bei Nachrechnungen feststellte. Nun, bei dem damaligen Kurs von 1:20 kein allzu großer Verlust. Wir steckten die Karten in einen Briefkasten und zogen in Richtung Treffpunkt los. Für den gesamten Rückweg brauchten wir jetzt nur eine Stunde, hatten so aber wieder das teure Busgeld gespart. Es war anstrengend gewesen, sechs Stunden auf den Beinen zu sein, aber es hatte sich gelohnt. Antwerpen ist ein schönes „Städtchen".
Abends sahen wir uns erstmalig zwei Videofilme an, bis wir gegen Mitternacht in den Kojen lagen.

Freitag, den 18.7. - Im Kanal

„Es ist 3.15 Uhr! In 10 Minuten ‚Klar vorn und Achtern!'"
Davon wurde ich wach. Wie in Trance stand ich auf und zog mich an. Im Stillen beneidete ich Sören. Er hatte einen festen Brückenwachdienst und brauchte erst um 7.00 Uhr aufstehen. Für mich war diese Nacht ein bißchen zu kurz ausgefallen. Ich stellte mich abschließend noch vor das Waschbecken und versuchte mit kaltem Wasser meine Augen zu öffnen. An der frischen Luft draußen wurde es besser. Um 3.30 Uhr legten wir in Antwerpen ab.
Nachdem wir auch die Hafenschleuse, etwa eine Stunde später, glücklich passiert hatten, durften wir für eine Stunde ins Bett. Ich war schon fast drin, da meinte Gen. Müller doch:
„Es lohnt ja nicht mehr, auf zur Arbeitsverteilung!" - Also, bei allem guten Willen, da fluchte ich ganz gewaltig - natürlich nur in Gedanken.

Während des Vormittags laschten wir die letzten Güter und machten dann mittags, wegen der angefallenen Überstunden, Feierabend.

An diesem Tag fuhren wir an den Küsten Belgiens und Frankreichs vorüber, sahen teilweise sogar Englands Küste.

Immer noch hatten wir gutes Wetter und kaum Seegang. Die kleinen Wellen reichten gerade aus, das Schiff nicht ruhig liegen zu lassen. Bis 16.00 Uhr schliefen wir. Zum Abendbrot ging das Gerücht einer Sturmwarnung in der Biskaya herum. Aber niemand wußte etwas Genaues.

So sehr beeindruckte mich der Kanal nicht. Wenn man nicht wüßte, wo man gerade fährt, könnte es auch die Ostsee sein. Aber wir wollten ja nach Südamerika!

Übrigens sind jetzt die drei Reifenfender fast fertig. Es wird auch langsam Zeit, zwei Holzfender haben wir in der Schleuse verloren: Den ersten holten wir nach dem Hineinfahren nur noch als Bruchstücke wieder an Deck, und der zweite verkantete sich beim Herausfahren an der Bordwand, und der Tampen wurde an mehreren Stellen fast durchgescheuert.

Einzig auffallendes Merkmal des Kanals: Ein lebhafter Verkehr mit mehr als ein Dutzend Fahrzeugen in Sichtweite, wobei wir die meisten überholten. Unsere Reisegeschwindigkeit liegt bei ungefähr 18 Knoten, was etwa 32 km/h sind. Wie langsam müssen die anderen erst sein?

Vorhin kam eine Borddurchsage: In der folgenden Nacht sollen alle Borduhren um eine Stunde zurückgestellt werden. Das ist vorteilhaft, da können wir eine Stunde länger schlafen!

Außerdem hatten wir heute die zweite Transitausgabe. Endlich bekam ich Schokolade und Salzstangen.

Sonnabend, den 19.7. - In der Biskaya

Früh um acht fuhren wir in den Golf von Biskaya. Von Sturm keine Spur. Bis zum Mittag machten Uwe und ich Reinschiff, während der Rest der Besatzung das Ladegeschirr labsalbte. Nachmittags kamen Reiseinformationen über Bordfunk:

Durchschnittliche Reisegeschwindigkeit 17,5 Kn, der Abstand zur französischen Küste betrug 70 sm, also etwa 126 km. Die Schiffsbewegung nahm zu, trotzdem schien der Seegang kaum der Rede wert zu sein.

Es gab neue Arbeit. Gen. Müller bestellte Uwe und mich zum Kran nach achtern. Mit Sicherheitsgurt und -leine ausgerüstet bestiegen wir den waagerecht liegenden Ausleger und säuberten ihn mit Verdünnung und Lappen von größeren Fettflecken. Bis zum Feierabend um 16.00 Uhr schafften wir gut die Hälfte. Nach anfänglichen Schwierigkeiten turnten wir bald verwegen und uns kaum festhaltend am Kran herum. Natürlich gönnten wir uns auch mal einen Blick übers Meer. Ja, jetzt fuhren wir auf dem Atlantischen Ozean! Ein Ozean, so blau, so herrlich schön und klar tiefblau, wie ich es noch nicht gesehen hatte! Märchenhaft sauber wirbelte die Schraube das Wasser kraftvoll hoch. Wenn man weiter hinaus blickte, erschien der Ozean dunkelblau-grau bis schwarz und wirkte ohne die weißen Gischtschäume der Wellen schwer und ruhig.

Als ich unter der Dusche stand, kam plötzlich der Ruf „Bootsrolle" und „Schnell, zieh dir was über und nimm deinen Rettungsanzug mit hoch!" Rasch zog ich mir ein Trikot an und wollte schon zum Rettungsanzug greifen, da stutzte ich. Ist es wirklich möglich, die Alarmklingel unter der Dusche nicht zu hören? Schnell sprang ich zur Tür und sah gerade noch, wie Karsten in der Nebenkammer verschwand. Alles klar. Ich ging zurück unter die Dusche. Ganz so zufrieden schienen mir meine „Freunde" nicht zu sein ...

Nach dem Abendbrot fanden der Handtüchertausch und die Getränkeausgabe statt. Uwe brauchte wieder eine Kinotesin-Tablette von mir - gegen Unwohlsein. Bei der Gelegenheit nahm ich auch eine.

Verzweifelt suchten Sören und ich dann das Tele-Spiel, welches an Bord sein sollte, konnten es aber selbst mit Hilfe des II.NO, des Funkers und des E-Mix nicht auftreiben. Um 19.30 Uhr war Kinozeit. „Der Leopard und die Lady" - in schwarz/weiss, mit den üblichen Aussetzern, die so ein Vorführgerät nun mal an sich hat.

PS: Letzten Informationen zufolge sollen wir morgen früh das letzte Land sehen können, das spanische Kap Finisterre.

Für das Arbeiten am Kran gab es 20 Pfennig Zuschlag pro Stunde. Da wir die nächste Woche ab Dienstag den Kran auch streichen, werden sich die Finanzen etwas aufbessern lassen.

Sonntag, den 20.7. - Atlantischer Ozean

„Mahlzeit Besatzung und Guten Appetit beim Eisbein. Soeben wurde es 11.40 Uhr. Wie gestern einige Reiseinformationen. Heute früh um sieben Uhr fuhren wir am Kap Finisterre vorüber. Jetzt sind wir auf Höhe der portugiesischen Stadt Porto, 80 sm entfernt. Gegen 22.00 Uhr werden wir uns auf der Höhe von Lissabon befinden. Der gegenwärtige Kurs beträgt 198°. Wir fahren mit einer Geschwindigkeit von 17 Knoten, die Außentemperatur liegt bei 20°C! Noch ein Hinweis: In der kommenden Nacht werden die Uhren wieder um eine Stunde zurückgestellt. Die 12-Uhr-Wache wünscht einen schönen Nachmittag!" - Währenddessen saß der größte Teil der Mannschaft in der Messe und ließ es sich schmecken.

Der Vormittag war beim Saubermachen vergangen. Nach dem Mittag kam die dazugehörende Kammerabnahme durch den Gen. Müller und wenig später saßen wir im Beratungsraum. Wir legten Uwe als Klassensprecher fest. Nebenbei besetzten wir noch FDJ- und Gewerkschaftsfunktionen. Ich übernahm gemeinsam mit Olaf den Bordfunk. Auf eine Frage nach unseren bisherigen Zensuren meinte Genosse Müller:

„Bis jetzt bin ich sehr zufrieden. Die Qualität läßt nichts zu wünschen übrig, auch die Arbeitsdisziplin ist in Ordnung. Auf die Quantität kommt es zu Anfang erst mal nicht so an, aber das geht im Großen und Ganzen auch. Morgen beim Unterricht kann ich ja eure Zensuren vorlesen! - So, das wäre es für heute. Bis nachher, zur Bordversammlung!"

Bis dahin tranken wir Kaffee und futterten wie die Raupen den Kuchen auf, so dass die letzten fast keinen mehr bekamen. Die Versammlung war lediglich eine große Belehrung über Konservierungsarbeiten. Danach setzten wir uns aufs Sonnendeck und spielten „Mensch, ärgere dich nicht!" Als ich zum Abendbrot in die Messe kam, traute ich meinen Augen kaum. Was dort in den Glasschalen auf dem Tisch stand, waren Muscheln! Rohe, eingesäuerte Muscheln! Noch nie hatte ich dergleichen gesehen oder gar gegessen. Aber mit der Zeit schmeckte es sogar!

Nach dem Essen begaben Sören und ich uns in den Beratungsraum, an dessen Fernseher auf einmal das Telespiel angeschlossen war. Wir spielten uns fest. Sören war eindeutig der Bessere, und ich freute mich über jeden einzelnen Punkt, den ich erreichte.

Montag, den 21.7.

Wieder stellten wir die Uhren um eine Stunde zurück. Gleich nach dem Frühstück begannen wir mit dem Unterrichtsthema „Korrosionsschutz". Vorher allerdings schrieben wir noch eine Arbeit. Ich muß sagen, wir sahen alle ziemlich mies aus. Wir saßen oben im Beratungsraum. Es war wirklich ein sehr trockener Stoff, der Korrosionsschutz.

Um 11.40 Uhr kamen von der Brücke wieder Informationen: 4500 sm vom Land entfernt, Kurs 198°, 17 kn, 21° Lufttemperatur und 23° Wasser. Dazu der Hinweis, dass wir morgen gegen Mittag wohl die Kanarischen Inseln passieren würden. Von den Matrosen wurde uns ja bereits seit einigen Tagen versprochen, dort Kanarienvögel zu fangen. Selbstverständlich glaubte das niemand, hoffe ich wenigstens. Seit gestern hängt eine Botschaft von Neptun aus: ER gibt die Äquatortaufe bekannt! Heute nun durften wir uns „Tauffrisuren" aussuchen. Und was es da alles gab! Halbe und ganze Glatze, die Skalplocke, englischen Rasen, Seeteufelchen und noch viele andere „schöne" Frisuren, so recht dazu angetan, uns auf die Taufe zu freuen.

Nach dem Abendbrot brachte uns Gen. Müller unsere Arbeiten wieder. Viele Worte verlor er nicht: „Genosse Schrader, verteilen Sie doch mal die Wissensergüsse ihrer Kameraden! Das ist kein guter Start!" - Oho, das sah ja wirklich nicht rosig aus. Eine Fünf ging ja noch, aber bloß eine Handvoll Dreien und der Rest Vieren, das traf uns doch ziemlich hart!

Dienstag, den 22.7. - Kanarische Inseln

Den ganzen Tag über arbeitete ich mit Uwe am Kran. Wir bekamen ihn leidlich sauber, entrosteten ihn und setzten den ersten Anstrich drauf. Mittags passierten wir die Kanarischen Inseln, fuhren etwa 13 sm südlich von Teneriffa, oberhalb von Las Palmas entlang. Leider war die Sicht nicht so gut. Die Sonne strahlte zwar fast senkrecht herab, aber es wurde kein klarer Himmel und der Horizont blieb diesig. Unser Kurs wurde leicht nach Westen geändert, dadurch „schlängelten" wir uns durch die Inselgruppe und gelangten gegen Abend wieder auf offene See. Die Inseln sahen gewaltig aus. Wenn man einen sachten, hügeligen Anblick erwartete, so staunte man nicht wenig über die unverhofft bizarren und steilen Felswände.

Tagsüber prüfte Gen. Müller jeden einzelnen von uns im Knoten und Faßanschlagen. Einer meiner schlechtesten Auftritte folgte, wenn ich das mal so vorsichtig ausdrücken darf! Ich blamierte mich bis auf die Knochen und wurde der Schlechteste mit einem Zensurendurchschnitt von 3,0 - bei 38 Zensuren. Für jeden nicht gebrachten Knoten gab es eine Fünf, höchstens noch eine Vier. Etwa die Hälfte beherrschte ich nicht so gut, dass es mir nach mehreren Versuchen geglückt wäre. Nach den ersten drei Versuchen, die ich vertat, meinte Gen. Müller auch noch „Na, immer schön ruhig bleiben! Sie sind wohl kein Prüfungsmensch, wie? Wir sind doch hier unter uns, stellen Sie sich mal Ihre Situation in der Facharbeiterprüfung vor!"

Also, das fand ich nun doch komisch. Denn so ruhig war ich sonst kaum. Hier wußte ich nämlich genau, was ich konnte und was nicht! Und mit einer 2 oder 3 rechnete ich auch im Stillen. Allerdings wurde ich unsicher, als ganz selbstverständliche und extra geübte Knoten wie der Palstek oder der Kalmückenknoten einfach nicht klappten. Und später bei der Arbeit immer wieder der Gedanke, dass ich für dieselben Knoten schon Einsen bekommen hatte!

Für die anderen war ich den ganzen Tag über nicht gut ansprechbar. Erst abends, allein in der Kammer, nachdem ich die Faßanschläge und Stropverkürzungen wiederholt hatte, wurde ich zuversichtlicher. Jetzt konnte ich einer Nachprüfung standhalten. Wir werden sehen, am Donnerstag.

Übrigens: 10 Minuten nachdem ich mit der 3 vom Knoten kam, saß ich in der Kammer und machte Palstek und Kalmücke wieder anstandslos. Aber das glaubt wohl keiner.

Mittwoch, den 23.7.

Ich vergaß gestern in meiner Aufregung völlig, die Bordversammlung zu erwähnen, die um 15.00 Uhr stattfand. Es wurden verschiedene Gremien gewählt: Die SGL, also die Schiffsgewerkschaftsleitung, die Konflikt- und die Hygienekommission. Dann wurden wir über alles belehrt, was die südamerikanischen Zoll-, Hygiene-, Wach- und Landgangsbedingungen betraf.

Olaf und ich sind jetzt offiziell für den „Bordfunk" verantwortlich. Ich denke, wir werden uns gut einspielen.

Wieder arbeiteten wir am Kran. Den größten Teil konnten wir entrosten, dass heißt, wir hatten geklopft. Abstechen und Bürsten mussten wir auf den nächsten Tag verschieben. Zum ersten, und sicher nicht zum letzten Mal, waren Gen. Müller und der Bootsmann nicht zufrieden mit uns. Wenn sie an die Quantität vorerst noch keine Ansprüche stellten, dann wollten wir doch wenigstens Qualität vorzeigen können! Wir fanden dies insofern ungerecht, da wir nach Erfahrungen über andere Lehrlinge beurteilt wurden, selbst aber nicht wußten, wieviel wir eigentlich schaffen sollten. Dafür lohnte es sich nicht, „Kopf und Kragen" bei halsbrecherischen Aktionen am Kran oder am Ausleger zu riskieren! Wir mussten sogar auf einer ausziehbaren Alu-Leiter stehend akrobatische Übungen vollziehen, um auch an die Unterseite des waagerecht liegenden Auslegers heranzukommen. Nur wußte man bei dieser Leiter nie, wann sie umkippt, zusammenbricht oder wegrutscht!

Über all diese Themen unterhielten wir uns abends. Die „Viktoria-Bar" hatte zum ersten Barabend der Fahrt eingeladen. Es wurde gemütlich, und dass die Lehrlinge um 22.00 Uhr bereits gehen mussten, störte mich nicht. Diese Feier sollte noch bis tief in die Nacht hineingehen, was man am kommenden Morgen auch merkte...

Übrigens kam Karsten mit dem Swimmingpool gut voran. Heute hat er ihn gespritzt. Wahrscheinlich werden wir morgen anbaden können.

Donnerstag, Seemannssonntag, den 24.7.

Als wir gestern Mittag die Kanarischen Inseln passierten und dabei die Insel Teneriffa in 13 sm Abstand sahen, dachte ich, es wäre vorläufig das letzte Land. Aber heute musste ich diesen Irrtum eingestehen: Wir hatten die Kapverdischen Inseln auf unserem Kurs.

Bis zum Mittag arbeiteten Uwe und ich angestrengt und schafften so den ersten Anstrich fast völlig. Zum Mittag gab es Entenbraten, Eis und Reiseinformationen! 24° C Luft, Wasser des Atlantischen Ozeans 24°C, Luftfeuchtigkeit im Gegensatz zu gestern (82%) heute nur 70% und der Kurs lag bei 209°.

Dass wir uns dem Äquator näherten, sah ich an der Sonne. Mittags stand sie direkt über uns, und viele hatten bereits einen leichten Sonnenbrand. Die Sonne direkt im Zenit! - „Selten, so ein Anblick!", meinte Uwe, als ich ihn darauf aufmerksam machte.

Und nach dem Essen ging's groß in den Swimmingpool! Es war wirklich schön. Sauberes, salziges, hellblau-grünliches Ozeanwasser! Und ich möchte behaupten, der Salzgehalt des Schwarzen Meeres ist kaum geringer. Auch hier brannte es scheußlich in den Augen, so dass man alle zehn Minuten unter die Süßwasserdusche musste. Lange hielt ich es dort nicht aus. Uwe und ich zogen dann mit Fotoapparaten ausgerüstet auf die Back. Eine halbe Stunde standen wir dort und starrten durchs Objektiv auf die Wasseroberfläche. Unsere Ausdauer wurde nur mäßig belohnt: Lediglich ein knappes Dutzend „fliegender Fische" sahen wir. Einige sind nun verewigt! Abends sahen wir sogar eine Delphinschule durchs Wasser springen. Leider war es da zum Fotografieren schon zu dunkel. Aber wir sehen bestimmt noch mehr!

Zum Kaffeetrinken gab es ein Stück Quarktorte. Anschließend wurde von jedem Besatzungsmitglied ein Paßbild gemacht, für die südamerikanischen Hafenbehörden. Danach zog es mich in den Funkraum. Hier stand das „Funkstudio" mit Video- und Tonanlage. Bis in den späten Abend hörte ich mir Bänder an. Viel gute Musik war nicht dabei.

Freitag, den 25.7. - Auf See

Ich muß sagen, nach den ersten paar Anranzern wird man auch aus den uns gegebenen Anweisungen schlau! Und dann klappt's sogar! So wie heute. Wieder arbeiteten wir am Kran, und ich denke, mit dem ersten Schlag werden wir morgen fertig sein und den zweiten bereits ganz gut angefangen haben.

Mittags gab es wie üblich die Reiseinformationen: Luft 27°C, Wasser 27°C. Die nächste Landentfernung: 5000 Meter - unterm Kiel ... wir unterbrachen die intensive Beschäftigung mit dem Mittagsteller, um anerkennend zu grinsen.

Nachmittags wurden die Wellen doch schon etwas größer. Hin und wieder regnete es auch mal kurz, so dass wir unsere Arbeit unterbrechen mussten. In einer dieser Pausen wurden Uwe und ich in den Maschinenraum hinunter geschickt. Wir sollten dort die Wände waschen. Es war im Grunde eine leichte Arbeit, und den Maschinenlärm verkraftete man auch. Schlimm war es dort aber mit der Hitze! Schon wenn man nur mal hindurch ging, standen einem die Schweißtropfen auf der Stirn. Mein T-Shirt hängte ich nach dieser halben Stunde in den Trockenraum.

Nach dem Abendessen, bei dem ich 8 Hefeklöße aß, und so den Bordrekord an mich riß, war um 19.15 Uhr unsere erste FDJ-Versammlung, die schon 30 Minuten später zu Ende ging. Trotzdem waren wohl alle wichtigen Probleme gelöst. So sollte man auch an Land versuchen, es in den Griff zu bekommen!

Der Abend verging mit Video und Musik. In der O-Messe saßen derweil die „Täufer" unserer Äquatortaufe beisammen und dachten sich die interessantesten Taufmethoden aus, mit denen wir Lehrlinge und andere „Landratten" von „unseren Sünden" gereinigt werden sollten! Nebenbei floß das Bier nur so ...

Übrigens : So langsam färben sich auch die letzten von uns rot bis bräunlich. Es macht schon was aus, den ganzen Tag in der Sonne zu arbeiten!

Sonnabend, den 26.07. - Immer noch auf See

Und nichts Besonderes passiert!
Bis 16.20 Uhr schafften wir endlich den 2. Schlag Farbe aufzutragen. Ganz eindeutig arbeiteten wir, insbesondere ich, zu langsam. Da war es auch nicht mehr dadurch zu entschuldigen, dass ich es zum ersten Mal tat oder ähnliches. Nein, sogar ich war mit mir unzufrieden!

Sonntag, den 27.07. - Am Äquator

Etwa gegen Mittag passierten wir den Äquator. Nichts besonderes weiter. Nach dem Mittagessen fand eine kurze Monatsauswertung statt, mit dem Ergebnis, dass wir uns alle mächtig mehr ins Zeug legen müßten!
Abends Karstens und Gen. Müllers Geburtstagsfeier. Anfangs hatte ich keine Lust, mich dort „aufzuschießen". Schließlich wurde ich aber in meiner Kammer so trübsinnig, dass ich es doch vorzog, in die Messe zu gehen. Nachdem ich es dort eine halbe Stunde ausgehalten hatte, eigentlich war es ja recht gemütlich, aber ich war in anderer Stimmung, ging ich hinaus an die frische Luft.
Jetzt, wo es mit meinen Zensuren nicht zum Besten stand, dachte ich viel an zu Hause. Wahrscheinlich erschienen mir die Probleme dort leichter zu lösen als hier. Diese unsinnig trübe Stimmung musste ich einfach loswerden. Das merkte ich. Also nahm ich mir die Zeit und schaute hoch zum Sternenhimmel. So voll hatte ich ihn noch nie gesehen. Mich umgab ein herrliches Panorama: Im Vordergrund das Schwergutgeschirr, angeleuchtet von der achteren Topplaterne; an den Seiten die weiße Gischt der Wellen und über allem die funkelnden Sterne. Plötzlich eine Sternschnuppe. Schnell wünschte ich mir für die Zukunft Glück. Ich wußte, dass ich dies jetzt am meisten brauchte. Ich stand noch lange da, bis ich mich etwas ausgeglichener fühlte. Dann ging ich schlafen.

Montag, den 28.07. - 5° südliche Breite

Gleich die mündliche Leistungskontrolle warf alle meine guten Vorsätze über den Haufen. Wie immer in solchen Fällen fragte er mich natürlich das, was ich nicht wußte! Jetzt reichte es mir.

Völlig fertig saß ich im Sessel und folgte seinen weiteren Lehrübungen.

Nachmittags gab es dann doch wieder einen kleinen Lichtblick. Das Ladegeschirr bereitete mir, wie früher schon, keine allzu großen Schwierigkeiten, so dass ich auf eine Kontrollfrage auch mal richtig antwortete...

Ich glaube, ich sehe doch alles ein bisschen zu schwarz. Morgen ist die Wiederholungsleistungskontrolle im Knoten für mich. Danach werde ich ja sehen!

2. Kapitel

Mittwoch, d. 30.07. - ein Tag vor Rio

Bei der Arbeitsverteilung gab ich meinen Tätigkeitsbericht ab. Und dann hieß es wieder: An den Kran die Genossen Schrader und Dietrich! Welch eine Freude. Dieses Mal sollten wir uns Cremefarbe organisieren und den Ausleger entlangrutschen, um alle Ecken zu pinseln. Der „Rest" wurde von Gen. Krause gerollt, für's Spritzen war es wohl zu windig.

Doch zuvor meine lange gewünschte und öfter hinausgeschobene Wiederholungsleistungskontrolle im Knoten! Eigentlich war ich mir ziemlich sicher. Und wenn es wieder ein Reinfall werden würde, wäre ich erledigt. In jeder Hinsicht: Privat wie auch in den Augen des Kollektivs, allen voran Gen. Müller. Und dann ging's los. Ein Knoten nach dem anderen klappte. Und dann wieder der verruchte Palstek. Glücklicherweise bemerkte ich meinen Fehler sofort und konnte mich so auf die Drei retten. Zwei Faßanschläge wurden aber doch wieder eine Fünf. Mann, was wurde ich da nervös, aber es waren die letzten, sonst hätte ich mir mit meiner Aufregung dieses Mal wirklich alles verdorben.

Mit einem Durchschnitt von 2,2 kam ein glücklicher und zufriedener Mensch zur Arbeit. Jetzt musste nur noch der Bericht gut sein und meine Stimmung wäre famos!

In der Frühstückspause, hier Smoketime, bekam Uwe seine Arbeit wieder. Eine Vier! Ohgottohgott - dachte ich bei mir, wie werde ich dann wohl abschneiden?

Nach dem Smoketime sahen wir zum ersten Mal Land. Leider war die Sicht nicht besonders gut. Nach dem Mittag war für uns heute Schluß. Wir zogen den Seemannssonntag vor, da wir morgen Nachmittag wohl in Rio einlaufen werden.

Wir spielten wieder fürchterlich viel Tischtennis. Abends schrieb ich Briefe. Viele nutzten die Möglichkeit: Der Alte nahm diese Briefe mit zur Agentur und mittels eines bestimmten Postabkommens konnten diese an Bord geschriebenen Briefe mit DDR-Briefmarken per Luftpost befördert werden, was uns natürlich wertvolle Valuta sparte!

Donnerstag, d. 31.07. - Rio de Janeiro

Wieder stellten wir die Uhren um eine Stunde zurück.

Bis 15.00 Uhr turnten wir am Ladegeschirr - ich will es mal so vorsichtig ausdrücken: Es war wieder ziemlich windig. Eine steife Brise wehte direkt von vorn und man hatte Mühe, auf den Mast zu kommen. Ich jedenfalls wurde öfter stark zur Seite weg gedrückt. In 30 Meter Höhe dann auch noch zu entrosten und zu malen ist schon fast die richtige Arbeit für angehende Stuntmen! Den ganzen Tag über bekamen wir eine steile Felsenküste zu sehen. Das schöne Blau des Ozeans hatte sich mittlerweile in ein sattes Grün gewandelt.

Nach 15.00 Uhr Kaffeetrinken. Und dann fuhren wir in den ersten südamerikanischen Hafen ein!

- Rio de Janeiro -

Wir fuhren in eine große Bucht, die malerisch von hohen Gebirgen eingerahmt war. In den Schluchten und an die Felsen gelehnt standen dichte Häusergruppen. Von Wolkenkratzern bis zur Elendshütte schien hier alles vertreten. Dazwischen schlängelten sich die Straßen und Gäßchen, auf denen reger Verkehr herrschte, ebenso auf dem direkt am Wasser liegenden Flughafen. Alle paar Minuten landete oder startete ein Jet. Das Herausragendste aber war die Brücke, welche sich längs durch die gesamte Bucht zog und etwa 14 km lang war.

Während des Anlegemanövers konnten wir zum ersten Mal erleben, was Brasilianer eigentlich für Menschen sind. Dunkel gebräunt, in abgetragenen Arbeitssachen, aber viel zuvorkommender und freundlicher als andere Festmacher.

Kaum hatten wir die Gangway hinunter gelassen, kamen etwa ein Dutzend Männer hoch: Jeder im Anzug und mit großer Aktentasche! Die Behörden.

Nach dem Abendbrot gab es unser Taschengeld. Leider musste ich 30,-DM umtauschen, da unser Funker keinen anderen Scheine als die 100.000er hatte. Die Währung hier heißt Cruzeiro, zur Zeit jedenfalls. Und der Kurs liegt bei etwa 100.000 = 15,-DM. Da lief ich also mit 200.000 in der Tasche herum! Dass das nur 30 Mark waren, braucht ja keiner zu wissen. Kurz darauf kam die Post: mehrere Briefe der Familie...

Und das Beste zum Schluß: Wir bekamen unsere Berichte zurück. „Gerade noch 1" stand da bei mir auf der letzten Seite. Vor Freude wäre ich fast an die Decke gesprungen! Ja, ich habe mir viel vorgenommen, und diese Zensur ist ein ungeheuer guter Anfang dafür.

Abends um 20.00 Uhr begannen die Hafenarbeiter mit dem Entladen. Morgen werden wir wahrscheinlich eine Stadtrundfahrt machen - einfach Klasse!

Freitag, d. 01.08. - Stadtrundfahrt durch Rio

Nach dem Frühstück wußten wir zuerst einmal überhaupt nicht, was wir machen sollten. Um

09.30 Uhr sollte angeblich die Busfahrt durch Rio beginnen. Aber was tun bis dahin? Dann trafen wir uns im Beratungsraum, und Gen. Müller erklärte:
„Wie Sie nun mitgekriegt haben, ist heute eine Stadtrundfahrt. Wir werden wohl fünf Stunden unterwegs sein. Es können alle mit außer den drei Mann Wache. Die werde ich dann aber beim nächsten Mal, wenn so etwas anliegt, bevorzugen! Es wird Sie eventuell 15 bis 20 Mark kosten, wem das zuviel ist, der kann auch hierbleiben." - Da sich niemand meldete, schloß er ab mit:
„Wir steigen dann um 09.00 Uhr in den Bus."
Der unscheinbare grüne Diplomatenbus begann seine Fahrt durch die Stadt. Natürlich mussten wir zuerst das Hafenviertel durchqueren. Eine Unmenge Fahrzeuge befand sich auf der vierspurigen Straße, darunter viele Busse, aber kaum besetzt. Waren sie zu teuer? Überall, wohin man sah: Grau in grau, Schmutz auf allen Straßen. Auch die etwas solider wirkenden Häuser waren schmutzig. Unser Busfahrer hielt vor einem riesigen Stadion. Das bekannteste im Land, und das größte

in dieser Stadt! Wir gingen also zum Eingang und erkundigten uns nach dem Eintrittspreis. Es sollte jeden 15.000 kosten. Nicht schlecht als Eintrittspreis, meinten wir und hielten ihm unsere 100.000er vor die Nase! Zum Glück konnte er nicht wechseln. Dem größten Teil der Besatzung war die Lust ohnehin schon vergangen. Da aber trotzdem einige „Steinreiche" sich diesen Besuch nicht „verkneifen" konnten, verbrachten wir unsere Zeit in einem wesentlich billigeren Sportmuseum der Nation, welches sich gleich nebenbei befand. Auch hier zückten wir unsere großen

Scheine und da geschah ein Wunder. Die Kassiererin winkte lächelnd mit der Hand ab und sah weg, als wir eintraten. Jetzt endlich wurde klar, warum wir zu diesem Stadion gebracht worden waren: Fußball, Pele, Weltmeisterschaft! Unzählige Fotos, Wimpel, Fahnen, Pokale und vieles mehr zeugte von einer ruhmreichen Vergangenheit des brasilianischen Leders.

Unser Bus hupte, einsteigen, hinsetzen und weiter ging's. Leider konnte unser Fahrer kein Englisch geschweige denn Deutsch, so dass wir nie wußten, was wir gerade bewunderten. Schließlich erreichten wir das Gebirge. Die Straße schlängelte sich zwischen Felsen, Palmen und Gebäuden bergauf und bergab und kam dabei keineswegs aus der Stadt heraus! Rio ist eine Millionenstadt, eine der größten von 42 Hafenstädten Brasiliens. Endlich durchquerten wir zwei Tunnel und in der nächsten Kurve hielt der Bus. Hier, direkt am Fels, war eine Art Plattform einbetoniert. Einige Verkaufsbuden standen dort. Dahinter ging's abwärts: Strand und Meer. Jetzt erst bemerkten wir den Grund unseres Aufenthaltes. Hoch über der Stadt, auf einem Berg, stand das riesige Monument des segnenden Jesus Christus. Diese 38 Meter hohe Figur überragt alles! Leider war die Sicht nicht ausgezeichnet, aber zum Fotografieren mit Teleobjektiv reichte es noch. Die Apparate schnurrten wie bei einem Wettkampf.

Des Schauens müde begaben wir uns wieder auf unsere Sitzplätze. Übrigens herrschte während der gesamten Fahrt eine angenehme Ruhe im Bus, die nur durch das unregelmäßige Klicken der Fotoapparate unterbrochen wurde. Und wenn bei besonders schönen Aussichten auf die Stadt hinunter die Apparate summten, dass es eine Freude war, bremste der Busfahrer auch seine Geschwindigkeit.

Der nächste Haltepunkt wurde der Strand. Großspurig wie Touristen betatschten wir kurz lässig die Palmen, stellten uns in Pose darunter und ließen so Dokumente für die Nachwelt herstellen.

Der Höhepunkt dieses

fünfstündigen Ausfluges stellte dann die Bahnfahrt hoch zum „Christus" dar. „Höhepunkt" ist dabei ruhig wörtlich zu nehmen: Mit etwa 700 Metern überm Wasserspiegel steht er nicht auf einem der kleinsten Berge hier. Eine Attraktion an sich war allerdings schon die Bahn. Mittels eines Zahnradantriebes gelingt es ihr, die ungewöhnliche Steigung zu bewältigen. Leider hingen die Wolken sehr tief, so dass der Gipfel im Dunst verschwand und wir auf Fotos verzichten mussten. Statt dessen schlugen wir bei den Ansichtskarten zu. Sie kosteten übrigens nur etwa 30 Pfennig. Und dann gab es da noch verlockende Dinge wie beispielsweise Sonnenbrillen, Schirmmützen, Dia-Sätze, Christus-Statuen in allen Preisklassen und - Eis! Ich überwand meinen Geiz und probierte. Als passionierter Eisesser muß ich den brasilianischen Speiseeisproduzenten meine Anerkennung aussprechen.
Wir fuhren mit der Bahn wieder hinunter zum Bus, der uns dann zum Schiff zurück brachte. Ermüdet, aber durchweg begeistert, begannen wir unsere Arbeit.

Sonnabend, d. 02.08. - Versegeln nach Santos

Punkt sieben Uhr legten wir ab - kurz vorm Frühstück! 45 Minuten später blieben die Schlepper achteraus und unsere Reise Richtung Südpol ging weiter. Ausgehungert stürzten alle zum Frühstück. Danach die Arbeitsverteilung, heute hieß es:
„Alle Mann Lukenreinschiff!" - Zusammen mit dem Langen und Karsten sollte ich Luk I aufklarieren. Bis 14.30 Uhr fegten wir dort und stapelten das Stauholz, intelligent wie wir sind, von einer Ecke in die andere.
Nach dem Smoketime nahm ich mir auf Geheiß des Bootsmanns ein Töpfchen Farbe, meinen Sicherheitsgurt und einen Pinsel und begab mich zum Schwergutmast. Ich kletterte daran empor und fing an zu malen. Nebenbei beschloß ich endgültig, ein Testament zu verfassen und überlegte, wen ich alles mit meinen spärlichen Gütern überhäufen könnte. Unter diesen sinnigen Gedanken verging die Zeit. 16.20 Uhr - Feierabend!
Heute Abend passierte es mir zum ersten Mal, dass ich gegen Sören beim Tischtennis gewann! Das ärgerte ihn dermaßen, dass ich ihm für den nächsten Tag eine Revanche zusagen musste.
Ich hätte früh ins Bett gehen müssen, da ich ab 00.00 Uhr Wache hatte, aber ich schlief erst nach 21.00 Uhr ein - nicht viel!

Sonntag, d. 03.08. - Santos

Es war Mitternacht, als ich mich auf der Brücke aufhielt und mit dem 2. NO und zwei Wachmatrosen meinen Kaffee trank, zum munter werden! Wir lagen bereits vor Santos auf Reede. Eine hohe Dünung ließ den Dampfer regelmäßig stark überholen, so dass Schlafen sicherlich anstrengend wurde und ich mir deshalb zu meiner Wache gratulierte. Dann gab der „Second" seine Anweisungen:
„Sie beide, Gen. P. und Gen. Dietrich nehmen sich die Feuerlöschkästen vor: Entfetten, entrosten, und schmieren dann die Schlauchanschlüsse und Spritzen, klar?! - Und Sie, Gen. Dietrich, nähen noch schnell diese Flagge zu Ende, danach machen Sie bei den Matrosen mit!" - Das war eindeutig. Nachdem ich unsere große Staatsflagge zusammengenäht hatte, der Wind hatte eine Naht aufgerissen, setzte ich mich mit hinaus und half. Während wir über dieses und jenes erzählten, verging die Zeit. Gegen sechs Uhr bekamen wir vom Bäcker die ersten Brötchen hoch gereicht. Bis sieben Uhr weckten wir nach und nach die Besatzung. Alles geht einmal zu Ende, auch eine langweilige 00.00-08.00-Wache. Müde aß ich noch mein Frühstück und zog mich dann zurück - direkt in meine Koje.
Noch während wir beim Mittagessen saßen, hieß es plötzlich „Klar vorn und achtern!". Anker hoch und hinein in den Hafen. Endlich! Als der Zoll von Bord war, begann wieder die Jagd nach einer Möglichkeit zum Landgang. Heute mit erhöhtem Schwierigkeitsgrad: Die gesamte Besatzung wollte an Land, durfte sogar bis 02.00 Uhr weg sein. Nur wir Lehrlinge mussten wegen des Jugendschutzgesetzes bereits um 22.00 Uhr zurück gebracht sein. Dass das niemand auf sich nahm, schien verständlich. Also mussten wir jemanden finden, der ebenfalls um 22.00 Uhr wieder an Bord sein wollte. Und da war die nächste Hürde: Einen oder sogar zwei hätten wir vielleicht noch gefunden, aber die Anweisung vom Kapitän lautete vier Matrosen! So versuchten wir es mit einem Kompromiß und baten den Alten, uns ausnahmsweise bis Mitternacht Landgang zu gewähren. Nach einer längeren Unterredung mit dem Gen. Müller stimmte er tatsächlich zu. Leider sagten nun aber doch unsere anvisierten Assis ab, so schien alles umsonst gewesen zu sein! Enttäuscht trotteten wir in den Sportraum, um Tischtennis zu spielen.
Die Tür öffnete sich und Gen. Müller fragte nach Uwe. Wir sagten, dass er eben in seine Kammer gegangen wäre und er verschwand wieder. Kurz darauf hörte auch ich auf zu spielen und begab mich zu Uwe. Sein Anblick überraschte mich. Fast fertig umgezogen stand er vor mir - in „Ausgangsgala"! Gen. Müller hätte ihm und Rolf das Mitkommen angeboten. Und weil ich Uwe die Freude nicht verderben wollte verschwand ich schnellstens in meiner Kammer. Zwei von zwölf! Dann doch besser gar keiner - dachte ich neidvoll. Rasch beruhigte ich mich, als ich an mein bisheriges Glück beim Landgang dachte. Wir liegen noch lange genug hier, um wenigstens einmal in die Stadt zu kommen. Und wer weiß, wie der vorgesehene Ausflug wird - vielleicht wie in Rio?!

Montag, d. 04.08. - auf Stellage & Santos bei Nacht

Morgens bei der Arbeitsverteilung wurde ich dem Kabelgattsmatrosen, genannt „Ede", zugewiesen. Er führte mich in das Peilen der Ballastwassertanks, der Trinkwassertanks und der Bilgen ein. Relativ einfach, das Ganze. Zum Smoketime waren wir fertig. Danach sollte ich dann achtern die Außenhaut entrosten und malen. Ich bekam ebenso wie Karsten meinen Sicherheitsgurt und meine Stellage, ein durch Tampen gehaltenes Brett, worauf ich mich dann niederließ. Mit der Nagelpistole ging ich dem Rost zu Leibe. Wir arbeiteten zügig, so dass wir bereits nachmittags mit dem Rollen beginnen konnten. Den Schiffsnamen „Warnemünde" - „Rostock" mussten wir weiß pinseln. Es wurde ein Meisterstück! Und exakt beim letzten Buchstaben wurde es 17.00 Uhr - Feierabend für heute. Es war das erste Mal, dass niemand über Qualität und Quantität ein schiefes Gesicht zog.

Wir saßen beim Fernsehen, als Sören gegen 20.00 Uhr hereinkam und mich fragte, ob ich mit an Land wollte.

„Der Funker und der Koch wollen sich Kinos suchen. Sie nehmen jeden mit, der will." - Schnell zog ich mir ein sauberes Hemd an und stürmte hinaus.

Kaum aus dem Hafengelände heraus, stiegen wir in einen Bus und fuhren ins Zentrum. Während der gesamten Fahrt war der Funker damit beschäftigt, unseren Fahrtpreis herunter zu handeln. Als er zu einem akzeptablen Handelsabkommen gelangt war, stiegen wir aus - und bestaunten Santos bei Nacht. Ein Leben auf den Straßen und in den Geschäften wie in Europa zur Mittagsstunde. Wenn man an die hier vorherrschenden Mittagstemperaturen denkt, wird verständlich, warum das Leben erst nach Sonnenuntergang beginnt.

Nun, viel Zeit hatten wir nicht, wenn wir pünktlich um 22.00 Uhr wieder an Bord sein wollten. Wir liefen also die große Straße soweit hinunter, bis wir ein Kino fanden. Dort erkundigte sich unser Funker mehr schlecht als recht nach Eintrittspreisen und Anfangszeiten, was ihm schließlich auch glückte, als wir die Aushänge entdeckten...

Und schon zogen wir zurück zur „Onibus-Pare" – der Bushaltestelle. Im Bus stießen wir auf dasselbe Problem wie bei der Hintour. Deshalb stiegen wir wohl auch zwei oder drei Stationen zu spät aus. Aber ein freundlicher Mitreisender, der uns zwar genauso wenig verstand wie wir ihn, sprang mutig aus dem anfahrenden Bus und führte uns zum Hafentor. Der Koch zeigte sich dankbar und vermachte ihm seine angebrochene Schachtel Zigaretten. Es war eine großzügige Szene, und das Geschenk kam bestimmt von Herzen.

Mit einer schlappen Viertelstunde Verspätung bestiegen wir unseren Dampfer. Natürlich war das kein Beinbruch - solange keiner etwas davon erfuhr!

Dienstag, d. 05.08. - Wieder auf Reede

Um sechs Uhr früh ging es wieder raus auf Reede. Wir waren unser Stückgut los und mussten nun aus dem Hafen heraus, bis ein Platz am Kalikai frei wurde.

Nach dem Frühstück begann unsere Arbeit, Ede's und meine, mit dem Peilen. Dann machte ich noch einen Wurfleinenball. Nachmittags musste ich das Tauffaß, von außen mit motivierenden Sprüchen des Gen. Müller bemalt, innen mit „Pferdefett" labsalben, d.h. einfetten. Es stank tierisch! Und bei dem Gedanken, während der Taufe in den Genuß eines Bades innerhalb des mit Abfällen gefüllten Fasses zu kommen, konnte ich doch ein leichtes Unwohlsein nicht unterdrücken.

„Na, in zwei Wochen werden wir es wohl brauchen, stellen Sie es mal nach achtern!", meinte Gen. Müller, der sich kaum ein Grinsen verkneifen konnte als er sein Meisterstück sah.
Um 14.30 Uhr hatte ich dank einiger Überstunden bereits Feierabend. Die Freizeit vergammelte ich wieder im Funkstudio. Jedenfalls bis zum Video.

Mittwoch, d. 06.08. - Im „Paradies"

Kurz vor sieben flog die Kammertür auf.
„Klar vorn und achtern! In einer Viertelstunde laufen wir ein!" - Da hieß es schleunigst hinaus. Dann standen wir draußen und es geschah natürlich erst einmal nichts. So aßen wir zuerst Frühstück und legten dann an.
Als wir schließlich zum Tagestörn übergehen konnten, kam die Durchsage, wer frei hätte und möchte, insgesamt 18 Besatzungsmitglieder könnten um 10.00 Uhr mit dem Bus zum Bungalow unserer Handelsvertretung fahren, um sich dort einen schönen Tag zu machen! Selbstverständlich wollten viele. Ich auch, doch ich war gerade beim Peilen. So fand ich mich damit ab, beim zweiten Ausflug mitzufahren. Da hörte ich den Alten durchsagen:
„Es sind erst 17 - einer kann noch mit!" - Ich fragte Gen. Müller, sagte dem Ede Bescheid, zog mich um, wusch mir die Hände und rannte hinaus. Die anderen waren schon ein Stückchen voraus. Verdammt! Die Badesachen vergessen. Zurück wie gejagt, Gangway hoch, Niedergang hinunter, Tasche, Badehose, Handtuch und wieder hoch! Und rennen. Endlich, da vorn gingen sie - geschafft. Schwer atmend stopfte ich mir mein Hemd in die Hose und sortierte den Inhalt meiner Tasche. Vor dem Hafengelände standen zwei VW-Busse. Zehn Mann quetschten sich, inklusive Fahrer, in jeden und los ging die Fahrt.
Nach kaum zehn Minuten befanden wir uns in einem Villenviertel von Leuten, deren Geldbeutel einen solchen Bau ohne weiteres übersteht. Zu einem der größten Grundstücke fuhren wir, stiegen aus und luden die Getränke, das Fleisch und einiges mehr an Lebensmitteln ab. Inzwischen kam die Nachbarin, eine Brasilianerin, die kaum Englisch verstand, und brachte uns den Schlüssel. Wir betraten das Grundstück. Gleich rechts ein riesiger Swimmingpool, davor ein kleineres Becken, vielleicht um die Füße abzukühlen, oder für Kinder. Die gesamte Fläche rundherum, etwa 25x8 Meter, war mit glatten Mosaiksteinen ausgelegt. Links vom Tor stand das zweistöckige Gebäude. Oben und unten je drei Schlafräume dazu eine Wohnküche und zwei Bäder. Als wir an der Stirnseite vorübergingen, breitete sich vor uns ein großer gepflegter Rasen aus, schätzungsweise 50x25 Meter. Auf der hinteren Hälfte standen drei einzelne Palmen mit stattlicher Höhe. Etwas dahinter kam die Abgrenzung des Grundstückes: Eine ringsherum führende weiße Mauer, über die man nicht hinwegschauen konnte. Gleich anschließend begann der Busch - brasilianischer Urwald. Ein fast senkrechter Berg, dicht mit Pflanzen aller Arten bewachsen.
„Und dass sich keiner in den Urwald verirrt!", warnte unser Second, in seiner Funktion als Gesundheitsoffizier. „Hier gibt es auch giftige Schlangen!" - Hinten links in der Ecke stand ein Grill, überdacht. Wir waren „happy". Das alles übertraf ja die kühnsten Erwartungen. Manche waren zwar früher schon einmal hier gewesen, trotzdem freuten sich alle, ein paar Stunden im Liegestuhl unter Palmen, mit Blick auf den grünen Busch, in der Sonne zu braten.

Nachdem wir uns kurz abgestimmt hatten, zogen zwei Mann los, landesübliche Genußmittel zu erstehen...

Wir anderen kümmerten uns um die Vorbereitungen zum Mittagessen, bestehend aus brasilianischen Grillwürstchen und Salat. Um den Grill selber sorgten sich Olaf und ich. Was bedeutete, wir durften ihn reinigen und in Gang bringen, das Grillen selber übernahm später einer von den Assis.

Gegen 13.00 Uhr war es dann soweit. Alle 18 Mann setzten sich an die Back, wollte sagen: den Gartentisch und futterten soviel sie konnten. Trotzdem blieben noch Reste. Als Nachtisch gab es Melone. Dazu selbstgemixte Drinks und brasilianische „Brötchen".

Selbstverständlich hatten wir vorher längst den Swimmingpool ausprobiert. Es war ein Genuß, in Süßwasser zu schwimmen! Und nebenbei bekamen die Fotoapparate wieder viel zu tun. Die Stimmung war ausgezeichnet. Die Rangunterschiede wurden zumindest teilweise überspielt, jeder machte Scherze und alle lachten.

Nach dem Essen ging etwa die Hälfte zum „Japanischen Strand" hinunter. Darunter alle fünf Lehrlinge. Beim nächsten Mal werde ich mir den „Wellenstrand" vornehmen. Unser Strandabschnitt heute war fast menschenleer und auch nicht besonders groß. Der Strandsand schien ungewöhnlich fest und eben. Der Ozean nicht gerade sauber, dafür um so salziger! Nachdem wir ausgiebig gebadet hatten, liefen wir am Wasser entlang und suchten nach schönen Muscheln als Souvenirs. Gegen 15.00 Uhr spazierten wir zurück zum Haus. Dort angekommen fiel Sören, Olaf, Daniel und mir die wichtige Aufgabe zu, Bestellungen aufzunehmen um nochmals unsere Vorräte an

„geistreichen" Getränken aufzufrischen. Nachdem wir diesen Mangel erfolgreich beseitigt hatten, der Alkohol ist hier wirklich „teuflisch" billig, saßen wir am Grill und warteten darauf, dass das Fleisch, in Steaks zerstückelt, fertig gebraten werden würde.

Dreißig Minuten später schnappten wir förmlich nach Luft. Zum einen reichte die Menge und zum anderen wurden die Stücke immer schärfer! Das letzte, welches ich aß, als alle anderen schon aufgegeben hatten, erreichte fast die Schärfe, wie sie in meiner Familie üblich ist. Anerkennung also unserem Hilfskoch dieses Grillabends!

Inzwischen zeigte die Uhr 18.00. Bis halb sieben hatten wir alles aufgeräumt. Nun saßen wir auf unseren Liegestühlen vor dem Haus, erzählten und blickten in den Sternenhimmel. Es wurde sehr früh dunkel, die Dämmerung ist nur sehr kurz.

Um 20.00 Uhr kamen die Busse und brachten uns zum Schiff zurück.

Leider.

Donnerstag, d. 07.08. - Im Hafen

Nachdem ich morgens wieder meine ehrenamtliche Runde als „Peiler" gegangen war, erledigten der Ede und ich von Smoketime bis Mittag lediglich Kleinigkeiten wie Wurfleinenball anfertigen und ein bisschen malen.

Wie üblich war dann anläßlich des Seemannssonntages nach dem Mittagessen Feierabend für uns Lehrlinge. Sören und Uwe gingen mit zwei der Stewardessen an Land. Da ich noch einige Minusstunden durch die letzte Ausfahrt hatte, musste ich mich in Bereitschaft halten. Leider oder zum Glück wurde ich nicht gebraucht und vertrieb mir die Langeweile mit Video und Würfeln.

Der andere Teil der Besatzung befand sich heute in der Villa. Sie kamen abends ebenso begeistert zurück wie wir. Sie hatten das sonnigere Wetter sogar für ein Volleyballspiel nutzen können.

Freitag, d. 08.08. - Santos bei Nacht

Gen. Müller hielt bei der Arbeitsverteilung eine kurze Ansprache:

„Heute läuft unsere Initiativ-Schicht an! Sie haben sich dafür das große Lukenreinschiff in Ihr Wettbewerbsprogramm aufgenommen. Ab sofort arbeitet die gesamte Besatzung, auch aus der Maschine, daran!"

Tatsächlich schafften wir recht viel. Ich hatte mir natürlich wieder die gefährlichsten Arbeiten ausgesucht. Auf einer Leiter stehend säuberte ich die Lukendeckel von unten. Herrlich, dieser salzige Geschmack vom Kali!

Abends boten zwei Assis an, ein paar Lehrlinge mit in die Stadt zu nehmen. Endlich - Santos bei Nacht! In der Stadt angekommen, vereinbarten wir einen Treffpunkt und trennten uns. Kurz darauf saßen wir Lehrlinge in einem Kino. Zwei Stunden lang ließen wir uns von schlechtem Sex auf der Leinwand belasten. Streckenweise hätte man sogar hinauslaufen müssen. Aber wir blieben und warteten auf die Live-Show, die um 21.00 Uhr beginnen sollte. Endlich fand der Film ein Ende. Schlagartig schalteten sich unzählige bunte Scheinwerfer an und verwandelten den tristen Kinosaal in eine Diskothek. UV-Stahler hoben alles Weiße hervor und Punktschein-werfer, Spots, strahlten auf die Leinwand. Übergangslos begann laute, rhythmische Musik. Allein das alles entschädigte mich schon für die bisher durchgemachten Strapazen. Doch dann kam das erste Girl auf die Bühne; bewegte sich im Rhythmus der Musik und warf nach und nach seine Kleidungsstücke in die Zuschauer. Da wir weiter hinten saßen, konnten wir alles mit etwas mehr Abstand genießen. Jetzt holte sie aus der ersten Reihe einen älteren Herrn auf die Bühne. Und während er unbeholfen und schüchtern dastand, begann sie, ihn anzumachen und - auszuziehen! Sein Hemd fiel zu Boden und die Menge brüllte vor Begeisterung. Sie griff ihm an den Gürtel und unter dem tobenden Beifall der anderen rutschte seine Hose in die Kniekehlen. Unendlich langsam bückte er sich und zog sie sich wieder hoch, unter lautem Protestgeschrei der Zuschauer. Jetzt schmiegte sie sich eng an ihn, fast schien es, als wolle sie an ihm hochklettern - und wie unabsichtlich rutschten seine Beinkleider wieder hinunter. Wohl erst an dem Gejohle der Menge bemerkte der gute Mann, wie ihm geschah. Heftig stieß er sie von sich, zerrte die Hose hoch und rannte von der Bühne ins Dunkle des Zuschauerraums, nicht ohne sich dabei auch noch sein Hemd vom Boden zu greifen. Mit einer Geste, die wohl bedeuten sollte, „was soll's!" winkte sie ab und schritt auf den nächsten Kandidaten in der ersten Reihe zu...

Für uns wurde es aber Zeit, zu gehen. Ich verließ diesen „Herrensalon" mit nur einem Vorsatz: Nie wieder!

Sonnabend, d. 09.08. - „Weiche Knie"

Morgens ging es gleich wieder zum Lukenreinschiff hinaus. Aber nach kaum einer Stunde kam Gen. Müller und meinte, wir sollten ans Oberdeck kommen. Wenn die Besatzung sauber machen würde, kostet es Valuta - als Strafe. Deshalb bezahlte die Reederei lieber die preiswertere Rei-nigungsgang. Eine neue Arbeitsverteilung folgte. Ein paar Mann sollten nun die Masten hinauf und ausflecken. Darunter auch ich. Übermäßig groß war meine Freude über diesen Beschluß nicht gerade. Den ganzen Morgen über hatte ich bereits „Stehschwierigkeiten", oder anders ausgedrückt: weiche Knie!

So beschloß ich, Gen. Müller davon in Kenntnis zu setzen. Aber soweit kam es nicht. Als ich mit der Farbe an der Mastleiter ankam musste ich feststellen, dass diese sehr feucht, ja naß war! Soviel ich wußte, malte es sich außerordentlich schlecht auf Wasser. Ich also hin zum Gen. Müller und ihm die schlechte Nachricht gebeichtet.

„Was, bei Ihnen auch? Na, dann müssen wir alles abblasen. Bringen Sie Ihre Farbe zurück in die Farbenlast und melden Sie sich wieder auf Luk 4." - Mit wackeligen Beinen stiefelte ich los. Erst zum Smoketime überwand ich mich und begab mich zum Second, unserm „Doc". Aber er schlief. Stattdessen traf ich auf den Ersten und erzählte ihm etwas von meinem Unwohlsein und den „weichen Knien". Prüfend sah er mich an und gab mir dann ein paar Aspirin. Geholfen haben sie nicht viel, nur die Temperatur in Grenzen gehalten. Mittags traf ich den Second, der mir eben-falls Tabletten gab und mich für morgen früh wieder zu sich bestellte.

Sonntag, d. 10.08. - Krank

Da wir Lehrlinge gewöhnlich Sonntags frei hatten, legte ich mich nach dem Frühstück wieder ins Bett. Es fiel mir auch nicht schwer, gleich wieder einzuschlafen. Doch dann kam Mark und bat mich, seinen Posten als LvD - Lehrling vom Dienst - heute einmal zu übernehmen. Er hatte gerade die 00.00-08.00-Wache hinter sich und wollte jetzt gerne bis zum Mittagessen durchschlafen. So machten wir - unter meiner Verantwortung - zu 10.30 Uhr unsere Kammern abnahmefertig. Nach dem Rundgang des Gen. Müller ging ich, besser schlich ich, wieder zum Second. Ich musste mich mächtig zusammenreißen, um ruhig und gerade zu stehen.

Wir begaben uns in den Behandlungsraum und endlich kam er auf die Idee, bei mir Fieber zu messen. Nach fünf Minuten verlangte er das Thermometer, sah kurz darauf und meinte, als wäre alles in Ordnung:

„Ok. 38,8 - wir ziehen Sie erst einmal aus dem Verkehr. Sie haben sofort Bettruhe, verstanden? Sagen Sie Ihrem Lehrbootsmann Bescheid und legen Sie sich hin: schwitzen und schlafen!" - Ich fiel aus allen Wolken. 38,8°C Fieber! Und damit lief ich bereits seit gestern Vormittag durch die Gegend. Ich nahm noch das Heizkissen, das Thermometer und die Tabletten, um dann Gen. Müller zu informieren. Kurz darauf verschwand ich in meiner Koje. Sören brachte mir freundlicherweise die Mahlzeiten. Den ganzen Tag über schlief ich! Dafür konnte ich nach dem Abendbrot bis drei Uhr früh nicht mehr einschlafen.

Montag, d.11.08. - Im Bett

37,4°C hatte ich morgens nur noch. Aber das schrieb ich den Tabletten zu. Ich habe an diesem Tag endlich mal wieder gelesen: 400 Seiten! Die Besatzung war mit dem Lukenreinschiff beschäftigt. Und ich schwitzte im Bett. Da konnte man regelrecht ein schlechtes Gewissen bekommen!

Dienstag, d.12.08. - mindestens einen Tag fieberfrei

Als mein Doc mittags reinschaute hatte ich nur noch 36,5°C. Da machte er mir klar, dass ich wenigstens einen Tag fieberfrei gewesen sein müßte, um wieder arbeiten zu dürfen. Mittlerweile waren wir aus Santos ausgelaufen und würden demnächst Rio Grande erreichen.

Mittwoch, d.13.08. - Rio Grande

Heute begann ich wieder zu arbeiten. Schonplatz! Das heißt, ich spleißte den ganzen Tag lang und bekam dafür gleich eine zwei und eine drei. Inzwischen sind wir in Rio Grande eingelaufen. Ein kleines Städtchen.

Donnerstag, d.14.08. - Stadtbummel

Seemannssonntag. Wieder arbeiten wir nur bis 11.50 Uhr. Zu 13.00 Uhr verabredeten sich ein paar von uns Lehrlingen mit dem E-Mix und fuhren mit dem Bus ins Zentrum. Hier lief ich mit Uwe fast drei Stunden über die Boulevards. Es gab dort zahlreiche Plattenläden. In einem schlug ich zu. Alphaville - die Platte, der ich schon seit einem Jahr hinterher lief; und spottbillig! Umgerechnet nur 8,-Mark. In Ungarn kostete sie damals 50,-Mark.

Leider war das Wetter nicht besonders gut. Während für die Einheimischen hier Winter ist, spazierten wir mit T-Shirt und leichten Jacken durch die Stadt. Und immer wieder Verständigungsprobleme - endgültig nahm ich mir vor, beim nächsten Landgang Schreibzeug mitzunehmen, um nicht nur mit „Händen und Füßen" erklären zu müssen. Endlich stießen wir auf DEN Laden: Tourisimo. Hier gab es Steine aller Arten, Holzversteinerungen und Souvenirs aus ganz Brasilien. Darunter auch den Jesus aus Rio de Janeiro. Was ich suchte, war ein biegbarer Holzstein, damit mein Vater als Geologe seinen Studenten demonstrieren könnte, dass es auch weiche Steine gibt. Aber wie sollte ich mich verständlich machen? Da half mir der Zufall.

Mit uns befanden sich noch zwei englisch sprechende Herren im Geschäft, die etwas von diesen Dingen zu verstehen schienen. Aber als sie sich untereinander berieten, sprachen sie deutsch! So fragte ich sie höflich und sie erklärten mir, ja, in Rio hatten sie einen Laden, Maritimo, gesehen, wo es solche Steine für etwa 25-30 DM gegeben hätte. Dass wir es hier mit westlichen Seeleuten zu tun hatten, war klar. Sie hatten keine Geldprobleme. D-Mark konnten sie überall und soviel sie wollten, umtauschen. Wir wünschten uns gegenseitig eine gute Reise und zogen weiter.

Froh über die Information und glücklich über die Schallplatte kam ich zurück zur „Warnemünde".

Freitag, d. 15.08.

Letzter Tag in Rio Grande, Stellagearbeiten.

Sonnabend, d.16.08. - Seekrank

Nach dem Frühstück verließen wir Rio Grande mit Kurs auf Buenos Aires.

Abends Kino. Der Film war schlecht und mir auch. Wahrscheinlich überarbeitet, denn seit morgens um vier waren wir alle auf den Beinen und hatten in einer weiteren Initiativschicht Lukenreinschiff gemacht. Bis 18.00 Uhr.

Der Seegang wurde beachtlich, die Lampen in der Messe schwangen fast bis an die Decke. Ich wollte schlafen gehen, als ich plötzlich einen bestimmten sauren Geschmack in den Mund bekam. Überrascht eilte ich zur Toilette und schon brach es heraus.

Ganz vorsichtig legte ich mich in die Koje, ja darauf bedacht, den Kloß in meinem Hals nicht noch einmal zu reizen. Endlich schlief ich doch ein.

Sonntag, d. 17.08. - Buenos Aires, Hauptstadt Argentiniens

Es war eine schöne Hafeneinfahrt. Leider herrschten hier auch am frühen Morgen doch schon kältere Temperaturen als bisher gewohnt, so dass wir uns wärmer anziehen mussten.
Wir lagen die folgende Woche hier. Während ich tagsüber am Kran arbeitete bis er zum Ende der Woche wie neu aussah, gingen wir abends regelmäßig in die City.
In B.Aires gibt es angeblich die breiteste Straße der Welt. Immerhin sind es 125 Meter in der Breite. Die Stadt hat, wie später auch Montevideo, den Vorteil, dass ihre Straßen schachbrettartig

angeordnet sind. So verläuft man sich nicht so leicht, oder gerade deshalb! Ein Boulevard kreuzt den nächsten. Überall Unmengen von Leuchtreklame! Ich fotografierte viel und hoffte, dass die Bilder bei Nacht etwas geworden sind.
Einmal entdeckte ich in einem Elektronik-Shop eine Radio-Uhr. Für 30,-DM kaufte ich sie. Eigentlich viel zu teuer und wohl auch überflüssig, aber es macht mir Spaß, elektronisches Spielzeug. Später erstand ich einen Teelöffel, der die besondere Funktion hat, den Tee in sich selber aufzubewahren. Durch den hohlen Griff saugt man das heiße Wasser aus der Tasse durch den Tee im Löffel an. In diesen Ländern ein gewohnter Gebrauchsgegenstand, für mich ein Souvenir.
Einmal nahm Gen. Müller Sören und mich mit. Etwas unbequem war nur, dass wir drei uns nie aus den Augen verlieren durften. Gen. Müller handelte beispielhaft: Er ließ uns nicht frei laufen!

Die Menschen hier haben eine eigene Mentalität. Sie machen sich durchaus nichts daraus, Käufer unter Vorübergehenden zu suchen. So geschah es auch uns. Plötzlich sprach uns eine Frau von hinten an:

„Excuse me, sprechen Sie deutsch?!" - Erstaunt bejahten wir.

„Wollen Sie kaufen Lederjacke?" - Und schon zog sie uns in ein hell erleuchtetes, vornehmes Eckgeschäft und verwies uns an den Ladentischverkäufer. Dieser redete nun auf englisch auf uns ein. Schließlich tat ich ihm den Gefallen und zog eine Jacke an. Dummerweise paßte sie ausgezeichnet, und wir waren auch hellauf begeistert. Doch ich hatte nicht einen Austral in der Tasche, und 125 wollte er haben! Sören besaß ebenfalls nur 20. Wir lehnten ab. Da ging er auf 50(!) herunter. Trotz-dem hatte ich nicht mehr Geld in der Tasche. Nachdem wir uns daraufhin unser gegen-seitiges Bedauern ausgespro-chen hatten, verließen wir aufatmend den Leather-Shop. Gemütlich schlenderten wir zum Hafen zurück.

In den Tagen darauf arbeiteten wir auf Stellage, am Schorn-stein. Ein wenig entrosten und dann schön bunt malen: von oben nach unten Schwarz – blau – rot – blau - beige, unsere Reedereifarben.

Montag, d. 25.08. - Auf dem Weg nach Montevideo, Haupt-stadt Uruguays

Da hatten wir also eine volle Woche in B.Aires verbracht. An einem dieser Tage streik-ten die Hafenarbeiter und am nächsten stiegen durch unse-ren leider nicht verschlosse-nen Schornstein drei Mann ein und fanden tatsächlich auch den Schlüssel zur Brückentür, nachdem sie bis dorthin unbe-merkt gekommen waren. Und sie wußten, was wertvoll ist:

Sie nahmen die beiden Bordchronometer mit, Präzisionsuhren, jede über 2000,- DM wert!
So erreichten wir Montevideo erst heute. Jeder Staat hat einige Nationalfeiertage. Und der 25. war in Uruguay einer! Aber am 26. sollte gearbeitet werden. Erzählen möchte ich aber über den 27., unsere Stadtrundfahrt in Montevideo!

Mittwoch, d. 27.08. - Ein Erlebnis besonderer Art : Exkursion in Monte

Bereits am Vormittag ging das Gerücht um, wobei an Bord übrigens ständig Gerüchte herumgehen, dass heute für 30 der 47 Besatzungsmitglieder eine Exkursion stattfände. Und tatsächlich kam gegen 13.30 Uhr ein großer Reisebus, in dem wesentlich mehr als 30 Personen Platz gefunden hätten. An der Bustür empfing uns ein älterer Herr:
„Guten Tag! Ich freue mich, wieder einmal Reiseführer auf Deutsch zu sein. Bitte steigen Sie ein!"
- Angenehm überrascht taten wir es.
Leider hatte ich mir gerade kurz zuvor beim Arbeiten etwas Rost ins Auge fallen lassen. Wie sich leicht vorstellen läßt, arbeitete die Tränendrüse auf Hochtouren, so dass ich mich gezwungen sah, des öfteren auf dieses Organ zu verzichten, was besonders beim Fotografieren sehr hinderlich wurde. Während ich vergeblich versuchte, mein Auge mit dem Taschentuch trocken zu legen, fuhr der Bus an und unser Reiseleiter begann seinen Monolog.
Er lebte seit über 40 Jahren in Uruguay, hatte zu seiner Muttersprache Deutsch auch Spanisch, die Landessprache Uruguays, sowie Englisch gelernt. Er schien also als Dolmetscher und Touristenführer unentbehrlich zu sein.
Zuerst besichtigten wir zwei Postkutschen, Denkmäler an die Zeit vor der Eisenbahn. Dann bewunderten wir das Parlamentsgebäude, und auch ich versuchte immer wieder, etwas zu erkennen! Hoffentlich sind wenigstens die Fotos was geworden...
Wir fuhren weiter quer durch die Stadt auf einen Hügel, der die gesamte Umgebung überragte. Hier oben befand sich ein altes Fort. Jetzt zum Militärstützpunkt umgebaut, dient es nebenbei als Touristenattraktion, natürlich nur von außen. Man hatte einen herrlichen Rundblick, hin und wieder sogar ich. Nachdem wir ausgiebig fotografiert hatten, ging's weiter. Wir kamen durch ein Villenviertel der gehobenen Gesellschaft. Hier musste ich förmlich die Augen aufreißen, so etwas konnte ich mir nicht entgehen lassen! Und wenn ich fast blind fotografierte.
Und dann sahen wir die beiden öffentlichen Spielkasinos der Stadt: große, ehrwürdige Gebäude. Schließlich fuhren wir auf verschiedenen Strandpromenaden wieder in die Stadt hinein. Als krönenden Abschluss machte der Fahrer noch einen Schlenker um die Botschaft der DDR. Wir sahen dann im Vorbeifahren auch die der BRD und der USA.
Zweieinhalb Stunden dauerte die Fahrt insgesamt. Sie war schön und abwechslungsreich. Aber mit meinem Auge musste ich unbedingt zum Second!
Unser deutsch-uruguayischer Reiseführer verabschiedete sich gerührt von uns, nachdem der Koch ihm drei Bier versprochen hatte. Daraufhin sprach er die Hoffnung aus, uns auf der nächsten Fahrt wieder zur Verfügung zu stehen...
Völlig erstarrt stand ich dann vorm Spiegel. Dass ich damit überhaupt noch etwas sehen konnte, schien unglaublich! Total unter Wasser stehend blinzelte mich ein rostrotes Auge an. Unser Second

holte mir daraufhin noch zwei winzig kleine Körnchen unterm Lid hervor und gab mir eine Augensalbe, die auch sofort half. Bereits drei Tage später war alles vorbei - aber nicht vergessen!

Am 29.08. verließen wir Montevideo mit Kurs auf die Heimat. Rüber übern Teich, auf nach Frankreich!

3. Kapitel

Das nächste große Ereignis stand bevor: unsere Äquatortaufe!

Bereits bis zu diesem Tage mussten die armen Täuflinge ihren Ablaß geschrieben und in die Ablaßkiste geworfen haben. Wer das nicht tat, war an einer Sonderbehandlung selbst schuld. Nach einigen vergeblichen Versuchen brachte auch ich einige Verse zu Papier:

Großer Neptun, Dich und Deine Täuferschar
bitt' ich nun, lasset mir mein Haar!
Mich verfolgt seit Tagen schon
eine grausige Vision:
englischer Rasen versteckt sich unterm Hut,
doch so fühl' ich mich gar nicht gut!
Ich sehe völlig ein:
Äquatortaufe muss schon sein.
Doch könnte ich den Barbier erweichen,
soll es ihm nicht zum Schaden gereichen.
Ich will da nicht groß sparen:
Ich spendier' ne Flasche Klaren.
Auch der großen Täuferschar
bring ich eine Spende dar!
Seid ihr etwas gnädiger zu mir,
bezahl ich auch nen Kasten Bier.
Schließlich spendier ich, was allen schmeckt,
Dir Neptun, eine Flasche Sekt.
Ich hoffe, ich brauche Milde nicht zu missen,
und appelliere nun an euer Gewissen.
Man muß es ja nicht ewig riechen
und so vor sich hinsiechen!!!

Wenn mir nun auch nicht jeder Reim gelungen,
hoff ich, ist doch die gute Absicht durchgeklungen.
Ich schwöre: Wenn ich den Taufschein besitze

bin ich Neptun eine gute Stütze!

In Hochachtung vor Ihrer Majestät ...

So oder ähnlich klang es auch bei den anderen. Manche „spendierten" mehr - viele weniger! Und so kam dann der

04.09.1986 - Donnerstag - Unsere Äquatortaufe

In dieser Nacht schlief ich sehr schlecht. Nachdem man uns abends bereits eine kleine Kostprobe der Täufermethoden gegönnt hatte, schreckte ich bei jedem Geräusch auf. Das Schlimmste war das Warten. Warten und warten und niemand weiß, was als nächstes passiert!
Sicherheitshalber schlief ich in Badehose und einem alten Trikot. Noch waren sie sauber...
Früh gegen sechs wurden wir geweckt. Die Tür wurde aufgestoßen, die Vorhänge und Bettdecken weggerissen und wir selbst unter lautem Gebrüll aus der Koje gescheucht.
„AUF DIE KNIE !"
In dieser Gangart sollten wir uns heute während des gesamten Taufaktes vorwärtsbewegen. Auf Händen und Knien rutschend, den Kopf bis zum Boden gesenkt, verließen wir die Aufbauten und hasteten in einer langen Reihe nach achtern zum Trockenraum. Unter dem Gebrüll und den Peitschenhieben der Täufer wurde es natürlich besonders lustig! Schließlich saßen alle 23 Täuflinge so gut es ging auf dem Boden des kleinen Raumes. Bis auf zwei: Sören und ich teilten uns den einzigen Tisch, der in einer Ecke stand. Der Vorteil: Wir konnten uns an der Wand anlehnen und die Beine ausstrecken! Die Tür fiel ins Schloß. Wahrhaft ägyptische Dunkelheit umgab uns. Wer weiß, wie lange wir hier ausharren mussten ...
„Die Heizung ist an!" rief plötzlich jemand.
„Was meinst du, warum die Lüfter aus sind?" antwortete eine zweite Stimme.
O-ja, langsam wurde es warm, schließlich unerträglich schwül. Ich verlor das Zeitgefühl, schätzte, dass wir bis jetzt etwa eine halbe Stunde hier drin saßen. Mittlerweile stand uns der Schweiß am ganzen Körper. Mit meinem Trikot fächelte ich mir vergebens Luft zu - es nutzte nichts! Und nach einem Abtrocknen dauerte es nicht lange, bis sich wieder ein Tropfen Salzwasser ins Auge verirrte. Jetzt hieß es, sich zusammenzureißen!
„Ist hier irgendwo ein Eimer oder so was ähnliches?" fragte jemand. Natürlich gab es einen Eimer im Wäscheraum, leider aber zu drei vierteln gefüllt mit Handwaschpaste. So blieb auch ihm nichts anderes, als die Zähne zusammen zu beißen. Und das im wahrsten Sinne des Wortes. Neben dem Eimer entdeckten wir sogar etwas zu essen: Zwei Brote, die jedoch so scharf gebacken waren, dass jeder Versuch, sie mechanisch zu zerkleinern, bereits im Ansatz sinnlos schien. Da ich aber ohnehin nichts anderes zu tun hatte, beschäftigte ich mich im Dunkeln damit. Schließlich, übers Knie gelegt und das Hebelgesetz voll wirken lassend, gelang es mir, die Kruste zu sprengen. Das Innerste war zu meiner freudigen Überraschung angenehm weich und durchaus genießbar! So schlug ich mir den Bauch voll und überließ die Hälften dann meinen armen Mittäuflingen. Manche hatten zwar Hunger, verspürten aber aus verständlichen Gründen kein großes Bedürfnis, etwas

hinunter zu schlucken. Wieder andere zeigten einen so gesunden Frühstücksappetit, dass mir die Verteilung doch sehr gerecht vor kam.

Dann ging das Schott auf. Licht drang herein und Luft! Sofort zog es alle zum Spalt. Da kam etwas geflogen: Abfälle wie Kartoffelschalen und ähnliches. Unter lautem Geschrei wehrten die Täuflinge diese Geschosse ab. Auch hier erwies sich mein Platz auf dem Tisch als gut gewählt. Jedenfalls bekam ich nichts ab.

Kurz darauf wurde die Tür ein zweites Mal geöffnet. Dieses Mal kam eine Wasserdusche über uns. Im ersten Moment erfrischend, wenig später dampften wir nur so!

Schließlich öffnete sich das Schott, um einen aus unserer Mitte zu reißen. Zum „feierlichen" Akt der Taufe wurde er gepeitscht...

Mittlerweile war es bereits neun Uhr durch. Der Storekeeper hatte uns das Schott zum anliegenden Waschmaschinenraum geöffnet gelassen. Wir siedelten über, erfrischten uns am lauwarmen Wasser aus der Leitung und schalteten die Lüfter an. Aber jedes Mal, wenn wir ein verdächtiges Geräusch hörten, zogen wir uns mit einem chaotischen Rückzug in unser stinkendes Dreckloch zurück.

Einer nach dem anderen kam zurück, wurde wieder herausgeholt und kehrte schließlich nicht wieder. Wahrscheinlich hatten sie die Taufe überstanden - nur wie? Als wir nur noch eine Handvoll Täuflinge waren und es auch schon auf Mittag zu ging, nahm ich mich zusammen und stellte mich in die Nähe des Außenschotts. Es öffnete sich und - Olaf wurde herausgeholt. Weitere 10 Minuten vergingen. Schließlich ging die Tür wieder auf und der Keeper winkte mir. Daraufhin steckte ich mir meinen mehrfach gewaschenen und so vom Salz befreiten Hering, den wir morgens jeder bekommen hatten, in den Mund.

Oben angekommen ließ ich mich auf alle viere runter und marschierte so auf die erste Station zu: den Wasserschlauch! Viele grausige Gerüchte gingen und gehen bis heute über den Wasserschlauch umher. Er ist das grausamste und verrufenste Folterinstrument der Täufer. Den Gerüchten zufolge ist es ein bis zu sechs Meter langer Schlauch, durch den man lang ausgestreckt geradeso hinein passt. Bei dem Versuch, hindurch zu gelangen, wird einem von vorn ein C-Strahl Seewasser (salzig!) entgegengeschickt. Bei Übungen oder Lukenreinschiff habe ich öfter mit diesen Feuerlöschgeräten gearbeitet. Der Normaldruck ist so groß, dass es einen zwei Meter entfernt stehenden Mann umwirft.

Ist man dann ganz im Schlauch verschwunden, kommt von hinten auch noch so ein Wasserstrahl.

Zusätzlich soll von oben mit Peitschen geschlagen werden... so lauteten die Berichte früher Getaufter! Ich also zum Wasserschlauch. Etwas kürzer war er, etwa drei bis vier Meter. Aber tatsächlich so klein im Durchmesser, dass ich geradeso robben konnte. Ich stieg ein, krabbelte durch, ohne dass mir etwas passierte und kletterte heraus. Da traf mich der Strahl ins Gesicht. Überrascht senkte ich den gesamten Körper auf den Boden und verharrte so bewegungslos. Da ertönte neben mir die Stimme Gen. Müllers - des Beichtvaters:

„... und hiermit taufe ich dich auf den Namen PLÖTZE!" - Die Wasserbehandlung wurde eingestellt, und ich konnte meinen Hering wieder zwischen die Zähne nehmen.

Das nächste war das berühmtberüchtigte Stinkefaß! In diesem 200-l-Faß befanden sich allerlei Essenreste, Schalen aller an Bord befindlichen Früchte, Fette, Schmiere, Expeller und viele andere schön stinkende und faulende Spezialitäten. Hineinsteigen und bis zum Hals untertauchen, hieß es. Hände hoch und rein in die Klemme, in der sich schon der Hals befand. Eine interessante Pose, nur etwas ungewohnt. Doch meinetwegen hätte ich es so eine Weile aushalten können.

„Na, wie viel bietest du denn?" fragte mich unser Kabelede. Dummerweise hatte ich den Fisch im Mund, konnte also leider nicht antworten.

„He, brauchst du erst ne Sonderbehandlung, oder was?!" - Auf diese dringendere Anfrage hin sah ich mich gezwungen, meinen mir lieb gewordenen Hering auszuspucken. Leider versank er sofort in der Jauche.

„Ach, ist dir dein Fisch verloren gegangen, wie schade! Warte, ich gebe dir dann einen schön frischen, salzigen..." - Wie freute ich mich da. Schnell versprach ich eine Flasche Schnaps und erreichte so die nächste Station: die Streckbank. Hierfür wurde eine Stellage missbraucht. Schräg auf die Reling gelegt, stellte sie ein äußerst raffiniertes Folterinstrument dar! Schmierig und glatt wie das Brett schon durch meine Vorgänger geworden war, wurde es ein akrobatisches Kunststück, überhaupt erst einmal hinauf zu gelangen - freiwillig, versteht sich. Und dann musste man sich

auch noch selber festhalten! Denn ich wurde nur am linken Handgelenk festgebunden. Dass diese einseitige Aufhängung doch einige Nachteile hatte, musste ich mir eingestehen, als man begann, an meinen Beinen zu ziehen. Sofort versprach ich 10 Flaschen Bier und ließ dann los! Augenblicklich wurde ich losgebunden. Da der Folterstuhl noch besetzt war, ging ich erst einmal auf „Wartestation", das heißt ich wurde an den Händen aufgehängt. Allerdings so, dass ich lediglich die Arme hochhalten brauchte aber doch recht gut stand. Manche von uns hüpften hier nur so auf den Zehenspitzen!

Auf dem Folterstuhl wurden mir die Haare geschnitten und (ich will es nicht verschweigen) eine kleine Kostprobe des Stinkefasses in die Badehose geschoben. (Die Hose musste ich daraufhin später Neptun für immer opfern.) Mit insgesamt zwei Flaschen Schnaps, 15 Flaschen Bier und einer Flasche Sekt konnte ich mich dann endlich hier loskaufen. Trotzdem musste ich später meine Frisur ändern, aber das war ja klar.

Abschließend kroch ich vor Neptuns Thron und „küsste" die Schwimmflosse seiner Nixe. Warum war die bloß auch in das Stinkefaß gehalten worden - die Schwimmflosse, was sonst?

„Auf welchen Namen bist du getauft?" fragte mich Ihre Majestät nun.

„Sprotte" antwortete ich ohne Zögern. Verdutzt schaute Neptun erst mich, dann das vor ihm liegende Papier an.

„Das stimmt nicht! Zurück zum Wasserschlauch!!!" - Ach herrje, den Namen verwechselt. Also noch einmal durch den Schlauch. Dieses mal wurde es nicht so glimpflich. Ständig schoss mir das

Salzwasser entgegen. Eine weitere Flasche Sekt kostete mich mein „herrlicher" Name!

Von Neptun erhielt ich endlich den „Freundschaftstrunk" - dann war ich entlassen und konnte mich schrubben gehen. Aber um wenigstens noch ein paar Fotos zu machen, wusch ich mir lediglich die Hände, griff den Fotoapparat und lief wieder hinaus.

Gegen 13.00 Uhr gab es als Mittagessen eine sehr nahrhafte, absolut geschmacklose Haferschleimsuppe. Sie wurde mit Freude und viel Elan ebenfalls Neptun geopfert. Der dazugereichte Zwieback schmeckte auch nicht jedem. Glücklicherweise gab es noch ein Stück Kuchen auf den Seemannssonntag.

Nach dem Kaffeetrinken wurde das Achterdeck geschrubbt! Etwa zwei Stunden brauchten 15 Leute, um alles wieder sauber zu bekommen. Inzwischen hatten wir Täuflinge natürlich schon großen Hunger. Endlich wurde es Zeit fürs Abendessen! Ausnahmsweise aßen heute alle in der Mannschaftsmesse. Es gab Braten und Pilsner. Im Hintergrund feierliche Musik. Eine erhabene Sitzung. Bei leiser Unterhaltung wurde alles gegessen, was auf den Tisch kam, nur der saure Hering blieb liegen...

Um 19.30 Uhr begann der 2. Teil, der kulturelle Akt der Taufe. Wer hier nicht das Wohlwollen Neptuns errang, indem er ihn und die Täuferschar sehr gut unterhielt, musste auf seinen Taufschein verzichten! Die meisten rezitierten teilweise eigene Verse, die Stewardessen tanzten und die Lehrlinge: „... waren das Beste!" laut Publikum. Nun, als erstes sangen wir 12 ein herrliches Liedel:

„Der Täufling is een armes Schwein den könn se gar nich leiden ..."

Wir waren kaum zuende, da flog die Tür auf und Uwe kam zornbebend hereingestürzt:
„Wer hat mein Pferd grün angemalt?!" brüllte er in den Saal. Unser Langer schob sich in den Vordergrund: „ICH!" Uwe, eindeutig der Kleinste in unserer Runde, begann zu stottern:

„Ich w-wollte n-nur Be-scheid sagen, is trocken, Sie k-können dann lackieren." - Brüllendes Gelächter folgte.

Dann spielten wir einige Szenen aus der Praxis des Doktor Second. Auch hier brauchten wir unsere vorbereitete künstliche Lache vom Band nicht abspielen. Die Besatzung amüsierte sich großartig. Sören machte die nächste Ansage:

„Von Dr. Second nun zu unserer Praxis. Sie sehen jetzt Rudi Rosthammer mit dem Rostpistolenbreak!" - Inzwischen hatte ich mir die weißen Lotsenhandschuhe übergezogen und die Schirmmütze aufgesetzt. Ein Knopfdruck auf den Recorder und einen auf den Chronographen meiner Armbanduhr, los ging's!

Mit roboterähnlichen Schritten begab ich mich in die Mitte des Raumes, kletterte an einem imaginären Tampen auf die ebenso imaginäre Stellage und begann dort im Rhythmus der Break-dance-Musik zu entrosten. Dann noch drei Schläge Farbe aufgetragen und gerollt - fertig. Ein Blick zur Uhr: eine Minute Musik hatte ich noch. Für die Zuschauer sah es aus, als wenn ich während der Arbeit zur Uhr schaute. Feierabend! Ich „kletterte" zurück, die Musik ging aus und ich atmete auf. Den aufbrausenden Beifall bemerkte ich nur nebenbei. Verschwitzt beschäftigte ich mich wieder mit dem Recorder. Als nächstes war unsere Modenschau dran, deren einzelne Models ebenfalls durchschlagende Erfolge darstellten - in Form der allgemein bekannten DSR-Arbeits-Mode...

Abschließend noch ein kleiner Strip. Vorgeführt von unserem Manne-girl Benjamin. Während der schöne alte französische Schlager „Je t'aime" erklang, legte er gekonnt Teil für Teil ab. Als er nur noch in Badehose dastand, kündigte Sören als unser Showmaster an: „Wenn unserem Mannegirl ein Drink spendiert wird, entledigt er sich noch eines Kleidungsstückes!" - Aber keiner wollte spendieren, bis endlich einer von uns „ich" rief, um die Show zu retten. Dar-aufhin griff sich Benjamin - ins Ohr und holte ein Stück Watte heraus. Unser Publikum war herr-lich: Es lachte und klatschte und lachte...

Gegen unseren Kulturbeitrag war also nichts einzuwenden. Jeder erhielt seinen Taufschein persönlich von Neptun, gespielt übrigens vom Bootsmann. Gleichzeitig erfuhren wir die Summe, die wir im Laufe der „Reinigung" in Form von Alkohol „gespendet" hatten. Benjamin hielt mit 275,-Mark die Spitze. Dagegen stand der E-Mix mit nur 60,-Mark am anderen Ende. So ungerecht kann die Welt sein! Allerdings war ich über meine 172,-Mark auch nicht gerade erbaut.

Ein herrlicher Abend, wie überhaupt der ganze Tag. Ich stand draußen an der Reling und schaute zu den Sternen hoch. Glücklich, eine wundervolle Taufe, so viel gelacht ... ich fühlte mich wohl.

4. Kapitel

Die weitere Überfahrt brachte mir zwei saftige Sonnenbrände und gute Zensuren ein. Und dann war da noch ein Barabend ...

Mittwoch, d.10.09. - Unser 2. Barabend

Schon bei der Geburtstagsfeier des Bootsmanns am letzten Montag hatte mich Gen. Müller ange-sprochen, ob ich nicht eventuell bereit wäre, am Mittwoch noch mal mit Breakdance aufzutreten. Das Kulturprogramm der Lehrlinge wäre zur Taufe sehr gut gewesen, aber: „... Ihr Breakdance war herausragend!" - Ich sagte zu. Das Problem bestand nun lediglich darin, in relativ kurzer Zeit etwas qualitativ gleiches auf die Beine zu stellen! Aber, es gelang. Gegen 22.00 Uhr begann Gen. Müller mit dem Vorlesen der wirklich zu zahlenden Beträge der Täuflinge, die sich prozentual danach aufschlüsselten, welche Summe insgesamt tatsächlich an dem Tag ausgegeben wurde. Mein Beitrag belief sich demnach statt der 170,-Mark nun auf 62,78 Mark - und das schien mir schon akzeptabel!

Währenddessen hatte ich mich umgezogen und stand wartend hinter der Tür. Gen. Müller schloss gerade mit den Worten:

„Abschließend noch ein kurzer Rückblick auf die kulturellen Einlagen des Abends. Gen. Dietrich erklärte sich bereit, nochmals aufzutreten. Lassen wir uns davon überraschen, was achtern auf Manöverstation passiert!"

Daraufhin drückte der E-Mix auf die Starttaste des Recorders. Bei den ersten Takten schritt ich durch die Tür in den Raum. Dieses Mal mit Sonnenbrille unter der Schirmmütze, so dass fast nichts mehr vom Gesicht zu erkennen war und ich so noch unpersönlicher wirkte. Außerdem gab es mir Sicherheit - ich hatte das Programm nur viermal durchprobiert!

Ich tat nun so, als ob ich an die frische Luft käme. Dazu zeigte ich ein verschlafenes Gähnen und sah auf die Uhr: Es war also wiedereinmal zu früh! Dann nach „achtern", Wurfleine aufschießen und über die eingebildete Reling werfen. Es ging schief, und ich musste den Wurf wiederholen. Das Publikum lachte auf, als es begriffen hatte. Nun war's gelungen. Jetzt die Mooringwinden umshiften und den Draht abrollen. Ok! Ich wusste, dass ich noch viel Musik-Zeit hatte. So ging ich abschließend eine extra Runde auf den Recorder zu und schaltete ihn dann ab.

Ich konnte es einfach nicht fassen. Alle, alle waren begeistert und klatschten! Ich fühlte mich unbehaglich, nahm Brille und Mütze ab, sah in lächelnde Gesichter! Ich verließ den Raum. Nachdem ich mich frisch gemacht und umgezogen hatte, setzte ich mich wieder auf meinen Platz in der Bar. Ein Glück, dass jetzt keiner mehr so auf mich achtete. Erleichtert leerte ich ein Glas Sekt. Langsam ließ die Spannung nach. Aber eins nahm ich mir fest vor:

Nie wieder vor derselben Mannschaft, wenn überhaupt! Denn die Themen und auch mein Können waren erschöpft. Und ich weiß, wie nahe Erfolg und Misserfolg nebeneinander liegen; wie schnell das Einmalige langweilig werden kann!

Diese Gedanken kamen mir, als ich zum Schluss draußen stand und in die weiße Gischt hinabschaute, während sich der Dampfer leicht von einer Seite auf die andere wiegte...

Sonnabend, d. 13.09. - „Quer durch die Last"

Oooh! Heute sollte die große Arbeit „quer durch die Last", wie sich Gen. Müller auszudrücken pflegte, geschrieben werden. Die Erste dieser Art war ja bekanntlich ein voller Misserfolg geworden: zwei mal fünf, zwei mal drei, Rest vier!

Und wieder gab es 20 (!) Fragen und eine Zusatzfrage zu beantworten. Wir brauchten allein eine Seite, um die Fragen selber zu notieren, die er erst diktierte. Dann zwei weitere für die Antworten!

Und natürlich saß ich so, dass mir niemand „helfen" konnte. Während die anderen in mehr oder weniger kooperative Hilfsgemeinschaften von zwei bis vier Mann zusammen traten und ihr Wissen erweiterten, saß ich völlig auf mich allein gestellt da. Ich nahm mir vor, einfach eine Frage nach der anderen zu beantworten. Bis auf eine Ausnahme gelang es mir auch: die Frage nach der Mischung von Braun! Wo ich das im Zeichnen nie kapiert hatte! Ich überlegte und überlegte und wollte schon irgendetwas hinschreiben, da fiel mein Blick auf das Furnier des Tisches. Von weitem sah er braun aus, von dichtem aber erkannte ich eindeutig schwarze und rote Querstreifen. Klarer

Fall: schwarz und rot ergibt braun!
So schwitzte ich etwa eine Stunde lang, dann mussten wir abgeben. Und mir zitterten die Finger.

Sonntag, d. 14.09. - Einlaufen in Lorient, Frankreich

Sören und ich verschliefen wie immer sonntags das Frühstück und standen erst gegen 09.15 Uhr auf. Um 10.00 Uhr wie üblich die Kammerabnahme. Dann kam Uwe vorbei und brachte unsere Arbeiten. Ich freute mich riesig: ZWEI ! Es gab auch dieses Mal keine Einsen, aber nur zweimal Drei, alle anderen Zweien - das war doch schon ein richtig „gutes" Ergebnis!
Immerhin, mit den letzten Zensuren im Spleißen (Tauwerk und Draht), den Taklingen und dem Bekleeden - alles im Durchschnitt mit Zwei - sah meine Bilanz im Monat September doch schon besser aus...

Inzwischen hatten wir die Biskaya durchquert und liefen unter der Küste Frankreichs. Endlich wieder in Europa. Jetzt konnte es bis nach Hause nicht mehr lange dauern, wenn alles gut ging. Aber leider geht nie alles gut, doch dazu später!
Frankreich empfing uns zwar kühl, aber sonnig. Gegen 14.30 Uhr kam „Klar vorn und achtern!".
Eine Stunde später hatten wir im Hafen von Lorient festgemacht. Das Städtchen machte auf uns von Anfang an einen gemütlichen und freundlichen Eindruck, so dass wir uns darauf freuten, an Land zu kommen. Aber es wurde heute nichts mehr - das bestellte Geld kam nicht. Und auch die folgenden Tage schaffte ich es irgendwie nicht an Land. Und die dort waren, kehrten enttäuscht zurück.
„Tote Hose! - Zu teuer!" und ähnliche Aussprüche konnten einem schon den Mut nehmen.
Am Montag begann es zu regnen und hörte nicht wieder auf. Da Expeller - Viehfutter - nicht feucht werden darf, konnte nicht entladen werden. Am Dienstag nieselte es ebenfalls noch, aber die Hafenarbeiter bekamen vom Charterer die Weisung, trotzdem zu entladen. So wurde schließlich fast die Hälfte der Ladung heute geschafft. Voraussichtlich wird sich daher unsere Ankunft in Wismar um eine weitere Woche verzögern!
In dieser Woche in Lorient beantwortete sich mir eine oft gestellte Frage: Was macht der Seemann, wenn es regnet? Antwort: Er zieht sich Ölzeug an und tut so, als ob es nichts Sinnvolleres gibt, als im schönsten Dauerregen das Schiff zu spulen - ebenfalls mit Wasser, versteht sich!
Zweimal kam ich glücklicherweise doch noch in die Stadt. Beeindruckt haben mich dort die Menschen, besonders die Mädchen!
Mittwoch und Donnerstag streikten Frankreichs Proletarier. Dummerweise auch unsere Hafenarbeiter! Und wir hatten zwiespältige Gefühle: Selbstverständlich, gewerkschaftliche Organisation und somit auch Streik ist ein wesentliches Mittel zur Interessenvertretung. Aber wir wollten nach Hause! Und das nicht erst seit gestern - über eine Woche Verspätung hatten wir bereits! Die guten Leute arbeiteten dann Freitag und auch Sonnabendvormittag. Trotzdem schafften sie es nicht. Und so mussten wir auch noch den Montag abwarten, da sonntags ohnehin nicht gearbeitet wird. Diesen Tag nutzten wir dagegen ausgiebig zum Arbeiten, da wir Mittwoch frei gemacht hatten, eben um am Sonntag die Luken zu säubern, wenn sie denn leer gewesen wären! Gen. Müller ließ

mit sich reden und entließ uns nach dem Mittag.

Um 14.20 Uhr fuhr die kleine Fähre vom Stadthafen ab. Ausnahmsweise schien die Sonne, kaum eine Wolke zeigte sich am Himmel. Die Überfahrt dauerte 25 Minuten. Wir besichtigten eine alte Festung mit zwei Museen und sehr vielen Besuchern! Es wurde unangenehm, ständig andere Füße unter den eigenen zu spüren... Doch auch das brachten wir hinter uns. Sören und ich trennten uns dann von der Lehrlingstruppe und zogen durch die Straßen dieses Stadtviertels. Schließlich trafen wir uns alle wieder am Fähranlieger und warteten auf den Dampfer.

Da lief so ein kleiner Dackel herum. Es machte Spaß, ihn so herumtollen zu sehen. Und dann stand er am Rand der Pier und - sprang ins Wasser, mitten in eine kleine Öllache, die dort auf der Oberfläche trieb! Natürlich mussten wir im ersten Augenblick über soviel Dummheit und Unerfahrenheit lachen. Als unser neuer Freund dann aber begann, ohne jede Orientierung zu schwimmen und dabei ganz jämmerlich jaulte, verstummten wir. Unschlüssig standen wir da. Schließlich griff sich Daniel ein Herz und langte hinab. Er bekam ihn am Genick zu fassen und zog ihn aufs Trokkene. Dabei gab er sich die größte Mühe, seine neuen Hosen nicht zu beschmutzen.

Kaum fühlte der Hund festen Boden unter sich, schüttelte er sich erst einmal das Dreckwasser aus dem Fell - direkt an Daniels Hosen, der vergeblich versuchte, weit genug zurückzuspringen. Jetzt war das Gelächter noch lauter! Glücklicherweise stellte sich später heraus, dass die Flecke zu entfernen waren. In dem Augenblick, als Daniel rückwärtsspringend versuchte, sich in Sicherheit zu bringen, landete er auf Sörens Füßen, der aus dem Gleichgewicht geriet und sich nun seinerseits auf den Hosenboden setzte. Wir lachten alle so laut, dass sich die wartenden Franzosen zu uns umdrehten...

Endlich kam die Fähre und brachte uns zurück zum Hafen. Der Weg zum Schiff endete in einem Spurt. Es ging einfach darum: Wer als erster in der „Schwarzmesse" ankam, hatte die größten Möglichkeiten, das Abendbrot nachzuholen! Ein schöner Wettlauf, sozusagen der i-Punkt des Tages! Wir waren für alles entschädigt: für den Regen, die Woche Verspätung und die damit verbundenen Unannehmlichkeiten. Alles war in diesem Moment vergessen. Alle dachten nur an den schönen Ausflug und daran, am kommenden Tag garantiert auszulaufen!

Montag, d. 22.09. - Versegeln nach Rotterdam

Beinahe sah es so aus, als wenn es doch zu lange dauern würde, bis alles entladen wäre. Aber um 15.00 Uhr hieß es endlich wieder „Klar vorn und achtern! - Alle Leinen los!"
Neuer Kurs: Rotterdam, größter Hafen der Welt. Lange würde die Reise nicht dauern, nur 36 Stunden. Bis dahin sollte die leere Luke sauber sein, sonst sitzen wir in Wismar noch am Reinschiff...

Mittwoch, d. 24.09. - Rotterdam, der größte Hafen der Welt

Kaum waren die letzten Festmacherleinen überm Poller, begann auch schon der Löschbetrieb. Die paar Container und die restlichen Stückgüter waren innerhalb von nur vier Stunden weg! Unsere letzte Luke mit Expeller wurde hier in nicht einmal einem Tag gelöscht - ein Genuss, dem Schwimmgreifer bei der Arbeit zuzusehen! Er fasste wohl dreimal soviel wie der in Lorient. Wir Lehrlinge machten eine Arbeitszeitverlagerung auf den Donnerstag und gingen nachmittags mit Gen. Müller an Land.
Das Hafenviertel an sich ist schon so groß wie eine mittlere Kleinstadt! Aber Gen. Müller zeigte sich ortskundig und führte uns direkt zu den großen Geschäftsstraßen. Gleich bei den ersten Elektronikeckläden, die ähnlich wie in Antwerpen von Russen betrieben wurden, kauften sich zwei von uns je einen Walkman. Schließlich gelangten wir zum „Südplane", einem der größten Kaufhäuser der Stadt. Nach einem zweistündigen intensiven Studium der vier Etagen entschloss sich Sören endlich, zwei Jeansjacken für 20,-DM pro Stück zu kaufen. Das war wirklich billig! Langsam mussten wir an die Rückkehr denken. Und wieder wurde es ein langer Fußmarsch. Am nächsten Abend verließen wir Rotterdam. Wir kamen der Heimat immer näher!

Freitag, d. 26.09. - letztes Lukenreinschiff

Den ganzen Tag über waren alle verfügbaren Kräfte in der letzten Luke, um die Expellerreste hinauszufegen. Langsam bekommen wir auch Routine darin, und so ging's auch schneller.
Gegen 23.00 Uhr machten wir in Hamburg fest. Auf den Meter genau derselbe Liegeplatz wie beim letzten Mal.

Sonnabend, 27.09. - Hamburg

Bis Mittags war Landgang freigegeben. Ich ärgerte mich und blieb an Bord - ich hatte kaum noch Valuta. Hier sind ein paar Hundert Tonnen Ladung natürlich nicht der Rede wert, so dass wir bereits um 14.00 Uhr wieder losfuhren.

Sonntag, d. 28.09. - In Wismar

„Wieder zu Hause!"

Mit diesem Gedanken wachte ich auf. Dabei bemerkte ich, dass unser Schiff ruhig lag und die Hauptmaschine stand. Waren wir etwa schon im Hafen? Ich lief hoch zur Gangway und stutzte. Ringsum Wasser, und nicht gerade das sauberste! Ein paar Schiffe lagen noch vereinzelt in unserer Umgebung vor Anker. Am Horizont erkannte ich schließlich den dünnen Küstenstreifen. Es war Fakt: Wir lagen vor Wismar auf Reede!

Während des Frühstücks wurde dieser Umstand von allen recht heftig diskutiert. Bis dann das Gerücht aufkam, mittags ginge es rein! Daraufhin begab ich mich zum Funker hoch und traf dabei Uwe, der dieselbe Absicht hegte. Jeder ließen wir uns eine Telefonverbindung nach Hause herstellen. Zu meiner Überraschung erklärte mir meine Mutter seelenruhig, wann wir einlaufen würden und dass sie dementsprechend losfahren würden, um mich abzuholen! Da war ich platt. Nicht einmal der „Alte" wusste genau, wann wir einlaufen sollten...

So verabredeten wir uns zwischen 15.00 und 16.00 Uhr vor dem Hafentor. Jetzt konnte meinetwegen kommen, was wollte. Ich packte noch meine letzte Reisetasche voll und begann in Gedanken einen kleinen Rückblick auf meine erste Seereise ...

... da war die Abfahrt aus Rostock, aus Wismar, dann der NOK - für mich das Eindrucksvollste überhaupt! Hamburg - eine Stadt, die mir sehr gefällt. Antwerpen ebenfalls, mit nur dem einen Nachteil, dass man als Seemann sehr lange laufen muss. Die herrliche Überfahrt ... die Äquatortaufe!!! Rio de Janeiro - Christos - Stadtrundfahrt; Santos - die Ausfahrt zur Villa; und immer wieder diese Hitze! Rio Grande - das kleine gemütliche Hafenstädtchen; B.Aires - die Stadt der Superlative, mit Florida und San Martin und General Artigas. Montevideo - die Ausfahrt; Lorient - Frankreich - Streik und Castell... die Heimreise - - -

Ich machte mich bereit, bald allen alles erzählen zu können, zu müssen! Es war eine schöne, gut verlaufende Reise, auf der ich viel gesehen und noch mehr gelernt hatte. Und ich dachte plötzlich an die nächste. Wer weiß, was sie bringen wird?!

Um 15.00 Uhr stand ich am Hafentor und wartete, wartete ... bis sie kamen.

Als Facharbeiter unterwegs

Dieser zweite Teil beginnt mitten in der Wende. Mein Grundwehrdienst wurde aufgrund der politischen Ereignisse wie bei vielen anderen verkürzt. Worüber ich mich freute, denn so konnte ich bis zum Beginn meines Studiums an der Seefahrtsschule Warnemünde / Wustrow zur See fahren, Geld verdienen, etwas erleben und Erfahrungen sammeln.

Im April 1990 war die DSR noch gezwungen, die für den Grundwehrdienst freigestellten Mitarbeiter wieder einzustellen und sofort auf einem Schiff einzusetzen. So gehörte ich zu den Glücklichen, denen ein Frachter ins Rote Meer zugesagt wurde, für drei Monate. Das hätte wunderbar geklappt: nach dem Einsatz noch etwas Urlaub, bevor dann im September das Studium beginnen würde. Aber es sollte anders kommen. Die Reederei begriff im Laufe der nächsten Wochen, dass man viel Geld sparen konnte, wenn die Besatzungen bis zu einem halben Jahr an Bord blieben.

Ich habe versucht, unpolitisch zu bleiben und wollte nur aufzeichnen, was an Bord geschah, als sich zu Hause so vieles tat. Viele wollten einfach nur heim. Das Schlimmste, was einem Seemann passieren kann, ist, die Familie nicht unterstützen zu können, wenn sich die ganze Welt um sie herum verändert.

Für mich wurde es interessant, weil sich mein Studienbeginn verschob. Später hatte ich auch hart daran zu arbeiten. Aber dazu vielleicht mehr in einem neuen Buch. Jetzt geht's erst einmal ins Rote Meer:

I. Teil - Im Roten Meer

Dienstag, der 8. Mai 1990   *- Rostock Überseehafen -*

Nun, ich muss zugeben, etwas Glück gehört schon dazu, gleich nach der Armee wieder eine längere Reise machen zu können! Aber wie war das doch gleich mit den „dümmsten Bauern"...?
Nach dem üblichen chaotischen Hin und Her bei dieser Reederei - meine Musterung war offiziell noch nicht bekannt, also suchte ich vergebens in der Musterrolle meinen Namen, um mich beim Seefahrtsamt eintragen zu lassen - war ich schließlich doch reguläres Mitglied dieser reichlich bunt zusammengewürfelten Crew. Von den sechs Matrosen waren allein fünf gerade von der „Asche" zurück. Wir waren wohl alle etwas aus der Übung gekommen, und so verband uns vieles. Zudem waren wir alle im gleichen Alter.
Nachdem meine Schwierigkeiten beseitigt waren, wurde es mir möglich, mich auch noch einem guten Kumpel von der Armee, mit dem ich das letzte Viertel Jahr auf einer Stube gelebt hatte, zu widmen. Wie ich so nebenbei vom Chiefmate hörte, fehlten uns noch zwei Vollmatrosen. In seinem Auftrag ging ich dann zum Arbeitskräftelenker, der mir schließlich zusagte, Torsten mitfahren zu lassen. Nun sollte er nur noch davon in Kenntnis gesetzt werden. Dazu musste ich quer durch den ganzen Hafen laufen, denn wir hatten inzwischen an die Containerpier verholt und Torsten war als Springer auf einem Schüttgutdampfer gelandet. Und das bei 25 Grad Celsius - Anfang Mai !!! Ich stand dann vor dem dortigen WO und meinte:
„Mich schickt die AK von FE2, wir brauchen dringend einen Vollmatrosen, ich soll dem Herrn H. hier Bescheid geben." - „Na bitte, nichts dagegen." Wir riefen ihn heran, und ich konnte es mir nicht verkneifen, ihn provokatorisch zu fragen :
„Na, willst du `ne Reise ins Rote Meer machen?!" - Er zog ein säuerliches Gesicht und zuckte mit den Schultern.
„Natürlich, wann geht`s los?" - „Sofort. Du hast knapp zwei Stunden Zeit: zum Anmustern, Impfen und Klamotten hinüberschleppen." - „Bisschen knapp, was?" Jedenfalls schaffte er es; trotz der Freude, die ihn hätte lähmen können, denn man hatte ihn gerade auf unbestimmte Zeit vertröstet, trotz der Fülle der Aufgaben und seiner eigenen und trotz der wahnsinnigen Hitze! Pünktlich war er an Bord.

Die letzten drei Arbeitsstunden buckelten wir unseren Proviant in die Lasten. Eine Beschäftigung, auf die sich jedes Mal die gesamte Besatzung ganz besonders freut...

Auslaufen fiel natürlich aus. Der ganze Stress und die Hektik des Tages scheiterten an Ladepapieren für das Milchpulver, welches wir ins Rote Meer fahren sollten.
- - -
Heute, am Dienstag waren wir dann den ganzen Tag mit dem Laschen von Containern beschäftigt. Um 15.00 Uhr fuhren wir los - und legten uns auf Reede Rostock vor Anker. Die Papiere wurden erwartet . . .   Mittlerweile war ich als 2.WM in die 0-4-Wache eingestiegen. Den Mittwoch war

ich mit dem einen der beiden Lehrlinge in Luk I und zimmerte Pallungen für die kreuz und quer gestellte Ladung. Wir ergänzten uns ganz gut. Während er an kaum zugänglichen Stellen noch arbeiten konnte, sägte ich ihm die Kanthölzer und Bretter zu.

Gegen 14.00 Uhr dann das erste Stellmanöver dieser Reise. Dabei erfuhr ich, dass ich mich diesmal mit einem DLA - Gerät plagen durfte! Punkt 15.00 Uhr hieß es „Anker auf!". Bis 16.00 Uhr stand ich noch auf der Brücke.

Gegen 20.00 Uhr verschwand ich in der Koje meiner Ein-Mann-Kammer, in die ich zuvor umgezogen war. Jetzt hatte jeder VM hier eine Einzelkammer. Bis 23.30 Uhr konnte ich durchschlafen. Gegen 22.00 Uhr erreichte die „Rostock" die Kieler Schleuse zum NOK und lief ein. Die vier Stunden Doppelwache vergingen relativ schnell, nebenbei klarten wir auch die Containerlast auf. Von 04.00 bis 05.15 Uhr ruhte ich mehr oder weniger in Arbeitssachen auf der Backskiste. Dann kam die Schleuse. Diesmal schlief die 8-12-Wache durch. Das wurde dann meine erste Überstunde. Und endlich schlafen. Bis mich Torsten um 11.15 Uhr weckte. Er riss das Schott auf, knipste die Festbeleuchtung an und brüllte mich im Armeejargon an:

„Ach, man hat noch Zeit zum Muchen! Unsereiner reißt sich hier den Arsch auf, und du liegst noch immer auf der Matte! Sieh zu, dass du zehn vor zwölf oben bist!" – Spach's und grinste. Als er raus war, ließ ich mich erst mal wieder zurückfallen, erleichtert. Da wurde das Schott nochmals aufgestoßen, und Torsten meinte, jetzt schon zivilisierter :

„Mach hin, sonst schaffst du dein Eisbein nicht mehr."

Von 12.00 bis 16.00 Uhr abwechselnd am Bock gesessen! Teilweise starker Nebel. Ich vergaß zu erwähnen: von 10.00 bis 12.00 Uhr lagen wir vor Elbe 1 auf Reede. Dann war wohl alles geklärt wegen der Papiere fürs Milchpulver. Endlich konnte die Reise losgehen!

Freitag, der 11. Mai 1990   *- Straße von Dover -*

Ganz normale 0-4-Wache, aber kalt, neblig und viel Wasser - eben auch von oben. Beim Hinuntergehen fragte mich mein Kollege dann :

„Trinkste noch ein Feierabendbier mit?" - „Natürlich."

Wir machten es uns in meiner Kammer gemütlich, öffneten die Flaschen und stellten uns gegenseitig vor. Daraufhin fragte ich ihn:

„An den Namen konntest du dich auch nicht mehr erinnern, was?" - „Nein, du warst damals auch beim Rudern, oder?" - „Ja, das ist jetzt schon fast zehn Jahre her!" - Er nickte. Auch ich konnte mich noch daran erinnern. Allerdings hatte ich ein ungutes Gefühl dabei. Konkretes nicht, dazu war's zu lange her, also Vorurteile beiseite lassen und den Menschen hier vor mir neu kennen lernen, nahm ich mir vor. Wir saßen fast eine halbe Stunde und erzählten, hauptsächlich über Reisen, die wir bisher gemacht hatten. Einmal fragte ich:

„Willst du nicht auch noch studieren?" - „Jetzt nicht mehr, früher mal..." - „Also nur noch ein paar Ecken ansehen und dann aufhören?" - Er nickte. Gegen 04.30 Uhr hatten wir genug Bier getrunken, um schlafen zu können und trennten uns.

Natürlich schlief ich bis zum Mittag. Die 12-16-Wache danach verlief „ohne besondere Vorkomm-

nisse". Gegen 15.30 Uhr ließ der Second den Spruch des Tages los, nachdem er den Chiefmate, seine Ablösung, geweckt hatte:
„He, es ist halb vier. Zeit, die Ablösung zu wecken. Das ist schließlich das Zweitwichtigste auf der Brücke - gleich nach dem Kaffeekochen!" - Wir grinsten uns alle drei nur an, und ich zog los, auch meine Ablösung zu wecken.

Abends dann saßen sie alle wieder vorm Videofernsehen. Eigentlich ungewöhnlich, denn zuvor hatte der „Schiffsgeburtstag" stattgefunden, und jedes Besatzungsmitglied verfügte nun über ausreichend Alkohol, um sich für die nächsten Stunden „auszuknipsen".

Samstag, der 12. Mai 1990

Hatte heute meine vorerst letzte Wache, nachts. Gegen Ende kam sogar ein kurzes Gespräch zwischen dem Second und mir in Gang. Und zwar fragte ich ihn, als er sich mit den Worten :
„Hab` heute noch nicht einmal eine geraucht" neben das Radar setzte und sich eine ansteckte:
„Dann haben sie jetzt sicher etwas Zeit, eine Frage zu beantworten?" - „Ja." - „Und zwar geht's um Folgendes: Ich habe meine Studienzulassung für dieses Jahr zugeschickt bekommen. Das sind immer noch die uralten Formulare, die sie schon seit 20 Jahren schicken. Und da steht nun hinten drauf, dass Beginner aus der Praxis nochmals vor Antritt des Studiums eine Beurteilung einzureichen haben. Bin ich nun einer aus der Praxis, weil ich eher mit dem Armeedienst aufhören konnte oder sind nicht die Zeiten der Beurteilungen endgültig vorbei?" - „Eigentlich ja! Und soweit ich mich erinnern kann, fuhr ich vor meinem Studium auch noch etwa ein halbes Jahr zur See, ohne dann eine Beurteilung einzuschicken. Sind es denn noch immer vier Jahre?" - Und schon waren wir im Erzählen.
Schließlich stellte er fest, dass dies ja meine letzte Wache sei und meinte:
„Da werden wir uns wohl zusammensetzten und ein Feierabendbier trinken müssen, was?" - Und wir saßen tatsächlich noch bis 05.30 Uhr (!) in Jürgens Kammer und erzählten. Eigentlich ging's mir gar nicht so besonders gut. Ich hatte schon den ganzen Tag über Kopfschmerzen, Schluckbeschwerden und starken Husten, so dass ein ordentliches Ausschlafen mal wieder „in" wäre. Aber...

Nun, um 12.30 Uhr stieg ich in den Tagestörn mit ein und half Torsten beim Entrosten des Bb-Niederganges der Back.
Abends schließlich war große Geburtstagsfeier. Der eine Deckslehrling hatte eingeladen, und ich hatte die allererste Bereitschaft. Deswegen hatte ich mich beim Chiefmate abgesichert: Hin durfte ich, und anstoßen muss man ja wohl auch, aufs Wohl des Geburtstagskindes. Der Bootsmann war in der Frage aber als sehr streng bekannt, und so zog ich mich nach knapp einer Stunde, nachdem ich meinen „Anstoßmixdrink" geleert hatte, in die Mannschaftsmesse zurück, um fernzusehen - sprich Video.

Sonntag, der 13. Mai 1990

Mein Husten machte mir immer mehr zu schaffen. Ich nahm mir deshalb vor, einen nikotinfreien Tag einzuschieben. Bis zum Smoketime war ich mit Ralf in Luk II damit beschäftigt, zwei beschädigte Kartons zu reparieren. Danach begann ich an der Stb.-Seite achterkante Back, den Niedergang von Rost zu befreien. Und ich wunderte mich selber, wie rasch mir die Arbeit von der Hand ging.

Und Jürgen ist doch irgendwie ein „falscher Fuffziger". Hat er mir doch während seiner 0-4-Wache ständig auf die Finger geschaut und meinte später nach dem Kaffeetrinken beim Feierabendbier zu den anderen :

„Und ich habe erst mal drei Stunden Comic geguckt. Dirk beim Arbeiten!" - Da niemand so recht grinsen wollte, fügte er schnell hinzu :

„Ich habe nur gesehen, dass er immer noch entrostet hat, während Torsten auf der anderen Seite schon malte." - Das war natürlich Torstens Stichwort, auf das ich mich verlassen konnte:

„Ich bin ja auch schon seit gestern dabei!" - Das reichte, damit war das Thema erledigt. Für mich hatte dieses Gespräch durchaus eine Aussage. Meine „dunklen Erinnerungen" ans Rudern waren doch nicht so verkehrt. Der Mensch hier vor mir war sagenhaft arrogant. Es ist so ein Typ, der sich mit Hilfe eines anderen aufbaut, indem er den anderen immer und überall sticht. Nun, mal sehen, wie lange ich ihn das Spiel spielen lasse . . .

Abends Kino - eine wirklich langweiliger Western der DEFA. Danach schaute ich kurz bei Jürgen rein, da ich sonst niemanden antraf und dort Stimmen hörte. Nach einem sehr langgezogenen Doppelten verabschiedete ich mich. Torsten ebenfalls. Günter blieb noch und bemerkte :

„Ihr seid ja genügsam!" - Ich hoffe, er wird dies ebenfalls an den Bootsmann weiter tragen, wie so vieles andere auch über den „Bordfunk" hier schnell und ungenau verbreitet wird.

Montag, der 14. Mai 1990

Auf in den Swimmingpool war heute die Devise. Ralf, Alex, einer der Lehrlinge, und ich waren bis in den Nachmittag damit beschäftigt, drei Schichten Farbe auf die entrosteten und auch nicht entrosteten Stellen zu malen. Man kann Rost auch „totmalen" - wenn ringsum Farbe ist und keine Luft mehr heran kommt, rostet auch dieser Rost nicht mehr. Einen Nachteil hat die Sache aber: Die Farbe ist sehr flexibel und mechanisch leicht zerstörbar, so dass es häufig vorkommt, dass die Farbe bei der kleinsten Berührung abfällt. Warum ich das erwähne? Nun, heute war es das erste Mal, dass mir ein Bootsmann den Auftrag gab, über Rost und Fett herüber zu malen. Gegen 16.00 Uhr sprach ich dann beim Second vor. Der Husten musste behandelt werden. Morgens, kurz nach dem Aufstehen, hatte ich kaum den Gruß in der Messe herausbringen können. Leider hatte er nichts zum Inhalieren da. Lutschbonbons und Hustensaft gab er mir, na, wir werden sehen.

Abends, nach dem Video, wollte ich noch etwas Luft schnappen und begab mich deshalb auf die achtere Manöverstation. Ich ließ meinen Blick über den in der Dämmerung versinkenden Ozean schweifen - und bemerkte dabei aus den Augenwinkeln, dass ich nicht allein war. Ein Deck höher standen sie: die mitreisenden Ehefrauen und die dazugehörigen Ehemänner. Alle hatten wir wohl denselben Gedanken. Es war ein kurioses Bild. Wie auf einem „Passenger" standen sie da an der Reling und schauten, als ob sie noch nie einen Sonnenuntergang auf dem Meer erlebt hätten. Aber so ist es wohl wirklich: Wer einmal den Anblick des Ozeans genossen hat, der wünscht ihn sich immer wieder. Diskret zog ich mich zurück. Ich wollte allein sein, allein mit der unendlichen Weite des Wassers . . .

Eigentlich hatte ich dann vor, in die Koje zu steigen, aber weit gefehlt. In der Kammer gegenüber saß der Koch mit seiner Frau, einem Matrosen und der Oberstewardess. Und auf die freundlich-eindringliche Einladung des Kochs hin musste ich mich wohl oder übel dazusetzen. Es wurde eine gemütliche Plauderrunde. Hauptthema war natürlich die Währungsunion und, im weiteren, die gesamte Vereinigung mit ihren Folgen für den „normalen" DDR-Bürger. Ich möchte das nicht ausdehnen. Jeder wird wissen, dass viel darüber diskutiert wurde und keinesfalls jeder mit dem einverstanden war, was mit uns geschah.

Dienstag, der 15. Mai 1990   *- Gibraltar -*   *(Europoint)*

Den Nachmittag machten Ralf, Alex und ich den Swimmingpool soweit fertig, dass Ralf ihn dann weiß spritzen konnte und nachmittags alles beendet war. Morgen werden wir wohl anbaden können. Das Wetter ist auch schon gut: wolkenloser Himmel und 25°C.
Kurz vorm Mittag begann ich mit dem Deck um die Containerlast herum. Eine unglaubwürdig langweilige Beschäftigung: Quadratmeterweise mit der Rostpistole zu arbeiten. Bis zum Feierabend schaffte ich es, auf der Hälfte der Fläche schon Farbe aufzutragen.
Über Mittag fuhren wir ins Mittelmeer ein. Ohne Doppelwache. Ich hatte mich schon darauf gefreut, eine Stunde lang in aller Ruhe Gibraltar zu genießen. Stattdessen saß ich lärmend im Staub. Der „Spruch des Tages" kam heute von Torsten:
„Ich habe so das Gefühl, dass auf der Reise noch irgendwas passiert!" - Wir werden ja sehen.
Abends dann saßen wir fünf Matrosen bei Ralf in der Kammer, tranken Gin und erzählten. Selbstverständlich hielt ich mich mit dem Alkohol zurück und trank nur ein Glas Wein. Ich hatte Bereitschaft. Gegen 23.15 Uhr verabschiedete ich mich. Übrigens habe ich meinen Nikotinverbrauch auf zwei Zigaretten pro Tag reduziert. Der Husten ist auch hörbar zurückgegangen.

Mittwoch, der 16. Mai 1990   *- Nebel -*

Wieder fing der Tag trübe an, so dass man sich einen kräftigen Ruck geben musste, um zum Werkzeug zu greifen. Ich machte an der Stelle von gestern weiter und war auch schon gegen 10.00 Uhr soweit fertig, dass nur noch abgestochen werden musste, um dann zu malen. Diesmal war Ralf am zweiten Lukeneinstieg beschäftigt. Torsten ging als zweiter 8-12-WM auf die Brücke. Der Frühdunst hatte sich inzwischen zu einer tollen Waschküche entwickelt. Zeitweise lag die Sichtweite unter 100 m!

Nach dem Smoketime fing ich an, den Poller Bb.-Seite-Vorkante Luk 1 zu konservieren. Fast fertig, musste ich zu 12.00 Uhr auch auf die Brücke. Anfangs fand ich es ja erholsam, doch nach einer Stunde Langeweile sehnte ich mich förmlich an meinen Poller zurück. Als wenn jemand meinen Wunsch gehört hätte, lichtete es sich zusehend auf und gegen 13.30 Uhr wurde ich von den Brückenpflichten entbunden - durfte wieder sinnvollerer Beschäftigung nachgehen. Der „Spruch des Tages" kam dementsprechend heute beim Feierabendbier von mir:

„Heute habe ich die Feststellung gemacht, dass Arbeit Spaß macht!" - Torsten staunte nicht schlecht, als er aber meine Begründung hörte, meinte er :

„Was, nach einer Stunde erst? Ich habe mich schon nach 20 Minuten in der Nock schrecklich gelangweilt!"

Um 19.00 Uhr Kino: „Beverly Hills Cop", altbekannt, aber immer wieder gut.

Das war er also - der 10. Tag dieser Reise . . .

Donnerstag, der 17. Mai 1990 - Tag der Sicherheit -

Heute war ich das letzte Mal an den Lukeneinstiegen. Hilfe hatte ich von den Stiften, die sich hier stündlich abwechselten. Schließlich und endlich war zum Feierabend alles fertig. Aber es hatte zu lange gedauert. Auch wenn man in Betracht zieht, dass es nun auf korrektes Malen ankam. Beim Mittagessen meinte unser Bootsmann so nebenbei zu mir:

„Du musst noch sehr viel lernen, besonders was Effektivität angeht. Und schau dir mal die Luken und Kräne an. Nicht dass da etwas schief geht, wenn es im Hafen schnell gehen muss!" - Ich nickte und war froh, dass er es so ruhig sagte, und ohne dass es die Lehrlinge hörten. Und dann kam er auf einmal auf mein Studium zu sprechen. Zu ihm hatte ich davon zwar noch nichts gesagt, aber darüber wunderte ich mich schon nicht mehr. Viele an Deck wussten das, also auch der Boots-mann; und wer weiß, wer noch. Jedenfalls meinte er:

„Halt die Augen offen, an Deck. Nicht, dass du nach dem Studium aufsteigst, und von `Tuten und Blasen` keine Ahnung hast! - Ich wundere mich sowieso, dass die IHS immer noch Nautiker studieren lässt. Mit dem Studium kannst du doch in Zukunft nicht mehr viel anfangen. Auf den modernen Schiffen im Westen fährt doch nur noch einer das Schiff. Ein Mann mit beiden Patenten: A6 für die Brücke und C6 für die Maschine. Die bilden dort sowieso nur noch in diesem Komplex-studium aus. Unsere hängen wie immer hinterher, werden sie wohl ohnehin bald zumachen, die Einrichtung. Ich will dir nicht die Laune verderben, aber so sieht's aus, im Moment." - Ich nickte wieder und entgegnete:

„Soviel ich weiß, treten dieses Jahr neue Studienpläne in Kraft. Die IHS muss jetzt einfach flexib-ler arbeiten - hoffe ich jedenfalls!" - Darauf Ralf :

„Jetzt versucht er, sich Mut zu machen."

„Natürlich sollte man nicht immer alles so schwarz sehen." - Und nun ließ Ralf die Katze aus dem Sack:

„Ein Glück, dass ich meine Studienzulassung erst für 1991 habe. Bis dahin kann noch viel passie-ren. Da wird sich schon alles eingerenkt haben!" - Schweigen, Kopfnicken und -schütteln.

Jeder hing seinen Gedanken nach. Auch ich hatte ursprünglich solche Spekulationen ins Auge gefasst. Aber es gab zwei Gründe, meine Zulassung von 1991 auf 1990 vorzuverlegen. Erstens: Ich gewann ein Jahr! Und wenn irgend etwas im ersten Studienjahr schief laufen sollte, war der Verlust nicht so groß und die Möglichkeit, sich etwas anderes zu suchen und zu bekommen, größer. Zweitens: Wer weiß schon genau, ob die Zulassungen für 1991 nicht noch kurz vorher gestrichen werden. Es gibt ohnehin genug studierte Seeleute. Und wenn man nun schon dabei ist ... Also, auf in den September!

Um 13.00 Uhr begannen die Sicherheitsbelehrungen. Erste Station für unsere Decksgang war das Rettungsboot. Und sofort fing der Bootsmann an zu schießen. Zu mir gewandt, forderte er: „Erklär' doch mal das Klarmachen des Bootes!" - Nun, wenn's weiter nichts war. Auch der III. Nautiker nickte:

„Nur zu, nach der Armee hat man vielleicht Lücken." - Ich erzählte und war so schnell fertig, dass selbst ich überlegte, ob ich nicht irgend etwas vergessen hätte. Und ich sah es den anderen auch an, dass sie angestrengt nach der „Lücke" suchten...

Dann erklärte uns der I. TO die Bedienung des Rettungsbootsmotors und der II.Nautiker die Handsignalmittel und die Flöße, schließlich war der Funker mit der Seenotrettungsfunkstation dran. Alles war noch beim alten. Für mich und die anderen nichts neues. Keine „Lücken"! Abschließend stiegen wir probeweise in unsere personengebundenen Rettungsanzüge. Viele halfen sich gegenseitig, ich für meinen Teil legte Wert darauf, allein und zügig hinein zu kommen. Im Ernstfall muss es auch ohne Hilfe gehen!

Dann kam um 15.30 Uhr Coffeetime und gegen 16.00 Uhr war die Decksgang komplett auf dem Brückendeck versammelt. Der Swimmingpool zog, und das Wetter lud zum ersten Sonnen-

bad ein. Um 18.00 Uhr kam die Durchsage vom Chiefmate über Bordfunk:
„Schönen Guten Abend, Besatzung! Achtern ist alles gegrillt, und das Fass Bier ist angestochen und wartet. Also auf nach Achtern - das Fassbier ist da!"
Er sagte mir nichts neues, schließlich hatte ich das Fass hingeschleppt und war beim Anstechen nur knapp einer Dusche entkommen. Während wir dort speisten, zogen an der Steuerbordseite Afrikas Küste und an Backbord die Vorläufer von Sizilien vorbei. Es war herrliches Wetter, und der Met floss in Strömen - im wahrsten Sinne des Wortes . . .

Freitag, der 18. Mai 1990 - Bordversammlung

Heute hatten wir einen knallharten Arbeitstag. Wie die Besessenen entrostete die Decksgang an der Stb.-Seite von Luk I den Wettergang - sprich das Hauptdeck. Torsten am „Kindersarg", die offizielle Bezeichnung ist mir nicht bekannt, beschreibend könnte man aber sagen: elektrische Entrostungswelle o.ä., deren Elektromotor in einem Holzgehäuse untergebracht war, das eine gewisse Ähnlichkeit mit einem Kindersarg hatte. Ralf und ich an den Druckluftrostpistolen und die Stifte mit Handwerkszeug. Sie dürfen ja täglich nur 2 mal 20 Minuten mit Druckluftgeräten arbeiten, wegen der Belastung des Stützsystems, die selbst wir heute spürten! Bis zum Mittag sah es so aus, als wenn wir es nicht schaffen würden - also legte ich meine gemütliche Arbeitshaltung ab (Torsten sprach schon öfter davon, ich hätte wohl eine sitzende Tätigkeit) und legte dafür weniger Wert auf die Qualität. Nun, vereint schafften wir es selbstverständlich, bis 17.00 Uhr fertig zu werden. Inklusive zweimal Farbe! Und dabei meinte es die Sonne endlich so gut mit uns, dass wir längst nur noch in Turnhosen herumliefen. Unsere Stifte waren am Ende und echt schlechter Laune, was ich ihnen nicht verdenken konnte. Über Ralf musste ich im Stillen schmunzeln. Seit Reisebeginn war er immer der letzte, der zur Pause die Arbeit liegen ließ und der erste, der wieder anfing. Aber heute Nachmittag ließ sein Elan doch nach ...
Gegen Torsten konnte man nichts sagen, auch wenn er als dick angesehen wurde. Ich wusste, dass er früher aktiv Kraftsport gemacht hatte und dann abrupt aufhören musste - alles aufgeschwemmte Muskeln, die immer noch mehr bringen als beim Durchschnittsmenschen!
Und unser Bootsmann staunte! Er hatte uns allein arbeiten lassen, hatte andere Dinge zu tun und nickte zum Feierabend anerkennend mit dem Kopf. Immerhin - alles unser Geld: Jeder Quadratmeter wird als Eigenleistung abgerechnet und geht prozentual verteilt auf unsere Konten. Und das soll nicht unerheblich sein...
Für mich war der Arbeitstag aber noch nicht ganz beendet. Rasch unter die Dusche, zum Abendbrot und dann hoch auf die Brücke. Der Bereitschaftsmann löst den 4-8-Wachmatrosen zum Essen ab und schreibt sich dafür eine halbe Überstunde sowie 15 Bereitschaftsstunden!
Und jetzt gönnte ich mir endlich ein Bad im sauberen Swimmingpool - herrlich erfrischend, könnte aber noch 5 bis 10 Grad wärmer sein. Übrigens erfuhr ich auf der Brücke, dass wir heute gegen Mittag etwa an Sizilien vorbeigefahren sind und nun direkten Kurs auf Port Said nehmen. Wenn alles weiter nach Plan läuft, werden wir wohl Montagabend dort sein und am Dienstag den Kanal durchfahren - einer der wenigen Höhepunkte der bisherigen Reise.
Um endlich damit anzufangen, begab ich mich dann für eine halbe Stunde in den Sportraum, mal

sehen, vielleicht bringt's ja was?!

Punkt 19.00 Uhr begann sie endlich, die langerwartete Bordversammlung. Der Kapitän hatte das Wort:

„Zum weiteren Reiseverlauf, soweit er mir bekannt ist, kann ich sagen, dass wir nächste Woche in Jeddah ankommen werden. Dort besteht Fotografier- und Landgangsverbot - strikt! Die Fotoapparate und Zubehör werden vorher in der Transitlast unter Verschluss genommen. Der Tiefgang wird vom Schiff aus abgelesen. Niemand betritt auch nur die Pier! Außerdem darf auf dem Schiff kein Tropfen Alkohol und kein Porno bei der Besatzung gefunden werden. Der Zoll dort schaut sogar in die Kühlschränke und Kammern! Also, lasst euch was einfallen.

Danach geht's nach Aden, dort werden die Container gelöscht und wieder welche geladen. Landgang ist dort bis 22.00 Uhr, von dort festgelegt, und wie es dann weitergeht, weiß bis jetzt noch keiner. Im Gespräch war Assab; vielleicht fahren wir aber auch fast leer zurück. Wir werden sehen. Fest steht, dass wir Anfang August abgelöst werden und dann Mitte September wohl wieder aufsteigen ..." - Das war ja bald die wichtigste Information des Tages. Denn das würde bedeuten, Umkehrreise von Westeuropa aus! Vielleicht ein Vier-Wochen-Trip ins Mittelmeer? Schön wär's ja. Aber wie war das alte Reedereimotto: Erstens kommt es anders und zweitens als man denkt!

Abschließend machte der Second noch die üblichen Belehrungen: Häfen, Zoll, Tropen; und kam dabei auch auf abgekochtes Wasser zu sprechen. Wir Matrosen sahen uns leicht grinsend an. Letztens erst hatte einer erzählt, bei einer solchen Belehrung hätte ein Schlaumeier gefragt, ob man auch die Eiswürfel vor Gebrauch abkochen müsse ...

Und da kam es auch schon:

„... auch das Wasser für die Eiswürfel ist vorm Frieren abzukochen ..." Er kannte die Story also auch. - Nun, nachdem alle die Belehrungen unterschrieben hatten, war die Veranstaltung beendet. Keine 20 Minuten waren vergangen.

Schnell zur Getränkeausgabe und zum Video. Unglücklicherweise hatte jemand denselben Film von gestern eingelegt! Also hieß es, früh in die Koje . . .

Sonnabend, der 19. Mai 1990 - Fete

Allmählich setzte sich der Alltag an Bord durch. Tagsüber wird eben entrostet und gemalt. Aber abends ... war erst mal wieder Transitausgabe. Den Begriff „Schiffsgeburtstag" finde ich irgendwie treffend!

Heute Abend saßen die fünf Matrosen bei mir, erzählten, tranken und rauchten. Es wurde gemütlich. Als gegen 22.00 Uhr nur noch Jürgen, Günter und ich dasaßen, kam ich noch einmal tüchtig ins Staunen. Ich erzählte gerade, dass ich mich für Torsten eingesetzt hatte, da wir gemeinsam bei der Armee gewesen waren, da meinte Jürgen:

„Ich habe ja deinetwegen auch W. angesprochen. Ich sagte zu ihm, dass noch ein Matrose an Bord ist, der aber nicht auf der Musterrolle steht, angeblich aber mitfahren soll. Er grübelte eine Weile und meinte dann, du würdest schon mitfahren, er regelt das! Also ‚eingesetzt' kann man vielleicht nicht sagen..." - „Aber zumindestens hast du es erwähnt!" - „Ja, so kann man es wohl bezeichnen."

Das hätte ich nun wirklich nicht für möglich gehalten. Jetzt wurde unsere Unterhaltung lockerer und persönlicher, so dass Günter völlig unbeteiligt zuhören musste. Wir redeten über Jugendklubs und was uns gefiel und was nicht. Wir waren ja aus derselben Stadt. Gegen 23.00 Uhr beendeten wir die erste Fete bei mir. Ich ging an Deck, und während ich die letzte Zigarette für heute rauchte, hörte ich das Meer rauschen, sah den dichtbesäten Sternenhimmel über mir und grübelte wieder einmal über meine Zukunft nach ...

Sonntag, der 20. Mai 1990

Ein herrlicher Tag, zumal ich überhaupt keine Probleme mit dem Aufstehen hatte - man sollte beim Feiern wirklich immer nur bei einer Sorte bleiben und hat so am folgenden Morgen keinen dieser gefürchteten Brummschädel!
Und da die Lehrlinge heute wie jeden Sonntag frei machten, sahen wir auch alles etwas lockerer. Erst mal klönten wir vor Arbeitsbeginn mit dem Bootsmann über unsere Armeezeit - und schon

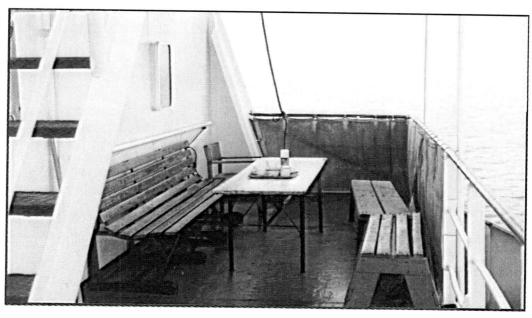

war eine halbe Stunde herum! Also ran an die Arbeit. Während die anderen beiden mit dem Deck beschäftigt waren, bearbeitete ich den Tag über ein „Rohrschutzblech" mit der Pistole. Es gab wirklich den Moment, wo ich am liebsten alles weit von mir geworfen hätte, aber da kam Torsten an und überzeugte mich auf die ruhige Art, doch weiterzumachen. Die Farbe saß aber auch dick drauf und wurde bei der Hitze so elastisch, dass sie sich zwar verformte, sich aber kaum vom Metall, sprich dem Rost trennen ließ. Zum Feierabend um 15.15 Uhr hatte ich das Blech selbstverständlich mit drei Schichten Farbe bemalt und das bisher entrostete Deck hatte seine erste Lackschicht grün bekommen. Und das mit nur drei Mann, die gemütlich zu Werke gegangen waren! ---

Schnell duschen, die Badesachen gegriffen, den Sonntagskuchen im Vorbeigehen mitgenommen, hieß es oben auf dem Peildeck erst mal den frühen Feierabend nutzen und genießen. Wie schon erwähnt, so ein kühles Bad im Salzwasser ist doch enorm erfrischend. Bis zum Abendbrot saß die Decksgang oben und sonnte sich. Nach dem Essen holte ich meinen trockenen Teppich wieder in die Kammer, den ich gestern beim Großreinschiff mit dem Schrubber bearbeitet hatte, um endlich Grund in die Bude zu bekommen.

Abends gab es wieder ein totlangweiliges Video, so dass sich die Decksgang schon früh zurückzog. Günter und ich saßen noch bei einem Glas Wermut zusammen und schwärmten von Rolex-Uhren. (Das sind diese Billigprodukte aus der Schweiz, die sich ohnehin keiner kauft - die Preise gehen erst bei vierstelligen Beträgen los.)

Montag, der 21. Mai 1990 - Port Said

Wie jeden Morgen wurde ich auch heute vom Telefonklingeln geweckt:
„Guten Morgen! Es ist 07.00 Uhr und es gibt Warmes Eckchen." - So, so! Sieben ist es also, meine Uhren zeigten aber erst die 6. Stunde! Ach, richtig, ich hatte ganz vergessen, dass diese Nacht die Uhren um eine Stunde vorgestellt wurden, um auf Ortszeit zu kommen. Nachmittags sollten wir Port Said erreichen.

Bis zum Smoketime war ich dann mit Jörn, dem Lehrling, mit dem Spulen der Aufbauten beschäftigt. Anschließend bauten wir die konservierten Rohrschutzbleche wieder an. Eine fürchterliche Fummelei!

Ab 12.00 Uhr Doppelwache. Ich war kaum auf der Brücke, als mir der Funker das erste Telegramm mit erfreulichen Nachrichten aus der Heimat in die Hand drückte. Gegen 15.00 Uhr fuhren wir in Port Said ein. Ich ärgerte mich fürchterlich, dass ich den Fotoapparat nicht dabei hatte. Es waren einige schöne islamische Kuppelbauten zu sehen. Ich stand gerade am Ruder, als wir an der Pier mit drei Achterleinen und vorne mit den beiden Ankern festmachten. Ein kompliziertes Manöver - aber nicht für dieses gut eingespielte Nautikerteam. Und kaum waren wir fest, legten auch schon die ersten Boote an unserer zu Wasser gelassenen Gangway an, und die „Kleinhändler" breiteten ihre Waren an der Vorkante der Aufbauten aus. Und sie hatten Erfolg. Sofort war die Besatzung dort und kaufte: Uhren, Werkzeug, Klamotten und Kinkerlitzchen, zu deutsch „Rappisch"! Ich für meinen Teil holte mir lediglich ein paar Ansichtskarten...

Als Video kam heute „Dirty Dancing" - drei Stunden lang. Um 22.00 Uhr legte ich mich hin. Der nächste Tag würde lang werden.

Dienstag, der 22. Mai 1990 - Suezkanal

Um halb zwölf nachts kam Torsten in meine Kammer gestürzt und weckte mich zu meiner 0-4-

Wache mit dem Ruf:

„... der Lotse kommt in 10 Minuten!" - Sofort war ich hellwach und stand umgezogen wenig später an der Gangway. Kurz nach Mitternacht kam er endlich an Bord. Die Suez-Elektriker hatten im Laufe des Abends den Scheinwerfer auf der Back bereits montiert und die letzten Händler waren von Bord verschwunden. Wir konnten los. Ich half achtern mit, die Leinen einzuholen und stieg dann auf die Brücke hoch. Abwechselnd standen Jürgen und ich am Ruder und steuerten unser Schiff nach den englischen Anweisungen des Lotsen im Konvoi an vierter Stelle langsam durch den berühmten Suezkanal. Jetzt, bei Nacht, war selbstverständlich nicht viel von der Umgebung zu erkennen. Schon deswegen war ich auf die Tageswache gespannt.

Nach einem gemütlichen Feierabendtee gingen wir gegen halb fünf wieder in die Koje. Ich schlief unruhig und wachte wiederholt auf. Seit kurz nach sieben war es still auf dem Schiff. Wir lagen im Bittersee vor Anker und warteten, dass der entgegenkommende Konvoi vorüberzog. Durch den Kanal können übrigens Schiffe mit einer Länge von bis zu 300m, 6m Breite und einem Tiefgang

von 16m fahren. Größer geht's beim besten Willen nicht!

Kurz vor elf stand ich auf und ging an Deck, um die Umgebung zu fotografieren. Leider war die Sicht schlecht. Diesig, dunstig war gerade so die nahegelegene Sandküste des Großen Bittersees zu erkennen. Wieder waren Händler an Bord. Dieses Mal kaufte ich drei bemalte Papyrusblätter, die, wie ich aber erst Jahre später erfuhr, nur die üblichen Fälschungen aus Bananenschalen darstellten. Die Täuschung ist derartig gut, dass man die Materialien stark falten muss, um sie auseinanderhalten zu können. Nur echtes Papyrus bleibt faltenfrei.

Gegen 11.30 Uhr hieß es „Anker auf!" und der Konvoi, bestehend aus acht Frachtern, formierte sich neu, um seine Weiterfahrt aufzunehmen. Jürgen stand wie immer die erste Stunde „am Bock" - während ich mir draußen in der Nock die Zeit damit vertrieb, die Wüste anzustarren. Mittlerweile hatten wir auf der Sonnenseite 42°C und im Schatten 28°C. So langsam konnte man den Eindruck gewinnen, man wäre in den Tropen! Absichtlich hatte ich keinen Fotoapparat mitgenommen, da ich nicht wusste, wie die Schiffsführung darauf reagieren würde. Als aber der Chiefmate in aller Ruhe zu filmen begann, ärgerte ich mich. Gegen dreiviertel eins dann stand ich zufällig mit dem Second allein in der Nock und nutzte die Chance:
„Ich könnte mich ärgern, dass ich keinen Fotoapparat hier habe! - Na ja, lässt sich nicht ändern..."
- Er nickte und schwieg. Nach einer Minute meinte er:
„Geh' doch runter und hol' ihn!" - Ich wusste doch, dass ich in ihm einen verständnisvollen Gesprächspartner gefunden hatte! - In den letzten 10 Minuten, bis ich ans Steuer musste, holte der Apparat alles nach, was er in der vergangenen Stunde versäumt hatte. Ich hielt den Apparat sorgfältig an der Seite, so dass dem heraustretenden Kapitän nichts auffiel. Stattdessen sah er oben

auf dem Peildeck den E-Stift mit der Kamera stehen und im guten Glauben, den Bösewicht vor sich zu haben, setzte es erst einmal ein kleines Donnerwetter. Als der Kapitän sich wieder in die Brücke wandte, konnte ich mir ein leichtes Lächeln nicht verkneifen. Zufällig sahen der Second und ich uns gerade an, und auch über sein Gesicht huschte ein Grinsen ...
Gegen 14.00 Uhr erblickten wir Suez, und nachdem wir auch den letzten Kanalelektriker und

Lotsen abgegeben hatten, begann um 15.00 Uhr Bordzeit die Seereise auf dem ROTEN MEER. Abends saß die Decksgang bis 21.00 Uhr bei Jürgen und Wermut. Dann verabschiedeten wir beide uns - als 0-4-Wache wollten wir vorher noch eine Mütze Schlaf nehmen.

Mittwoch, der 23. Mai 1990 - Im Roten Meer

Die Nachtwache verlief normal und ruhig. Das einzig erwähnenswerte ist wohl, dass die mitreisende Ehefrau des Seconds die Wache voll mitmachte und auch ihren Anteil am Gelingen hatte: Sie kochte den Kaffee - und wie wichtig der in der Wache ist, habe ich schon früher einmal beschrieben. Nach dem obligatorischen Feierabendbier begann für uns um halb fünf die Nacht, und endete um 11.00 Uhr vormittags. Nach dem Mittagessen stieg ich wieder in den Tagestörn ein.

Ab heute galt die Tropenarbeitszeit. Das bedeutete für uns, Feierabend war bereits um halb drei! Unwahrscheinlich heiß war es aber auch geworden: durchschnittlich 37°C! Den Nachmittag verbrachte ich selbstverständlich wieder am Schwimmbecken und im Sportraum. Nach dem Abendessen begab ich mich wieder auf die Brücke, diesmal um den Funker nach dem Postweg zu fragen. Und er meinte:

„Die Briefe gehen morgen mit der Reedereipost weg. Am besten, du gibst sie heute noch beim 3.NO ab!" - Alles klar, damit war mein Abendprogramm abgesteckt. Bis 19.00 Uhr saß ich dran, legte nur eine kleine Kinopause von eineinhalb Stunden ein und schrieb dann weiter. Es wurde anstrengend, nicht nur für die rechte Hand, sondern auch, weil man notgedrungen überall fast dasselbe schreibt! Zum Schluss noch einen ausführlicheren Brief an die Familie, damit war diese einmalige Sache für diese Reise beendet. Dachte ich jedenfalls, und die Uhr zeigte halb elf.

Donnerstag, der 24. Mai 1990 - Jeddah

Bis zum Mittag entlaschten wir Container, soweit es die ruhige See zuließ. Nur die Ecksicherungen blieben noch. Dann erklärte mir unser Bootsmann ausführlich die speziellen Möglichkeiten unserer Bordkräne und entließ mich endlich auch zum Essen.

Ab 12.00 Uhr Doppelwache. Wir näherten uns Saudi Arabien. Der Lotse kam an Bord und die breitgezogene Silhouette Jeddahs hob sich langsam aus dem Wasser. Bemerkenswert, wie groß und modern die Stadt wirkte. Nebenbei servierte uns die Frau vom Second wieder den Kaffee; er dampfte förmlich. Eigentlich war uns gar nicht so nach heißen Getränken, und Jürgen meinte auch treffend:

„Trink ihn schnell aus, sonst wird er noch heißer!" - Aber der Satz des Tages kam dieses mal vom Funker, als er zum Second sagte:

„Nee, bei der Hitze möchte ich hier nicht leben - nicht einmal beerdigt!" - Immerhin hatten wir in der Schattenseite 35°C ...

Kurz bevor wir ins Hafenbecken einfuhren und es für mich Zeit wurde, ans Ruder zu gehen, bemerkte ich eine Anzahl Riffe, die aber ausreichend betonnt waren, so dass wir sie ohne Schaden passieren konnten. Nun, nachdem wir die Gangway ausgebracht hatten, natürlich ohne auch nur einen Fuß an Land zu setzten, war unsere Arbeitszeit herum, und die 0-4-Wache zog sich zurück.

Nach dem Abendessen setzte ich mich vor den Fernseher und zog mir drei Stunden lang Videos rein. Es ärgerte mich, dass keiner an Land durfte, ja nicht einmal die Pier betreten sollte. Dafür stand vor jedem Schiff an dieser modernen Containerpier ein Armist mit MPi, lässig über die Schulter geworfen. Gegen 21.30 Uhr verschwand ich in der Koje. Noch waren einige Container zu löschen, bevor es überhaupt ans Laden gehen konnte.
Übrigens ist heute seit Jahren wieder der „Herrentag" als staatlicher Feiertag in die Kalender eingetragen. Das bedeutete für uns: mehr Geld und einen freien Tag!

Freitag, der 25. Mai 1990

In der 0-4-Wache morgens wurden die Lade- und Löscharbeiten beendet. Wir laschten schnell die paar Container, fuhren die Luken zu, die Gangway hoch und legten ab. Punkt 03.00 Uhr gaben wir den Lotsen ab und begannen mit der Seereise. Die letzte Stunde verging schnell. Und dann hieß es endlich wieder schlafen. Nebenbei bemerkt, fiel es langsam auf, dass es die 0-4-Wache bisher immer am günstigsten erwischt hatte. Nahezu jedes Ein- oder Auslaufen fiel in diese Tages- oder Nachtzeit, so dass wir keine Überstunden machen brauchten und unseren regelmäßigen Schlaf hatten...
Kurz nach sieben klingelte wie üblich das Telefon. Schlaftrunken meinte ich, dass ich nicht zum Frühstück käme und schlief weiter, bis mich der Wecker gegen elf wach machte. Beim Mittag entschuldigte sich die Stewardess, dass sie mich irrtümlich morgens geweckt hatte - aber es war ja nicht der Rede wert.
Jürgen stellte so nebenbei fest:
„Eine Arbeitszeit hast du! Die möchte ich auch haben. Nachts, wenn sowieso alle auf sind, machst

du vier Stunden, und nachmittags dann noch mal zwei Stunden an Deck - und das war's dann!" - Mehr als Schmunzeln konnte ich dazu auch nicht. Übrigens, die zwei Stunden nachmittags hingen mit der Tropenarbeitszeit zusammen. Wegen der Hitze wird kürzer getreten - bei gleichem Geld.
Über Mittag kam der Funker mal wieder auf meine Kammer und reichte mir ein Telex aus der Heimat herein. Gute Nachrichten, schlechte wären auch nicht gut.
Die zwei Stunden an Deck verbrachte ich mit dem Abstechen der entrosteten Lukentaschen von AK Luk II/VK Luk III Stb.-Seite. Eine ungeheure schwüle Hitze machte uns zu schaffen. Das Stirntuch konnte man bereits nach einer halbe Stunde auswringen!
Abends zog ich mir ein Video nach dem anderen rein. Nebenbei gönnte ich mir 2-3 Gläser Wermut mit Zitrone und viel Eis. Ich saß allein in der Bar, und ich war in der Stimmung, in der man am liebsten mit sich allein ist...
Zwischendurch erhielt ich noch eine Belehrung „unter vier Augen", vom E-Ing. Er kam hereingestürzt und fragte gereizt:
„Waren Sie als letzter an der Videoanlage?" - Ich bejahte, war mir allerdings keiner Schuld bewusst, gerade auf dem Gebiet dünkte ich mich etwas beschlagen.
„Sie sind doch darüber belehrt worden, dass, wenn auf Video umgesteckt wird, der Netzstecker vom Antennenvorverstärker herauszuziehen ist? Es kann sein, dass nun für den Rest der Reise mit Fernsehen Schluss ist, weil in dem Verstärker etwas durchgebrannt ist!" - Und er begann mir zu erzählen, was darin passiert, wenn noch Strom anliegt.
Wortlos stand ich da - wer sollte denn das ahnen? Bei der Belehrung, von der er gesprochen hatte, war ich übrigens nicht anwesend - ich hatte Wache. Endlich war er fertig und wandte sich zum Gehen. Ich konnte nur noch ein leises „tut mir leid" murmeln, schon war er verschwunden. Im Nachhinein will mir aber nicht so recht in den Kopf, warum ein Vorverstärker durchbrennen soll, wenn er nur das tut, was er soll. Und aus einem Videorecorder kommt bekanntlich dasselbe Signal wie über eine Fernsehantenne! Außerdem war die Anlage so schon stundenlang gelaufen - und wir empfingen immer noch den Regionalsender. Auf jeden Fall werde ich mich zu Hause darüber informieren. Und hier an Bord werde ich selbstverständlich die Weisungen der Offiziere beachten - schaden wird's ja wohl auch nicht...

Sonnabend, der 26. Mai 1990

Ich dachte, mich tritt etwas. Unser Bootsmann sprach mich mit „Sie" an! Nur ein-, zweimal und ging doch wieder zum vertrauten „du" über. Aber immerhin, es war wohl als ernstzunehmender „Schuss vor den Bug" anzusehen. Er war der Videobeauftragte, und irgendwie war es wohl der Punkt auf dem i, dass ich „seine Antennenanlage fast ausgebrannt" hätte - seine Worte! Nun, meine Laune wurde dadurch nicht besser. Dementsprechend die heutige Arbeitsleistung: zwei Bleche „abgefahren" und eins davon mit drei Anstrichen versehen. In fünf Arbeitsstunden! Dazu kam diese unsägliche feuchte Hitze. Das Wasser lief einem von ganz allein den Körper herunter. Keiner hatte mehr einen trockenen Faden am Leib. Und ein Hemd musste man sich schon überhängen, wollte man sich die Haut nicht restlos verbrennen.
Nachmittags dann Großreinschiff. Wieder ist eine Woche herum. Die dritte auf diesem Schiff. - Es

ist wieder soweit: Die vielen Misserfolge in der letzten Zeit lassen mich einmal mehr daran zweifeln, ob es wirklich der richtige Beruf ist. Aber was sonst?! Immer wieder ziehe ich ein Tonstudio in Erwägung, egal ob beim Radio oder bei einer Plattenfirma - nur, wie dort reinkommen?

Dann das obligatorische Bad im Swimmingpool. 32°C hat das Wasser heute schon. Erfrischend wirkte das nicht mehr. Es ist nur etwas angenehmer, als bei fast 40°C an der Luft. - Gegen 18.00 Uhr fuhren wir durch eine Inselgruppe, die ich zwar fotografierte, deren Namen ich mir aber nicht merken konnte. Das Fehlen meines Taschenatlanten, den ich sonst auf jeder Reise bei mir habe, macht sich bemerkbar.

Um 19.00 Uhr fand die übliche Kinovorführung statt - anschließend zog ich mich sofort zurück. Im Bett lesend gewann ich endlich etwas Abstand zu meinen Schwierigkeiten und kam zu dem Schluss, nun alle nur machbaren Fehler hinter mir zu haben. Es wurde höchste Zeit, sich von der anderen - der fähigen Seite zu zeigen. Schließlich wollte ich noch eine zweite Reise auf diesem „Dampfer" machen, um bis zum August über die Runden zu kommen.

Sonntag, der 27. Mai 1990 - Aden

Gleich mit Arbeitsbeginn entlaschten wir die für Aden bestimmten Ladung, dass heißt also - alles! Gegen 09.00 Uhr waren Ralf und ich damit fertig. Da hieß es auch schon „Klar vorn und achtern!". Eine erdrückende Hitze umgab uns an Deck, und sofort waren wir durch und durch. Auf der Back wehte glücklicherweise ein erfrischender Fahrtwind. Trotzdem wurde das einstündige Anlegemanöver extrem belastend. Zumal wir vorn und achtern mit je vier Leinen an Tonnen festmachten. Und die Leinen müssen erst ausgesteckt und später die überflüssigen Längen wieder weggestaut werden. Ein wenig entschädigte mich der Anblick dieser Stadt am Gebirge, dessen schroffe, nicht sehr hohen Felsen unmittelbar aus dem Meer zu ragen scheinen. Es ist eine herrliche Aussicht, gerade bei dem sonnigen Wetter, das wir hatten!

In der 15-Minuten-Pause nach dem Festmachen regulierten alle ihren Wasserhaushalt - ich für meinen Teil hielt erst nach einem Liter Apfelsaft-Selter den Normalzustand für gekommen. Kurz darauf war ich dabei, Luk I auf Weisung des Chiefmates aufzufahren, als der Bootsmann das sah und zügig herankam:

„Hast du beide Pumpen an?" - „ Ja." Seit längerem war dies wohl das erste mal, dass ich etwas richtig tat. Und so sammelten sich in der Folgezeit einige Kleinigkeiten, oder anders ausgedrückt: Ich machte, was man von einem Matrosen erwartete. Ich hoffte, er hätte jetzt langsam wieder etwas Vertrauen zu mir. Und tatsächlich kam er nachmittags auf mich zu und fragte:

„Kannst du mit dem Kran fahren?!" - „Ich denke schon." - „Dann schalte Kran 3 und 4 auf Doppelkranbetrieb und fahr sie herum, damit wir die Traverse anschäkeln können." - Sprach's und ging.

Ich also hoch, konzentrierte mich - und es lief reibungslos. Immerhin hatte ich seit fast zwei Jahren keinen Kran mehr bedient! Und bei diesen hier, das merkte ich sofort, waren die Steuerknüppel zu hart, zu ruckig eingestellt. Ich würde wohl noch etwas Übung brauchen, um das notwendige „Feeling" zu bekommen. Nun, die Hauptsache war jedenfalls, dass ich sein Vertrauen nicht wieder enttäuscht hatte . . .

Abends saßen der Storekeeper, seine Frau, eine unserer Stewardessen, Günter und ich bei Jürgen. Es wurde ein richtig gemütlicher Abend und erst gegen 22.00 Uhr verabschiedete ich mich, kurz nachdem Günter gegangen war, und wollte schlafen. Als ich aber meinen „Wohntrakt" betrat, erklang aus Günters Kammer die volle Lautstärke seines Schifferklaviers. Ich wollte nicht, dass er aufhört, und so las ich noch eine Weile in meiner Koje, bevor ich schließlich beim unaufdringlichen Klang alter Seemannsweisen einschlief.

Montag, der 28. Mai 1990 - Landgang

Ein ganz normaler Arbeitstag an Deck. Bis dann gegen 15.30 Uhr die Durchsage vom Chiefmate kam:
„Wer an Land gehen möchte, ruft die Brücke an. Gegen 17.00 Uhr fährt ein Boot zur Pier!" - Nach einigem hin und her entschloss ich mich, mit den drei Lehrlingen loszuziehen. Wohl fühlte ich mich dabei allerdings nicht. Schließlich war mir diese Gegend völlig unbekannt, lieber wäre ich mit einem erfahrenen Kollegen los, oder wenigstens allein - aber die Verantwortung für drei Lehrlinge zu übernehmen? Egal, sie waren ja auch nicht auf den Kopf gefallen. Später zeigte sich, dass meine Befürchtungen unbegründet gewesen sind; hier gab es keine Taschendiebe oder gar Banden.
Am Hafentor hinterließen wir unsere Seefahrtsbücher - eine völlig unübliche Anweisung. Dann fragte ich nach der City. Irgendwie missverstand der Einheimische mich wohl, denn er wollte mich unbedingt in Richtung „Creta" schicken. Ich dachte, ich hätte mich verhört, erst später erfuhr ich, dass das Zentrum so genannt wird. Wir hielten ein Taxi an und ich bot dem Fahrer 5,-DM, er aber wollte Schilling haben; doch die hiesige Währung besaßen wir noch nicht. Weit und breit war auch keine Bank zu sehen.
Mit den klapprigen Bussen wollten wir nicht fahren, also verließen wir uns auf unser Glück und marschierten los - immer die große Straße entlang, in die Richtung, in der die Stadt liegen sollte. Nach einer halben Stunde etwa begannen sich Geschäfte in den Häusern aneinander zu reihen. Kleine, unbedeutende Läden wie Imbissstuben, Schenken und Lebensmittelläden mit 1000 anderen Dingen. Über allem lag ein ständiger, abwechslungsreicher Gestank. Abfälle aller Art lagen auf der Straße und den Fußwegen. Die wenigen Frauen, die wir sahen, waren meist schwarz gekleidet und verschleiert. Viele schienen schwanger zu sein. Ansonsten liefen uns nur sehr alte Herren und ein paar junge Burschen über den Weg. Letztere spazierten öfters zu zweit die Straße entlang, die kleinen Finger ineinander eingehakt ... Gibt es hier ein Frauendefizit?
Eine knappe Stunde später endete diese „Geschäftsstraße" schlagartig, also kehrten wir um. Und standen um 19.00 Uhr wieder am Hafentor, nahmen unser SFB wieder in Empfang und bestiegen, recht enttäuscht und völlig geschafft, das Boot. Diese zwei Stunden hatten in uns die Überzeugung geweckt, dass Jemen ein fürchterlich armes, unansehnliches, stickiges und, Verzeihung, stinkendes Land ist, indem sich nicht einmal die Hauptstadt zu einem Stadtbummel lohnte. - Aber wir hatten einen Fehler gemacht, indem wir uns nicht nach „Creta" fahren ließen...
Abends saßen die Matrosen zusammen und erzählten, bis Günter und ich die letzten waren. Schließlich ging ich enttäuscht ins Bett. Die gesamte Reise schien ein Schuss ins Feuer zu werden.

Ewig lange nur auf See, und von den zwei Häfen darf man in dem einen nicht an Land und der andere ist, na gut, lassen wir das!

Dienstag, der 29. Mai 1990

Auch heute wurde nur wenig Ladung gelöscht. Wir suchten uns jeder eine leichte Arbeit und brachten so unsere obligatorischen sechs Arbeitsstunden herum. Ich war viel mit Alex, einem der Lehrlinge, zusammen. Deshalb, und weil die anderen Matrosen nach Feierabend sofort an Land stürmten, lud ich ihn und seinen Co. zum Feierabendbier ein. Gegen 19.00 Uhr kamen unsere Landgänger wieder. Begeistert und bepackt mit neuerworbenen Shorts. Sie hatten sofort jemanden gefunden, der ihnen Geld getauscht hatte, waren mit einem Taxi nach „Creta" - dem Einkaufszentrum gefahren, kauften ein und kehrten zufrieden zurück. Zutiefst von ihrer Cleverness überzeugt...

So nahm ich mir also vor, es morgen ebenfalls noch einmal zu versuchen. Was wir gesehen hatten, mussten tatsächlich die Schattenseiten der weltbekannten Stadt ADEN gewesen sein!

Auch diesen Abend saß ich mit Jürgen und Günter zusammen. Und nachdem ersterer gegangen war, spielte Günter auf meine Bitte noch auf dem Schifferklavier.

Mittwoch, der 30. Mai 1990

Die Lösch- und Ladearbeiten ziehen sich immer mehr in die Länge. Wieder turnten Alex und ich über die Lukendeckel und schmierten die Gelenke und die Hydraulik ab. Das Fett hat den Vorteil, dass es die Hände wieder geschmeidig macht, nach dem vielen Rost. Selbst die hartnäckigsten Farbkleckse lösen sich. Dafür stinkt es aber auch beträchtlich. Gegen Mittag kam Jörn an und meinte, der Chiefmate hätte ihm eben gesagt, wir würden mit ein paar Leercontainern direkt nach Antwerpen zurückfahren; und dass dort sieben Mann absteigen werden: die drei Lehrlinge, die beiden mitreisenden Ehefrauen, ein TO und der E-Mixer. Er freute sich natürlich. Seine Lehrzeit ging zu Ende, und sie hatten nach der langen Bordzeit ein Recht auf Urlaub! Damit scheint es nun für mich relativ sicher, noch eine Tour zu machen. Somit werde ich wohl wirklich keine Probleme bis zum Studienbeginn im September haben. Ich wollte ja auch von Anfang an bis August fahren, dann drei bis vier Wochen Urlaub machen, und dann kann das Lernen losgehen... hoffentlich!

Nachmittags machte ich mich in aller Ruhe zum Landgang fertig. Ich wollte mit dem Second und seiner Frau nach seiner Wache los. Wie ich dann aber an die Gangway kam, bereit, mir die „Stadt" anzusehen - waren sie schon weg! Das Boot war wohl schon um halb vier gekommen, und der Second hatte kurzerhand seine Wache früher übergeben. Zu dem Zeitpunkt stand ich gerade unter der Dusche. Gleichgültigkeit kam in mir auf. Es war nur insofern unangenehm, da ich nun einen Brief vom Bootsmann nicht bei der Post abgeben konnte. Nun, vielleicht morgen? Aber viel Lust hatte ich schon nicht mehr.

Die Decksgang traf sich nach dem Abendbrot wieder einmal in der Bar, zum Video. Bis 19.30 Uhr, dann ging's rüber zum Kino in die Messe. Eigentlich wollte ich ja nun schlafen gehen, aber

schließlich saßen Torsten, Günter und ich bei Ralf, erzählten und tranken Gin-Tonic. Wir kamen auch auf Mädchen zu sprechen. Torsten und Ralf gaben eine Story nach der anderen zum Besten. Mir liegt so etwas nicht, und auch Günter schwieg, nachdenklich zurückgelehnt.
Plötzlich wandte sich Ralf an ihn:
„Und, was ist mit dir? Hast du auch eine Frau? Ich wollte dich das schon lange mal fragen." -
Es wurde still und erst nach einer Weile antwortete Günter leicht den Kopf schüttelnd, nein, er habe keine. Es habe sich bisher nichts Festes ergeben. Es schien ihm unangenehm zu sein, darüber sprechen zu müssen.
Doch das schien Ralf nicht zu merken, denn er stieß in seiner gutgemeinten burschikosen Art noch nach:
„ Na, ich will ja nun keine Torschlusspanik bei dir verbreiten, aber in deinem Alter - 33 biste, ne? - Da denkt man doch schon an Haus, Familie und Kinder, oder?!" - Wieder nur ein leichtes Schulterzucken und Kopfschütteln, letzteres auch von mir. Ich blickte zu Torsten herüber, der schaute sich gerade interessiert die Tischdecke an. Was sollte das? Einen Menschen so bloßzustellen, ihn ins Abseits zu schieben, ist doch wohl taktlos!
„Ja, schon. Aber bisher ging's auch ohne. Hin und wieder mal eine kleine Freundin, ja ..." - Torsten rettete die Situation. Er holte die Ginflasche hervor und bot diese Günter an. Dieser hielt bereitwillig sein leeres Glas hin. Auch die anderen füllten nach, mir schmeckte es nicht mehr so. Übergangslos kamen wir auf ein anderes Thema zu sprechen. Kurz darauf hatte Günter ausgetrunken und ging, mit dem Hinweis auf seine Wache. Ich hatte das erwartet, schade um den Abend.

Donnerstag, der 31. Mai 1990 - Fire!

Den Morgen über waren wir mit dem Laschen der geladenen Container in Luk III beschäftigt. Aus Luk II wurden relativ schnell die zu Paletten gestapelte Milchpulverpakete gelöscht - auf Pontons, die dann von kleinen Schleppern an Land bugsiert wurden und leer zurückkamen. Diese Methode ist fürchterlich langwierig. Dazu die drückend schwüle Hitze, die selbst den Einwohnern zu schaffen machte, so dass sich die Arbeiten weiter in die Länge zogen.
Nach dem Mittag war ich mit Jörn wieder einmal beim Abschmieren. Wir hatten gerade die Fettpresse zur Backbordgangway gebracht und ich besah mir die Angelegenheit, als Jörn angelaufen kam und rief:
„ Komm mal schnell auf die Steuerbordseite, sonst verpasst du etwas! DA BRENNTS!!!" - Und dann überschlugen sich die Ereignisse an Bord, Chaos entstand - und das bei einer der bestausbildenden Reedereien! Ich lief auf die andere Seite und sah außenbords, auf der Höhe von Luk I, den Ponton liegen, auf dem die Milchpulverpaletten standen. Er war fast voll beladen. Eines der Zubringerboote lag an der Wasserseite des Pontons, mit diesem verbunden, und schwelte. Es stieg schon reichlich Rauch hinauf. Auf dem Wettergang waren bereits einige Leute dabei, unsere C-Schläuche auszurollen. Ich wollte mit zu fassen, da drückte mir jemand eine Hochdruckdüse in die Hand und brüllte: „Nach vorn!" - Und ich zog los. So schnell es nur ging, zerrte ich den unter vollem Druck stehenden Wasserschlauch hinter mir her. Die vielen Umschlagarbeiter standen im Weg, so dass ich öfter brüllend um Platz bitten musste.

Wie gesagt, es ging alles sehr viel schneller, als es sich erzählen lässt! Ich kam an und der Schlauch war am Ende. Der Bootsmann stand schon dort und hielt mit seinem Strahlrohr voll auf das brennende Boot, in dem sich glücklicherweise keiner mehr befand. Der Bootsführer stand wild gestikulierend und rufend auf dem Ponton und richtete so meine Aufmerksamkeit auf eine der brennenden Paletten Milchpulver. Ich hielt die Spritze in die Richtung: aber selbst unsere starken Wasserpumpen haben keine unbegrenzte Reichweite. Das bogenförmig niederrieselnde Wasser erreichte anfangs nur wenig. Die Palette war gut und gerne 20-25 Meter entfernt! Der Mann unten bedeutete mir, ich solle ihm doch den Schlauch herunterreichen. Einen Augenblick lang dachte ich sogar daran, selber an der Strickleiter hinunter zu klettern.

Ich zerrte an meinem Schlauch, aber er schien sich verklemmt zu haben. So rief ich den Umstehenden zu :

„Treck on! Treck on!" - Und zeigte auf den Schlauch. Sofort griffen 4,6,8 Hände zu und zogen, bis er unten genug Spielraum zum Löschen der Palette hatte. Später richtete er seinen Wasserstrahl ebenfalls auf das immer noch schwelende Boot.

Inzwischen hatte sich hinter mir einiges getan. Fast alle waren an Deck: Offiziere, Assis und selbstverständlich alle Matrosen. Weitere Schläuche wurden ausgerollt, Schaumlöschanlagen zusammengesteckt, und dann kam eine Panne nach der anderen. Zwei, drei Schläuche platzten plötzlich. Das Wasser schoss aus mehreren Löchern springbrunnenartig heraus, sofort waren wir bis auf die Knochen durchgeweicht und mussten ständig die Augen vor dem brennenden Salzwasser schützen. Fieberhaft wurden die Schläuche ausgewechselt, das Chaos war nahe. Nur die eingespielte Routine solcher oft geübten Manöver und der Fakt, dass für uns ja keine ernsthafte Gefahr bestand, bewahrte uns vor der totalen Kopflosigkeit. Jeder Offizier gab andere Anweisungen. Der eine rief: „Wasser auf!" - Der nächste wieder: „Wasser zu!" - Und Schlauch hierhin und Schlauch dahin. Zu allem Überfluss meldete sich die Brücke über UKW und gab die Weisung, man solle sich doch auch um die Schute kümmern, die gerade an Backbord anlegen will. Jürgen und ich taten es. Bei den Löscharbeiten schienen ohnehin viel zu viele Leute herumzulaufen.

Als die Schute fest war, nebenbei bemerkt war sie völlig unwichtig, da wir im Moment gar keine weiter benötigten, war auch der Schwelbrand auf dem Boot mit dem Schaum erstickt worden. Man war beim Zusammenräumen und Säubern. Das Boot sah fürchterlich aus, so, als hätte es schon wochenlang auf dem Schiffsfriedhof gelegen: keine Scheiben, Türen, Antennen, Masten, Farbe - nichts! Wir konnten aber von Glück reden, dass der Kahn nicht in die Luft geflogen ist.

Inzwischen war die Uhr 14.45 geworden - Zeit fürs Feierabendbier. An Landgang war nicht mehr zu denken. Erstmalig saßen Deck und Maschine gemeinsam achtern. Beim Bier löste sich die Spannung. Jeder hatte seine Version erlebt und brachte die zum besten. Eben erzählte Werner, unser 8-12-WM:

„Ich hab' doch geschlafen, als die Durchsage kam: Feueralarm! Ich dachte, der Alte spinnt jetzt wirklich, und zog mir noch meine beste Hose an. Aber, wie ich die in den Gängen alle so wild laufen sah, wurde mir doch klar, das ist echt! Ich also erst mal wieder zurück und alte Klamotten angezogen..." - „Ach, deswegen hat's bei dir so lange gedauert!" - „Was heißt hier lange, ich habe schließlich geschlafen, und wer ahnt schon so etwas?!" - Torsten nahm ihm das Wort ab:

„Habt ihr gesehen, der Typ auf dem Ponton bekam doch das Strahlrohr herunter gereicht. Aber anstatt es sofort aufzudrehen, wartete er erst, bis der Schlauch voll unter Power stand und drehte dann ganz auf! Den hätte es bald in den Bach geschleudert ..." - Lautes Gelächter ringsum. Verstehendes Kopfnicken und -schütteln. Ach ja, im Nachhinein konnte man gut darüber lachen. Während unserer Unterhaltung war der Kasten Bier leer geworden. Kuchen und Kaffee wurden herausgegeben, schließlich war ja „Seemannssonntag".

Nach dem Duschen trafen wir uns in Werners Kammer wieder, um spontan weiter zu feten. Die Lehrlinge brachten den Recorder mit, und dieser und jener fand noch eine Flasche Wein oder Weinbrand, die unbedingt weg musste. So kamen wir zum Abendbrot schon reichlich angeheitert an. Leider, oder zum Glück, gingen dann die Alkoholreste sehr schnell zu Ende. Über einer Kiste Bier saßen wir zu neunt noch bis halb zehn. Dann verschwanden alle. Müde, glücklich und erschöpft. Wir waren ja nicht beim Reden und Trinken geblieben. Schließlich wurde bei Neuer Deutscher Welle mitgesungen, so laut es 9 kräftige Kehlen konnten, und bei richtig schönen mitreißenden Oldies ... na, es hielt eben keinen mehr auf seinem Hocker, wie man so sagt! - Es war wirklich der erste schöne Abend hier an Bord.

Freitag, der 01. Juni 1990

Es wird immer schlimmer mit mir. Während der Arbeit kann ich mich schon nach 30 Minuten nicht mehr daran erinnern, was ich im einzelnen gerade getan habe. Heute beim Lukenreinschiff zum Beispiel in Luk I wusste ich schließlich nicht mehr, wie viel Dreckshaufen im Zwischendeck liegen, obwohl ich sie selbst zusammengefegt hatte! Oder ein weiteres Beispiel: Ich mache meine Notizen meistens einen Tag später, aber dann kostet es mich schon gewaltige Anstrengungen, überhaupt rekapitulieren zu können, was am Tag zuvor passiert ist. Ich fühlte mich leicht gestresst: Zu viele Eindrücke stürzen auf mich herein. Wahrscheinlich hängt das doch mit dem Jahr bei der Armee zusammen. Dort geschah 12 Monate lang nichts, vieles verlief im immer wiederkehrenden Rhythmus. Entscheidungen wurden einem abgenommen, selbständiges Denken war einfach nicht nötig! - Aber andererseits ist doch den anderen derartiges nicht anzumerken; also, woran liegt es?
- - -

Die Lade- und Löscharbeiten machten heute tagsüber gar keine Fortschritte. Für die Moslems ist der Freitag der „Sonntag". Ganz anders sah es ab 18.00 Uhr aus. Die berockten, schmächtigen Jemeniten legten ein Tempo vor, wie wir es nie für möglich gehalten hätten. Schließlich war davon die Rede, morgen früh um 04.00 Uhr wäre Auslaufen! Ich hielt es einfach für eine der üblichen Übertreibungen des Chiefmates. Gegen 22.00 Uhr, nach dem obligatorischen Video, legte ich mich schlafen.

Samstag, der 02. Juni 1990 - Ade' Aden!

„He, Aufstehen! Es geht los. Der Lotse ist an Bord. - Haste verstanden?" - Krachend fiel das Schott hinterm Bootsmann ins Schloss. Das konnte doch nicht wahr sein, die Uhr zeigte erst kurz vor eins. Drei Stunden noch eher als die vorsichtige Schätzung des Chiefmates! Nach 10 Minuten stand ich an Deck und rotierte wie alle anderen, um die letzten Dinge seefest zu laschen. Dann das

Ablegemanöver, bei dem wir auch auf der Back zu tun hatten: Die drei Leinen wollten eingeholt und fachgerecht weggestaut werden. Die ersten beiden waren relativ schnell verschwunden, die dritte aber war doppelt so lang und nahezu komplett außenbords, da sie als zwei Leinen ausgegeben worden war. Trotz der Tageszeit und unserer luftigen Klamotten standen wir sofort wieder unter Wasser. Schließlich hatte keiner mehr einen trockenen Faden am Leib. Völlig fertig, versuchte ich dann, bis drei Uhr wieder einzuschlafen. Und ganz nebenbei bedauerte ich, nichts mehr von der Stadt gesehen zu haben.

Nach dem morgendlichen Handschlag zur Arbeitsverteilung sagte unser Bootsmann lächelnd nur ein Wort: „Wasserfestspiele!" Und verstehend grinsten wir uns an. Während der vergangenen Wochen hatte sich eine Unmenge Dreck an Deck angesammelt, gerade im Hafentörn. Ralf und Alex spulten mit einem Schlauch und Schrubber die Kräne und die Luken ab, während Torsten, Jörn und ich die Back und die Wetterdecks reinigten. Mit Schrubber und Eimer bewaffnet, duschten wir sozusagen den ganzen Tag im Strahl des Salzwassers, der mit der vollen Wucht der zwei Seewasserpumpen den Dreck von Bord spülte. Es machte Spaß, wir holten uns alle einen wunderbaren Sonnenbrand! Nachmittags Großreinschiff. Wieder war also eine Woche herum. Abends Kino. Stattdessen saßen aber Torsten und ich zusammen. Ich wollte seine Meinung hören und begann darum mit: „Bei all den Fehlern, die ich hier so mache, kommt einem natürlich auch der Gedanke, ob man nicht den falschen Beruf gelernt hat, ob es überhaupt richtig ist, das auch noch zu studieren?" - „Das ist eine Frage der Zeit, manch einer braucht eben länger, sich auf einem neuen Schiff einzuarbeiten. Und wenn du später Offizier bist, hast du ohnehin wesentlich mehr auf der Brücke zu tun. Obwohl, es gibt zwei Sorten von Offizieren. Die einen stehen da und geben nur Kommandos - und die anderen fassen auch mal mit zu. Und die halte ich für besser!" - „Das ist ja auch meine Meinung. Dafür wollte ich ja jetzt noch so viel wie nur möglich lernen, um dann nicht dazustehen und von nichts zu wissen! - Andererseits sind die Offiziere aber diejenigen, die den Überblick und die Ruhe in kritischen Situationen bewahren müssen, da können sie sich nicht um alles kümmern - wie letztens beim Feueralarm." - „Das sehe ich anders. Bei so etwas wird jede Hand gebraucht, und da jeder weiß, was er zu tun hat, braucht man keinen, der „oben" steht und versucht, die Leute zu dirigieren! Auf den hört im Tumult sowieso kaum jemand!" - Da gingen unsere Meinungen also auseinander. Aber ich hatte zumindestens gehört, dass er mir Chancen gab, als „Studierter" besser klar zu kommen. Wir werden sehen.

Torsten wechselte das Thema und erzählte, wie er mit einem „frischen" 3. Nautiker Wache gegangen war:

„Auf der Hinreise brachte er mir bei, wie man einen Ort macht, wie man mit dem Radar umgeht, peilt und so weiter. Und auf der Rückreise stand ich dann am Radar, machte die notwendigen Ausweichmanöver und zeichnete die Orte ein. Bis der Alte Verdacht schöpfte. Eines Abends übergab er an den 3., wünschte eine gute Wache und verschwand.

Sofort machten wir es uns gemütlich, tranken Kaffee, saßen auf den Stühlen und ich bediente das Radar. Da kam ein Querläufer und ich sagte zum Steuermann ‚Wir rutschen da locker durch, ca. 2,5 sm Abstand!' Das hatte der Alte gehört, der sich von draußen in die Nock geschlichen hatte und meinte nun ‚Ach, Sie sind also der Meinung, das wir da locker durchrutschen? In welchem Abstand doch gleich?' - ‚2,5 sm etwa!' Der 3. hatte beim Erscheinen des Alten mächtig das Schlucken bekommen. Und wie der nun nach hinten an den Kartentisch ging, um mit irgendwelchen Strömungstabellen, Karten und Handbüchern nachzurechnen, wurde er fast weiß. Schließlich kam der Kapitän vor und meinte ‚2,3 sm Abstand. Ich will Sie aber nicht mehr am Radar sehen, verstanden?!' - Im Nachhinein hat er meinen WO auch tüchtig zusammengeniest, aber wohl auch bemerkt, ich hätte ein gutes Augenmaß! - wie mir der 3. am nächsten Tag erzählte. Einmal erwischte uns der Alte, wie ich gerade dabei war, einen Ort zu machen. Das wollte er sich nun auch ansehen und sagte: ‚Wenn wir nur ein Kabel Differenz haben ...!' Also gab ich mir besondere Mühe - der Alte hinterher auch. Und: Es war genau! Seitdem ließ er uns in Ruhe. Und zum Ende der Reise hieß es, die 8-12-Wache wäre die sicherste Wache gewesen!"

Sonntag, der 03. Juni 1990 - Pfingsten

In aller Ruhe gingen wir an unsere Arbeit: Lukenreinschiff. Bis 14.30 Uhr hatten Torsten und ich auch Luk II gesäubert. Coffeetime. Aber irgendwie war uns nicht wie Pfingsten, angenehm trotzdem das Telegramm aus der Heimat, welches aus eben diesem Grunde auf dem Tisch lag.

Abends wurde der Wind stärker und die Wellen brachten unseren Dampfer ganz schön ins Stampfen. Wie immer zogen wir uns noch ein Video rein, dann legte ich mich früh schlafen. Das Beste, was man bei Seegang tun kann: stabile Seitenlage einnehmen und sich den Wellen und den Nautikern anvertrauen...

Pfingstmontag, der 4. Juni 1990

Die Schiffsbewegung hatte noch immer nicht nachgelassen. Aber die ruhige Arbeit an der frischen Seeluft beruhigte den Magen. Schließlich gewöhnt man sich an alles. So wurde trotzdem das wunderbare Mittagsmenü von allen gegessen und gelobt: Filetsteak mit Fritten und Spargel, dazu Champignonsuppe und Eis. Wie gestern schon, hatten wir uns auch heute extra vorher geduscht und umgezogen. So bekamen wir wenigstens einen Hauch von Festlichkeit an unseren Tisch.

Durch den von vorn kommenden Wind rechneten wir nun mit einer Verspätung, bis jetzt etwa vier Stunden. Das würde sich dann in Suez bemerkbar machen, wenn wir den Konvoi verpassen. Mittags waren wir auf der Höhe von Jeddah. Gut 1,5 Tage lagen noch vor uns.

Nachmittags, nach dem Feierabendbier und Coffeetime, setzte ich mich hin und übte etwas auf dem Akkordeon. Günter hatte mir ausdrücklich die Erlaubnis gegeben. Es macht Spaß, strengt aber den linken Arm enorm an, durch den Blasebalgeffekt.

Zu 19.00 Uhr wurde die Bar schlagartig bis auf den letzten Platz besetzt. Der II.TO hatte anlässlich seines 39. Geburtstages zum Freibier aus dem Fass eingeladen - oder sollte ich eher sagen, aufgerufen? Da ich ohnehin kein großer Biertrinker bin, wollte ich schon früh gehen. Als dann der Bootsmann eine Kassette mit deutscher Stimmungsmusik einlegte und die ersten zu tanzen begannen, dachte ich, vielleicht wird's ja doch noch lustig. Und das wurde es auch.

Zu vorgerückter Stunde bekam ich auch noch etwas Interessantes zu hören. Wir standen alle um den Tresen herum: Ralf, Bootsmann, Story und ich um zu erfahren, dass ... aber lassen wir den Bootsmann selber sprechen:

„.... und du wirst in Wismar bis ganz zum Schluss auf dem Schiff bleiben, du steigst ja dann sowieso ab! ..." - So, so. Toll, in welcher Situation man so etwas zu hören bekommt. Aber es kam noch besser:

„.... da habe ich nämlich noch zwei gute Stammmatrosen, die dann wieder aufsteigen. Du wirst auf jeden Fall ´runter müssen - und Torsten wohl auch. Der Einzige, der hier wirklich sein Soll bringt, ist Ralf. Du bist noch so träge, entschuldige, ich will dir nicht zu nahe treten - aber es ist so, als wenn du immer noch bei der Armee wärst! Und der andere macht auch immer wieder Dinger... Aber das habe ich schon alles mit dem Chief besprochen. Genauso wie der Anteil an den Eigenleistungen: 5000,-DM werden ausgeschüttet, davon bekommt Ralf 10%, Torsten 8% und du 7%. Das sind bei Ralf eben 500,-DM und bei dir noch 350,-DM von oben - immerhin!" - Und er schien sagenhaft stolz zu sein. Nebenbei fragte ich mich nur, wo der nicht unerhebliche Rest des Geldes blieb... Aber das war alles nebensächlich.

Das Wichtigste ist: Ich würde Mitte Juni absteigen und der Urlaub reicht nicht bis zum September! Ich verkniff mir jede tiefergehende Diskussion, so etwas könnte gegen 23.00 Uhr an der Theke unangenehme Folgen nach sich ziehen. Für mich war es nur erstaunlich, dass er Torsten ebenfalls so schlecht abstempelte. Bemerkenswert auch die Bemerkung von Ralf, als der Bootsmann danach kurz zur Toilette ging:

„Hätte ich ja nicht gedacht, dass er Torsten so schlecht macht..." - Ich versuchte also, mir meine Enttäuschung nicht anmerken zu lassen, und feierte weiter mit, nebenbei Bier ausschenkend, bis es alle war und nur noch ein „harter Kern" von acht Mann dasaß. Nun reichte es mir, die Uhr zeigte mittlerweile halb zwei, höchste Zeit zum Schlafengehen. Ich hatte mit Erfolg jeden Gedanken an die Sommermonate verdrängt.

Dienstag, der 5. Juni 1990

Das Telefon klingelte, und ich nahm, verschlafen wie jeden Morgen, den Hörer ab:
„Guten Morgen! Es ist sieben Uhr durch, es gibt Eierkuchen zum Frühstück." - Klick. Das war ja
genau das richtige Essen nach diesem Abend. Erstaunlicherweise ging's mir aber recht gut...
Den ganzen Tag über saßen wir auf dem Hauptdeck, hielten die Rostpistolen in den Händen und
machten endlich wieder schön viel Krach und Dreck. Ist doch toll, dass man für diese Arbeit sein
Gehalt und die Vergütung für die Eigenleistung bekommt! - Wenn man jetzt auf die Eigenleistung
verzichten würde, bräuchte man nur acht Stunden lang ins Wasser zu schauen...
Als ich Günter in der Mittagspause von meinem Absteigen erzählte, winkte er ab und meinte,
noch wäre kein Telegramm von der Arbeitskräftelenkung gekommen. Alles wären bisher lediglich
Vorschläge des Chiefs und des Bootsmanns! Na, wir werden sehen. Kurz vor Feierabend machte
der Kapitän seinen Decksrundgang. Bei der Gelegenheit sprach ich ihn wegen der Beurteilung für
die IHS an.
„Ist gut", meinte er nur. „Da werden wir wohl eine machen müssen." - Nun, ich bin gespannt.
  Abends dann saßen Alex und Torsten bei mir. Wir erzählten etwa nach dem Motto: Was wäre
wenn: ... Kosmonauten schon einmal auf der Erde gewesen sind, Loch Ness doch existiert oder der
Schneemensch Yeti tatsächlich noch immer durch die Wälder Sibiriens streift?
Da ich Bereitschaft hatte, tranken wir nur ein wenig Wermut, mit Bier gemixt, und gingen bereits
kurz nach neun auseinander.

Mittwoch, der 6. Juni 1990 - Port Suez

Ich rollte das Deck schon mit dem zweiten Schlag, als wir gegen halb zwei die Innenreede von
Suez erreichten und uns dort vor Anker legten. Den Konvoi für heute hatten wir tatsächlich verpasst. Morgen früh wird der nächste zusammengestellt.
Wir dagegen stellten den Verschlusszustand her und - wurden gleich ein Opfer desselben! Torsten
und ich waren noch im Kabelgatt beschäftigt, als der Bootsmann im Vorbeigehen abschloss...
Kurz darauf die monatliche Arbeitsschutzversammlung. Nach den üblichen Vorschriften, von
denen auch ich zwei Seiten vorlesen durfte, meinte der Chief:
„Nun ist es also offiziell, dass wir in Antwerpen umdrehen. Bei den Lehrlingen ist es zu 99%
sicher, dass sie absteigen werden. Der II.TO ebenfalls. Wer von ihnen möchte denn abgelöst
werden?" - Ein Assi meldete sich noch und der Mixer. Ich hielt mich zurück. Und dann schaute
der Chief mich an und fragte:
„Und Sie nicht?" - „Wenn die Reise tatsächlich nur 35 bis 40 Tage lang wird und wir so Ende Juli
zurück sind, ist das für mich gut." - Er nickte, und ich fand das toll! Na, abwarten.

„Big Party" war für heute abend angesagt. Bei mir in der Kammer saßen wohl 10 Leute von Deck und Maschine. Und während der Recorder wieder sein bestes gab, wurde die Stimmung immer ausgelassener. Kurz vor neun kamen Torsten und ich auf die sprichwörtliche „Schnapsidee" zu wetten: Er goss ein 0,2l-Glas fast voll Gin und meinte, ich würde das nicht innerhalb von 20 Minuten austrinken. Das Zeug war recht stark und schmeckte nicht besonders. Aber ich war in bester Stimmung und stimmte zu. Ralf schlug durch: Es ging nun um eine Kiste Bier!

... kurz vor Ablauf der Frist musste Torsten mir nachschenken - diesmal aber mit Juice. Inzwischen hatte Günter sein Schifferklavier hervorgeholt und zu spielen angefangen. Die Stimmung schlug hohe Wellen, wie wir später zu hören bekamen. Als schließlich der Gin alle war, tauchte noch eine Flasche Weinbrand auf. Bis zu diesem Zeitpunkt war alles in Ordnung, aber nach dem WBC... Wie „ein Knüppel auf den Kopp" und ab ging's in den Sanitärtrakt. Nach dieser Pflichtübung legte ich mich aufs Bett und zog es vor zu ruhen.

Einen „Filmriss" in dem Sinne hatte ich nicht, im Gegenteil, ich war der Meinung, immer noch klare Gedanken fassen zu können. Lustig wurde es nur, den eigenen Körper zu beobachten: Mit der Sprache haperte es und, trotzdem die See spiegelglatt war, wollte das Gleichgewichtsorgan ständig etwas ausgleichen.

Ich schlief also sofort ein und bemerkte so auch nicht, dass kurz nach Mitternacht die alte Wache, inklusive WO dazukamen, um ebenfalls ihr Feierabendbier zu trinken...

Donnerstag, der 7. Juni 1990   -   Kanalfahrt

Schlagartig kehrte das Bewusstsein in den Körper zurück. Als erstes ein Blick zur Uhr: 06.30 Uhr. Ungläubig erkannte ich, dass ich komplett angezogen auf dem Bett lag. Ich drehte mich um und schlief wieder ein.

Das Telefon weckte mich endgültig. Gleichgültig ließ ich es klingeln. In aller Ruhe stand ich schließlich auf und machte mich frisch. Die Kammer sah katastrophal aus. Neben einer Unmenge leerer Flaschen befanden sich da halbvolle Gläser, Aschenbecher, Kassetten und das Akkordeon. Na toll! Frühstück ließ ich besser ausfallen. Meine „Abteilung für Inneres" hatte so noch genug zu tun. Der Schädel brummte, vielleicht hilft ja die vietnamesische Salbe?

Und dann zur Arbeitsverteilung raus, an die frische Luft. Der Bootsmann begrüßte mich auch prompt mit einem argwöhnischen „Gestern was getrunken, he?!" - - - Ich riss mich den Tag über mächtig zusammen. Gegen Mittag ging's schon wieder. Leider änderte das nur noch nicht meine Augenfarbe, mit der hatte ich am nächsten Morgen noch zu tun. Und alle sahen mich an und meinten:

„Mensch, du lebst ja noch?!" - Lustig fand ich das überhaupt nicht. Auf jeden Fall sollte der gestrige Abend die große Ausnahme gewesen sein!

Unser Konvoi setzte sich gegen halb neun in Bewegung und kam gegen Mittag im Großen Bittersee an, wo wir uns vor Anker legten. Wenige Stunden später erblickten wir den Gegenkonvoi: Wüstenschiffe, wie es schien, denn zu sehen waren nur die Aufbauten der Schiffe, die sich auf einem Parallelstück durch die Wüste schoben. Das fotografierte ich noch, meldete mich fürs Abendbrot ab und legte mich in die Koje. Die Natur, oder besser der Restalkohol, verlangten ihr Recht.

Der Hunger weckte mich um 22.00 Uhr. Ich setzte einen Tee an, aß ein Stück Pflaumenkuchen, und versuchte dann weiterzuschlafen, was mir nach einer Weile auch gelang. Und immer wieder klangen mir die Worte des Bootsmanns in den Ohren, die er mir nachmittags „unter vier Augen" gesagt hatte:

„Hier, auf diesem Schiff, wird gearbeitet, nicht gesoffen! Merk dir das, sonst fliegst du von Deck."

Freitag, der 8. Juni 1990 - Mann über Bord Manöver

Nach dem Rasieren morgens konnte ich endlich in den Spiegel sehen und mir sagen, jetzt gehörst du wieder unter Menschen!

Den ganzen Tag über waren wir wieder einmal mit den Rostpistolen beschäftigt. Wie die Besengten entrosteten Torsten und Ralf das Hauptdeck, während ich weitere Steambleche bearbeitete. Im Laufe des Tages gelang es mir auch, meine Kammer endlich auf Vordermann zu bringen: leere Flaschen raus, Staubsaugen ...

Gegen 15.00 Uhr ging das Gerücht herum, demnächst gebe es ein „Mann-über-Bord-Manöver". So etwas finde ich sehr effektvoll: Jeder weiß Bescheid, tut aber völlig überrascht. Wir hatten spiegelglatte See und so war das Aufklatschen des Rettungsrings auf dem Wasser sehr gut zu hören. Das Klingelzeichen kam mit der Durchsage und alle holten ihre Rettungskragen und begaben sich auf ihre Posten. Anwesenheitskontrolle am Steuerbordboot, klarmachen und besetzen: der Second, der II.TO und vier Matrosen, darunter auch ich.

Inzwischen hatte die „Rostock" einen „Scharnow-Törn" gedreht und befand sich nun mit gestoppter Maschine und ohne Fahrt durchs Wasser relativ dicht am Rettungsring, der den Verunfallten darstellte. Unser Boot wurde zu Wasser gelassen, die Heißhaken geslipt, der Motor angeworfen und schließlich, bei einigem Abstand zum Mutterschiff, wurde die vordere Fangleine ebenfalls losgeworfen. Trotz der spiegelglatten See kam das kleine halboffene Boot ins Schaukeln. Problemlos nahmen wir den Ring mit einem Bootshaken an Bord, fuhren noch eine kleine Runde um die „Rostock", wohl auch, um den Tiefgang abzulesen, hakten dann die Heißhaken wieder ein und ließen uns hochziehen. So dauerte das Manöver kaum zwanzig Minuten. Ein Verunfallter hätte also eine echte Chance gehabt, lediglich mit dem Schrecken davonzukommen, wenn man sein Überbordgehen sofort bemerkt hätte, es Tag wäre und die See ruhig!

Nachdem das Boot seefest gelascht worden war, klotzten wir noch einmal mächtig ran, um unsere Arbeit zu beenden.

Abends ergab es sich dann so, dass Günter, Alex und ich noch zusammensaßen und uns neben einem Bier unterhielten, wobei ich mich sichtlich zurückhielt...

Sonnabend, der 9. Juni 1990 - Grillabend

Allmählich langweilt es mich selber, immer nur übers Entrosten zu schreiben. Aber auch heute krochen wir wieder übers Deck, jeder mit „seiner Pistole bewaffnet", machten einen Höllenlärm und wirbelten eine Menge Staub auf - für nichts! Ach ja, doch: für die Eigenleistungen. Wenn's die nach der Währungsunion überhaupt noch gibt. Nachmittags Großreinschiff...

Dann der Grillabend: zerhacktes Schwein gab's und von der Gewerkschaft für jeden ein Bier. Vielmehr wurde auch kaum getrunken. Nachdem wir uns noch ein Video angetan hatten, setzten Ralf und ich uns noch in seine Kammer und diskutierten ein wenig über die gerade laufende Umwandlung unseres „alten" Systems in das noch ältere, scheinbar bewährtere und attraktivere: die Marktwirtschaft. Beide vertraten wir die Meinung, dass es uns vorher nicht schlecht gegangen war. Alles war schön in Ruhe und Geborgenheit nach Plan abgelaufen. Man(n) brauchte sich um seine Zukunft keine ernsten Sorgen zu machen, wenn man nicht aneckte! Und wir waren auch darin einer Meinung, dass die meisten DDR'ler große Schwierigkeiten beim konsequenten Umdenken haben würden. Wenn's zum Beispiel um die Konkurrenz am Arbeitsplatz geht. Dazu sagte Ralf:

„ ... hat man zu mir zu Hause auch schon gesagt, ich würde egoistisch denken: erst ich, was geht mich fremdes Elend an. Ist doch so! Wenn heute einer oft krank wird, klotzen die anderen mehr ran, so dass man sagen kann: Es geht auch ohne den! Und niemandem tut der leid - oder warum rackere ich mich hier so ab?! Weil ich hier bleiben will; weil ich noch mindestens ein Jahr lang fahren will. Und ich habe es ja geschafft. Hast ja selber den Bootsmann auf dem letzten Barabend gehört! Mich will er, als den Besten, hier behalten. Ich freu mich darüber, aber ich habe auch nichts gegen euch! Wir haben uns doch sehr gut verstanden, oder?"

Ich nickte und brummelte irgend etwas von Gleichgültigkeit. Mir war klar, mein Gegenüber hatte schon lange begriffen, wie der Hase jetzt läuft, war von Anfang an darauf aus, besser, der Beste! zu sein. Irgendwie musste ich ihn dafür bewundern. Ich für meinen Teil war hier aufgestiegen, um in der Zeit bis zum Studium noch etwas Praxis zu bekommen, mich aber nicht „totzumachen". Da wurde mir klar, was eine Beurteilung in Richtung mangelndes Berufsinteresse, ungenügende Kenntnisse und Fähigkeiten an der IHS anrichten konnte! Die Folge wäre ein gestrichener Studienplatz - wenn man noch Wert auf solche Schriftstücke legt. Und das musste ich jetzt in Erfahrung bringen. Meine Eltern ... Außerdem ist ein sofortiger Kurswechsel dringend notwendig: Ich muss, wenn nicht als Bester, so doch zumindestens vertrauenswürdig, zuverlässig und im Fach beschlagen auftreten! Hoffentlich ist es noch nicht zu spät.

Das alles ging mir blitzschnell durch den Kopf, während Ralf noch weitererzählte. Grübelnd verabschiedete ich mich schließlich. Und wieder beschlichen mich Zweifel an meiner Berufswahl...

Sonntag, der 10. Juni 1990 - Telecom

Ein scheinbar völlig normaler Tag. Wir entrosteten wie immer bis zum Kaffeetrinken und „feierten" den Sonntag. Dann ging ich zum Funker und gab ein Telegramm auf. Sozusagen als kurzes Lebenszeichen für die Familie. Das war kurz nach halb sechs. Anschließend saß ich in meiner Kammer und las. Da klingelte das Telefon, der Funker war am anderen Ende:

„Herr Dietrich. Ich habe hier eine Landanmeldung für ein Gespräch für Sie. Wenn Sie hochkommen würden..." - „Sofort!" - Was war denn nun los? Mir flogen alle nur denkbaren Möglichkeiten schlechter Nachrichten der Familie durch den Kopf. Es gab mehrere. Aber daran wollte ich nicht glauben. Also hoch, einige Minuten warten, dann gab mir der Funker den Hörer. Meine Mutter war dran...

Ich will hier nicht das Gespräch wiedergeben: Nachdem wir uns als erstes gegenseitig versichert hatten, dass es uns allen gut geht, mal abgesehen von ein paar Altersschwächen der Großeltern - nichts Ernstes hoffentlich - zog sich die Unterhaltung mit Belanglosigkeiten in die Länge. Bis der Funker begann, auf die Uhr zu deuten, und mir den Wink gab, dass die Minute 6,- DM kostete. Als ich das durch den Äther schickte, glaubte sie ernsthaft, ich würde scherzen. Na, die Rechnung wird schon kommen! Schließlich trat mein Vater in die Wohnung und also auch ins Gespräch, so dass es noch mal zwei Minuten wurden. Es war schön, sie zu hören. Ganz schön teuer war auch die Zeit, die wir genutzt hatten:

„Zehn Minuten a 6,- ... „ - meinte der Funker kopfschüttelnd. Er hatte ja alles mitgehört und es wohl unter „unwichtig" eingestuft. Für mich aber war eins wichtig: Wieder hatte das starke Gefühl der Familienzusammengehörigkeit dazu geführt, dem anderen eine Nachricht zukommen zu lassen! So war es uns bereits auf früheren Reisen ergangen, dass wir Telegramme abschickten und fast gleichzeitig eins bekamen, aber es war kein Antwort-Telegramm! Einmal lief es sogar mit einer Telefonanmeldung so. Da ich von Bord aus keine Verbindung bekam, war es verwunderlich, etwa eine Stunde später eine Landanmeldung zu bekommen...

Montag, der 11. Juni 1990 - Neurose?

Ich habe es bereits erwähnt, dass mich in der Vergangenheit mein Kurzzeitgedächtnis des öfteren im Stich lässt. Aber heute Abend erlebte ich die „Krönung"! Eine kleine Vorgeschichte:

Da ich wieder einmal als Bereitschaftsmatrose zum Abendbrot auf der Brücke stand, kam ich mit dem III.NO ins Gespräch. Irgendwie begann er davon zu sprechen, dass erwiesenermaßen 80% der Seeleute eine Neurose hätten; auf Deutsch: Jeder hat einen kleinen Tick. Auch ich geriet ins Grübeln. Als meine Ablösung wieder auf der Brücke war, meldete ich mich ab, er nickte kurz und erinnerte:

„Vergessen Sie die Bordversammlung um 19.00 Uhr nicht!" - Viel Neues würde sie nicht bringen, den Aushang dazu hatte ich bereits gelesen.

Ich legte mich auf meine Koje und las. Bis um 19.10 Uhr der Wecker klickte. Das ist die Weckzeit, zu der er mich morgens wecken soll. Ich nahm es wahr und dachte, zu halb acht gehste in die Messe, mal sehen, was für ein Video läuft. Kein Gedanke an die Versammlung - Nichts! Erst als ich vor dem Schott zur Messe stand, erstarrte ich förmlich. Echt schockiert legte ich mich wieder hin und grübelte. Bis Ralf und Torsten hereingestürzt kamen:

„Ach, man hat es nicht mehr nötig, zur Bordversammlung zu kommen!" - Was sollte ich anderes sagen als die Wahrheit: ich hatte es eben einfach vergessen! -

Der Abend brachte aber noch eine Überraschung: der Bootsmann lud Ralf und Torsten zu sich ein. Im kleinen Rahmen der Decksgang ein gemütlicher Abend. Ich tröstete mich damit, dass ich ohnehin Bereitschaft hatte, aber ich konnte mir auch gut vorstellen, dass der Bootsmann auf einen solchen Abend gewartet hatte... Nicht umsonst fragte er nachmittags, wer Bereitschaft hätte. Aber das sind nur meine Gedanken, ich möchte niemandem zu nahe treten.

So saß ich wieder mit Alex, Jürgen und Günter zusammen. Wir feierten ein wenig Alex´ bestandene Facharbeiterprüfung, die er heute hinter sich gebracht hatte.

Jörn ging es übrigens seit gestern schlecht. Er saß mehr auf der Toilette als dass er im Bett lag. Der Second musste sich um ihn kümmern. Und mit 39°C Fieber lässt der niemanden eine Prüfung machen!

Dienstag, der 12. Juni 1990 - Lehrertag

Entsprechend dem heutigen Anlass schickte ich mittags zwei Telegramme ab: eins an die Großeltern und eins an die Familie, mit der Bitte, sich doch zu erkundigen, ob eine Beurteilung für die IHS noch notwendig sei.

Nachmittags bekam ich vom Bootsmann zu erfahren, dass ich die nächste Reise die 4-8-Wache gehen werde. Nun, das war vorhersehbar gewesen und es freute mich. Der Chiefmate könnte vielleicht Lust bekommen, mich aufs Studium vorbereiten zu wollen.

Abends fanden wir sogar noch zwei gute Filme im Videokoffer. Und so endete ein weiterer normaler Arbeitstag, wie schon öfter beschrieben.

Mittwoch, der 13. Juni 1990 - Ceuta

Vor knapp zwei Jahren war ich das erste Mal in dieser „Internationalen Tankstelle". Die Stadt mit ihrem Hafen liegt so günstig an der Nordküste Afrikas, praktisch gleich rechts um die Ecke, wenn man durch Gibraltar ins Mittelmeer fährt, dass hier viele Schiffe zum Bunkern von Kraftstoffen wie Schweröl, festmachen. Es ist ein kleiner Hafen, malerisch in der Bucht gelegen, an der sich die Stadt hinzieht. Im Hintergrund ragen schroffe Felsen herrlich in den azurblauen Himmel - bei entsprechendem Wetter.

Gegen 16.00 Uhr, nach einem komplizierten Anlegemanöver ohne Schlepper, waren wir endlich fest. Sofort fanden sich Gruppen und Grüppchen, die an Land stürmten. Ich glaube, es blieben nur noch die unbedingt notwendigen Leute an Bord. Torsten, Alex und ich zogen ebenfalls los. Zwischendurch trafen wir auf den E-Stift, der sich uns anschloss. Zu viert durchstreiften wir die Straßen. Nichts war da von der aufgeschlossenen, lockeren Art der Bewohner wie bei meinem letzten Besuch. Es wurde gerade erst 17.00 Uhr, und trotzdem fanden wir nicht ein einziges geöffnetes Geschäft, keine Bank, kein Kaufhaus. Nichts außer zwei, drei Restaurants, und selbst hier waren alle mehr damit beschäftigt, in den Fernseher zu schauen. Pech! Ausgerechnet heute spielte Spanien in der Fußball-WM. Außerdem war wohl Feiertag, wie wir später erfuhren.

Auf der Suche nach dem Kulturzentrum, welches ich letztens kennen gelernt hatte, trieb ich uns kreuz und quer durch die Stadt. Wir fanden es nicht, und ich ärgerte mich. Stattdessen erreichten wir die andere Seite der Halbinsel, einen herrlich langen weißen Strand, an dem sich viele Jugendliche in der Sonne erholten. Dann sahen wir die Kommandantur und fanden auch das Botschaftsviertel, aber meine antiken Statuen waren einfach nicht zu finden. Immerhin kann sich in 19 Monaten einiges verändern, und vielleicht habe ich mir damals im Dunkeln die falsche Richtung gemerkt - alles möglich. Ich hätte gern länger gesucht, aber meine Begleiter konnte ich dafür überhaupt nicht begeistern. Also begaben wir uns schließlich und endlich wieder zum Schiff zurück.

Gegen 22.15 Uhr war das Bunkern abgeschlossen und eine halbe Stunde später der Lotse an Bord. Wir legten ab. Wieder einmal sah ich Ceuta bei Nacht...

Donnerstag, der 14. Juni 1990

Heute kam Günter das erste Mal auf dieser Reise an Deck arbeiten, Jörn hatte als 4-8-WM-Lehrling zu reichen. Mit geballter Kraft ging es dem letzten Stück Hauptdeck zu Leibe: Vorkante Luk I. Und gerade vor der Farben- und Verdünnungslast war die Farbschicht um einiges angewachsen. So saßen sie mit Rostpistolen und Hämmern und es ging nur mühsam vorwärts. Bis Günter den „Kindersarg" herausholte und elektrisch den Rost abraspelte. Das brachte uns bedeutend schneller vorwärts. Leider kam ihm das Kabel in die rotierenden Scheiben. Die Reparatur zog sich über den ganzen Tag hin, so dass wir wieder mühselig weiterklopften. Übrigens war ich mit dem Lukeneinstieg beschäftigt und kam recht gut zurecht. Schließlich drängte die Zeit so sehr, dass wir das Abstechen sein ließen und Günter lediglich mit der pneumatischen „Hexe" die Farbränder abschliff. So schafften wir es trotz aller Schwierigkeiten bis zum Coffeetime zwei Schläge Farbe aufzutragen. Aber für diese Arbeit möchte ich nicht verantwortlich zeichnen!

Freitag, der 15. Juni 1990 - Facharbeiterprüfung

Heute fand nun endlich auch für Jörn die letzte Prüfung statt, und er kam schön ins Schwitzen. Am meisten ärgerte es ihn, dass er für den Kurzspleiß am Tauwerk auch nach dem zweiten Versuch nur eine vier bekam. Er war eben zu locker. Ich, für meinen Teil, hatte den Tag damit zu tun, die gestern entrosteten Flächen mit Lackfarbe zu versehen. Zum Feierabend sah dann auch alles wieder schön grün aus. Ich muss dazu sagen, dass es schon längst nicht mehr so warm war. Höchstens 20°C hatten wir noch, so dass es immer eine Weile dauerte, bis die untere Schicht Farbe trocken wurde.

Nachmittags klingelte für fast alle überraschend die Alarmanlage: Komplexmanöver, was bedeutet, dass zwei oder mehr Manöver nacheinander durchgespielt werden. Heute sollten es die Feuerrolle, die Leckwehrrolle und abschließend die Bootsrolle sein. Glücklicherweise wurde alles nur theoretisch durchgesprochen, und so dauerte es nicht lange, bis wir wieder an unsere Arbeiten gehen konnten.

Später luden die Lehrlinge wegen der „gut" bestandenen Prüfungen zum Bowleabend ein. Diese Kirschbowle hatte es ganz schön in sich. Selbstverständlich hielt ich mich mit dem Verbrauch zurück. Trotzdem wurde es wieder einmal spät. Leider kam den ganzen Abend über nicht so die richtige Stimmung auf. Ich glaube, Ralf, der Bereitschaft hatte, fehlte als einer der Stimmungsmacher.

Samstag, der 16. Juni 1990 - Großreinschiff

Nun, ich werde mich kurz fassen. Der Tag brachte nichts Nennenswertes. Der einzige „Höhepunkt" war, dass Günter und ich fast zwei Stunden beim Reinschiff brauchten, um die Gänge zu saugen, fegen, wischen und um die Wände zu waschen...

Sonntag, der 17. Juni 1990 - Doppelwache

Von 00.00 bis 04.00 Uhr und von 12.00 bis 16.00 Uhr ging ich mit Wache. Wir näherten uns endlich Antwerpen.

Montag, der 18. Juni 1990 - Antwerpen

Die Uhr war genau drei, als man uns aus den Betten holte. Und dann überschlug es sich, wie üblich in Westeuropa, in den folgenden 12 Stunden! Zuerst das Manöver an der Schleuse, dann Container entlaschen, Containermaterial wegstauen, Anlegen an der Pier, Container völlig entlaschen, das restliche Laschmaterial wegstauen, Container sind gelöscht, verholen zum nächsten Liegeplatz. Zwischendurch schnell Frühstück, später im Ablöserhythmus Mittag, dann Luken auffahren, Bruchholzpaletten und Stauholzhieven herausnehmen, schließlich noch Wäsche abgeben und nebenbei Handgeldausgabe beim Funker. Als dem Chiefmate gegen 14.30 Uhr endlich nichts mehr einfiel, konnten wir nach fast 12 Stunden Action Feierabend machen. Obwohl wir ziemlich fertig waren, bestellten Torsten und ich telefonisch ein Taxi zum Jumbo-Tax-Free-Shop. Und zu fünft zogen wir dann los: Torsten, Alex, der frisch gebackene E-Mix, Werner und ich. Was nicht pünktlich kam, war das Taxi! Also schlenderten wir gemütlich los. Torsten glaubte sich an den Weg zu erinnern. Nach fast 40 Minuten Fußmarsch, es wurde inzwischen 17.00 Uhr, erreichten wir den kleinen Laden tatsächlich. Torsten schlug zu und holte sich einen Videorecorder, Alex nahm einen Recorder und ich - die Uhr, die ich wollte, gab's nicht. Aber da stand ein Radiorecorder mit eingebautem Fernseher, ungeheuer preisgünstig. Da überlegte ich nicht lange, ließ mir das Gerät vorführen und bezahlte. Morgen werden die Geräte zum Schiff gebracht, wie es bei diesen Geschäften üblich ist, da die Waren zollfrei aus dem Land gehen und daher so günstig sind. Zurück wurden wir dann glücklicherweise gefahren. Kostenlos, von einem Wagen des Ladens, versteht sich. So waren wir um 18.45 Uhr wieder an Bord. Zufrieden, aber reif für die Koje...

Dienstag, der 19. Juni 1990 - Vorfreude

Eigentlich war ich der Meinung, über die Phase hinweg zu sein, die man allgemein als Vorfreude bezeichnet. Trotzdem wurde ich eine gewisse Spannung nicht los. Im Gegenteil: nachdem ich um 12.00 Uhr Ausscheiden gemacht hatte, damit ich nachmittags in die 4-8-Wache einsteigen könnte, fieberte ich dem Augenblick förmlich entgegen, in dem das Lieferauto vorfahren würde. Nebenbei bemerkt, war ich da nicht der einzige an Bord, der leichte Zeichen der Ungeduld zeigte. Im Laufe des Tages kamen drei derartige Fahrzeuge verschiedener Tax-Free-Shops, die Berge von elektronischen Anlagen anbrachten. Natürlich kam unser Zeug um halb vier als letztes, kurz vor Beginn meiner Wache. So reichte die Zeit lediglich zum Auspacken und kurzem Anschalten. Torsten schloss dann auch sofort seinen Videorecorder an, und wir konnten nun Video sehen: auf einer 12 cm s/w Bildröhre!

Ich saß nach der Wache noch sehr lange vor meinem neuen Spielzeug, probierte alles aus, studierte die Bedienungsanleitung, und rechnete mir im Stillen aus, was ich bei diesem Kauf an Geld gespart hatte. Schließlich brauchte ich nun keinen extra Fernseher zu kaufen. Und für Camping, Bungalow oder Studium war das hier genau die richtige Kompaktanlage. Zudem, ohne die Zollgebühren eben noch mehr gespart wurde. Kurz - ich war zufrieden und hoffte nur, das Gerät, was ja zweifellos ein Billigprodukt war, würde mindestens zwei bis drei Jahre halten...

Mittwoch, der 20. Juni 1990 - Proviant

Meine erste 4-8-Wache in der Frühe verlief relativ ruhig. Während Ralf an Deck wirbelte und Laschings vorbereitete, stand ich als 1.WM lediglich an der Gangway. Kurz vor acht hatten wir etwas Lose, so dass sich der Chiefmate an mich wenden konnte:
„Und es ist also sicher, dass Sie im September mit dem Studium anfangen?!" - „Ja, ist schon alles in Tüten." - „Na, wenn wir dann gemeinsam Wache gehen, werden Sie vieles lernen!" - Er war eben etwas von sich eingenommen, aber ein bisschen gesundes Selbstbewusstsein schadet ja nicht. Im Weggehen meinte er noch:
„Ganz ohne Vorbildung bekommt man sonst Schwierigkeiten..." - Stimmt, deswegen hatte ich ja bereits während der Wochen als Wachmatrose auf der „Störtebeker" die Augen offen gehalten. Die „Störtebeker" ist das Ausbildungsschiff der IHS...
Da mir keiner sagen konnte, wann der Proviant kommen würde, legte ich mich schlafen. Gegen halb zwei holten sie mich raus. Das Schiff sollte um wenige Meter nach achtern verholen. Kaum war das erledigt, stand der LKW vom Schiffshändler an der Pier. Und es ging los: Lebensmittel, Getränke, Ausrüstung... Es war relativ wenig, nach knapp zwei Stunden war alles verstaut. Durchgeschwitzt saßen wir schließlich in den Lasten und genossen ein Bier. Die Uhr zeigte 15.35 - Zeit für meinen Wachantritt. Auf diese Art und Weise kam ich heute auf 10 Arbeitsstunden!

Donnerstag, der 21. Juni 1990 - Verholen

Antwerpens Hafen ist wirklich riesig groß! Ein Beispiel nur: Heute für's Verholen von unserem Hafenbecken zum übernächsten benötigten wir zwei Stunden. Und noch ein Vergleich: Der Rostocker Überseehafen hat ca. 60 Liegeplätze - in Antwerpen ist bei 460 noch lange nicht Schluss!
Dieses Verholmanöver fand kurz nach dem Mittag statt, so dass ich dann noch knapp zwei Stunden frei hatte.

Der Chiefmate ärgerte sich immer mehr. Die letzten Tage begann es immer wieder zu regnen oder wenigstens nieselte es. Wir luden aber wertvolle Eisencollies, an die absolut kein Wasser herankommen durfte. Außerdem schienen sich Ralfs Schlechtwetterprognosen immer mehr zu bestätigen. Die ersten Hochrechnungen für die kommende Reise begannen an Bord zu kursieren. Zwischen 35 und 55 Tagen ist alles drin! Mir wäre innerhalb dessen alles recht, aber bitte nicht viel länger - zwei, drei Wochen Urlaub wollte ich schon noch machen!

II. Teil - Im Mittelmeer

Freitag, der 22. Juni 1990

Ein ganz normaler Wachtag. Vormittags nieselte es wieder, so dass die Ladearbeiten stockten. Nachmittags dann, nachdem die Hafenarbeiter ihren wohlverdienten Feierabend gemacht hatten, klärte sich der Himmel auf bis schließlich die Sonne schien...
Der „Alte" versuchte sofort, noch eine Gang für den Abend zu bekommen. Der morgige Auslauf-termin sollte unbedingt gehalten werden. Und es klappte: Von 19.45 bis 21.30 Uhr wurde noch gearbeitet, der Rest soll morgen Vormittag fertig werden.

Samstag, der 23. Juni 90 - Auslaufen

Morgens um 06.00 Uhr begann die Laschgang. Gegen 08.00 Uhr die Ladegang. Ich legte mich schlafen. Es würde schon noch bis Mittag dauern...
Um 12.00 Uhr stand ich auf und zog mir Arbeitssachen an. Kurz darauf kam Ralf hereingestürzt: „Mensch, mach hin! Wir legen gleich ab." - Natürlich übertrieb er wieder. Es regnete. Nach zwei Stunden waren wir aus der Schleuse heraus und begannen die etwa fünfstündige Lotsenfahrt die Schelde hinauf.
Meine erste Brücken-4-8-Wache kam und verlief ohne nennenswerte Zwischenfälle. Es wehte eine steife Brise, trotzdem lag der Dampfer ruhig. Kein Wunder, so abgeladen wie wir waren. Stundenweise wechselten wir uns am Ruder ab, so verging die Zeit schnell. Irgendwann zwischen-durch gab's Abendbrot, so dass wir gar nicht ganz vier Stunden oben waren.
Nach dem üblichen Feierabendbier duschen und Stundenzettel schreiben, und schon war wieder ein Tag um - der 48.

Sonntag, der 24. Juni 90 - Unterricht

Morgens, zwischen 6.30 und 7.15 Uhr, legte der Chiefmate los: Alles über Kreisel- und Magnet-kompass, Abweichungen, Fehler, Einflüsse, rechtweisender und zu steuernder Kurs... Da ich

„nebenbei" noch Ruder ging, wurde es etwas belastend. Zudem hatte er die Angewohnheit, sehr ins Detail zu gehen, und so in Kürze eine Unmenge an Informationen mitzuteilen!
Nach halb acht bestellte ich ein Telefongespräch beim Funker. Und so klingelte ich meine Eltern

förmlich aus dem Bett. Die Überraschung war gelungen. Neben der üblichen gegenseitigen Mitteilung, dass es allen gut gehe, wusste ich hinterher auch, dass ich nun keine Beurteilung vom Schiff mehr brauchte. Die IHS legte keinen Wert mehr darauf. Das war gut. Ich setzte den Kapitän davon in Kenntnis, und der freute sich, Arbeit sparen zu können.
In der Nachmittagswache bekam ich die Gelegenheit, alles ein wenig zu notieren, was mir „mein" Chiefmate morgens erzählt hatte und nun noch einmal erläuterte. Schließlich hatte ich mich in seine Lehrweise hereingehört. Er wollte es unbedingt gut, leicht und durchschaubar erklären, verwirrte dabei aber sehr stark. Für mich bestand nun die Aufgabe darin, das Wesentliche herauszuhören - und kam dabei auf die Erkenntnisse, über die ich seit der „Störtebeker" bereits verfügte. Selbstverständlich vertiefen Wiederholungen, zumal es bereits zwei Jahre her war!
Abends dann die bezeichnende Frage von Günter:
„Na, haste schon Zensuren bekommen?" - Wundern würde mich das allerdings auch bald nicht mehr. Freddy, ein Assi in meinem Alter, Günter und ich saßen noch bis Mitternacht bei hausgemachter Musik. Jeder wollte mal auf dem Akkordeon spielen. Bei der Gelegenheit nahm ich mir vor, wieder öfter zu üben.

Montag, der 25. Juni 90 - Erster Decca-Ort

Dummerweise weckte ich den Koch zu spät, das machte sich dann beim Frühstück bemerkbar. Ich hatte es einfach vergessen. Selbstverständlich ging das wieder wie ein Lauffeuer über Bord...
Während der Morgenwache zeichnete mir der Chiefmate ein paar Sachen zum Verständnis auf. Dabei handelte es sich um das richtige Steuern nach dem Magnetkompass. -
Voller Erwartung begab ich mich zur Nachmittagswache hoch auf die Brücke. Doch zuerst einmal sollte ich Liegestühle bemalen, womit ich erst nach dem Abendessen fertig wurde. Dann kam mein Chef heraus in die Nock und stellte mir zwei „Prüfungsaufgaben" zum rechtweisenden Kurs und der dazugehörigen Missweisung. Die Denkpause geriet vielleicht etwas lang, aber es sollte richtig sein und durfte auch nicht geraten wirken. Darauf fragte er mich, wie ich zu dem Ergebnis käme, und als ich darauf antwortete, ich würde mir dabei einen Vollkreis vorstellen, fand er das sehr gut. Er war kein Freund von auswendig gelernten Formeln.
Dann wechselte er das Thema: das Decca-Gerät und wie der Ort in die Seekarte einzutragen ist. Er erklärte es nur ein Mal, und das sehr kurz angebunden. Auf der „Störtebeker" hatte ich mir das Grundprinzip schon einmal erläutern lassen. Das kam mir jetzt auf jeden Fall zugute. Und dann sollte ich meinen ersten Ort um 19.00 Uhr selbständig machen. Es dauerte... Die Decca-Karte mit den verschiedenfarbigen Linien verlangt Konzentration. Und einen Ort auf einer solchen Karte, nach diesem Prinzip, war für mich das erste Mal. Es sollte exakt werden, also behielt ich die Ruhe und ließ mir Zeit. Chiefmate kontrollierte und meinte:
„Kann man gelten lassen" - und trug die Koordinaten ins Logbuch ein.
„Das wird von nun an halbstündig Ihre Aufgabe sein!" - waren seine abschließenden Worte zu diesem Thema. Wie man das Gerät allerdings auf die nächste Senderkette einstellt, sagte er nicht.
Abends die erste Transitausgabe mit ausschließlich westlichen Erzeugnissen...

Dienstag, der 26. Juni 90

Während der heutigen Wachen ging ich mit Routine an die Orte - und machte Fehler. Das ärgerte mich unwahrscheinlich. Dazu kam noch, dass der Chiefmate mich zu immer größerer Eile antrieb. Zum Ende der Nachmittagswache schaffte ich es, den Ort innerhalb von „nur" sieben Minuten sogar richtig einzuzeichnen! Ganz nebenbei zeigte er mir noch, wie eine Kurslinie eingezeichnet und eine Gradzahl als Peilung verwendet wird. Terrestrische Navigation wird wohl als Nächstes auf mich zukommen. In dem Zusammenhang muss er mich auch endlich ans Radar lassen! Ich halte Ausguck ohne Radar für übertrieben! Und ich hoffe doch, in absehbarer Zeit das Radar auch als Ausguck nutzen zu können.
Kurz nach 14.00 Uhr kreuzte Werner bei mir auf. Bei einem Longdrink unterhielten wir uns über alles mögliche: Studium, Politik, Wohnung, Urlaub... Bei der Gelegenheit boten wir uns gegenseitig Hilfe und Unterkunft an, wenn einer beim anderen in der Nähe ist. Er wohnt in Berlin.
Um 21.00 Uhr begann der Abend erst richtig: Günter, Freddy, Jürgen und ich saßen in meiner Kammer, hörten Musik, ließen uns über die Besatzung aus und tranken „Grüne Wiese" oder

Wermut. Günter verschwand, nachdem Jürgen um halb zwölf zu seiner Wache loszog. Gegen 24.00 Uhr kam Werner von seiner und wir saßen weiter - bis um eins!
Es sollte mir eine weitere Lehre sein...

Mittwoch, der 27. Juni 90   -   Verschlafen

Also ehrlich, ich hatte wenig getrunken! Und war auch hellwach als ich den Hörer abnahm. Aber dann drehte ich mich auf die Seite, um wie immer, noch fünf Minuten zu liegen... Und wachte 20 Minuten später auf. Im gleichen Moment klingelte auch das Telefon wieder:
„Ja, ich bin schon unterwegs!" rief ich in den Hörer. Mit Hochgeschwindigkeitsanziehen, Schreibzeug nehmen und Hochhasten, schaffte ich es in 8 (!) Minuten auf die Brücke.
„Na, Sie wollten mich wohl die Wache allein machen lassen!? Was war denn? Verschlafen, was!"
- Tja, was sollte ich darauf sagen? Unangenehm.
Und dann verging die Zeit unmerkbar. Ständig war ich dabei, Orte zu machen, heute auch mittels Peilungen - optisch und mit Radar! Die eine optische Kreuzpeilung ging voll daneben, weil der Diopter so verdreckt war, dass ich schätzen musste, und ihn dann reinigte. Der i-Punkt wurde abschließend Chiefmates Bemerkung bei einem Blick auf meine Koordinatenliste:
„Sehen Sie mal, bei den heutigen Werten haben Sie viel mehr verbessert als sonst..." - Eine seltene Art von feiner Ironie, aber noch akzeptabel.
Übrigens weckte ich heute den Koch fast auf die Sekunde genau.
Als ich nachmittags Jürgen zehn Minuten eher ablöste, wussten er und der Second nichts Besseres zu tun, als zu grinsen. Jürgen meinte sogar noch, das wäre doch nicht nötig gewesen, der Second kam in die Nock mit den Worten: „Haben Sie Langeweile?!" - Als mein Chef dann die Brücke betrat und davon hörte, rief er:
„Machen Sie uns doch mal eine Runde Kaffee!" - Also setzte ich für den „Alten", ihn und mich Kaffee auf. Es war das erste Mal, dass er mir einen ausgab.
Aber es sollte noch besser kommen: Die gesamte Wache machte ich fast alles ohne seine Kontrolle. Lediglich bei den Landpeilungen half er ein, zwei mal. Das Wetter war sehr gut: Gegen halb acht hatten wir 25°C, so dass sich Chiefmate mehr in der Nock aufhielt und sich sonnte, während ich drinnen ins Schwitzen kam. Das Decca-Gerät begann zu spinnen, und für die Radarpeilung war meiner Meinung nach die Küste ungeeignet, so dass wir nur zwei genaue Orte bekamen - über Satellit! Aber mein Chef beruhigte mich, das wäre hier normal, die Decca-Ungenauigkeiten.
Um 18.00 Uhr begann achtern der Grillabend. Christiane, die Oberstewardess, brachte uns die halben Broiler und die Steaks auf die Brücke. Auch das war ungewöhnlich: Ich saß mit dem Chiefmate an einem Tisch und beide aßen wir das Geflügel mit allen zehn Fingern! Da das Wetter weiterhin schön blieb, machte der Chiefmate eine ebenso ungewöhnliche Durchsage:
„... und findet das Besäufnis im Freien statt!" - Er sagte tatsächlich „Besäufnis". Und auf einmal waren die vier Stunden herum. Irgendwie hatte ich eine Pause aber auch dringend nötig.

Donnerstag, Freitag, Samstag - Wache

Eigentlich ist während dieser Tage kaum etwas besonderes passiert. In den Wachen machte ich die Orte, obwohl der Alte das scheinbar gar nicht so gern sah, nachmittags sonnte ich mich am Schwimmbecken gemeinsam mit Werner, Chiefmate und den Stewardessen. Abends saßen meistens Günter, Freddy, Ralf, Jürgen und ich zusammen. Mit Torsten hatte der Tagestörn gerade Kontaktschwierigkeiten. Nebenbei bemerkt wurden langsam Stimmen laut, die von höherer Heuer und eventuell Streik sprachen. Die Opposition redete von „abwarten" bis „da kann sich der SGler gleich die Pistole vom Alten holen".
... und der „Tag der Einheit" rückte immer näher.

Sonntag, der 01. 07. 1990 - „Tag der Einheit"

Für uns an Bord ein weiterer „ganz normaler Tag". Zu Hause standen sie stundenlang vor unzähligen Geldwechselstellen. In der Schiffspresse stand dazu:
„... und das Schlangestehen hört trotzdem nicht auf. Aber das sind wir ja noch gewöhnt!"
- Glücklicherweise gab es keine Gewalttätigkeiten oder gar Überfälle bei dieser gigantischen Aktion. Irgendwie werde ich bei dieser Entwicklung ein ungutes Gefühl nicht los. Und das geht wohl nicht bloß mir so. Noch haben wir Arbeit, die zwar stark unterbezahlt ist, aber wie lange überhaupt noch?! Monatlich wächst die Zahl der Arbeitslosen um fast 50000! Und es gibt weder Umschulungsprogramme noch ausreichend Arbeitslosenunterstützung. Die Firmenleitungen, die sich meist noch aus ehemaligen Parteifunktionären zusammensetzen, werden zu knallharten Unternehmern. Dazu die Schiffspresse:
„... es nimmt Formen an, die es selbst im Kapitalismus nicht gegeben hat!" - Die Forderungen der Arbeiter nach höherem Lohn und einem ausgefeilten Sozialnetz werden kaum beachtet. Auf Warnstreiks wird lächelnd mit Kündigung reagiert. Wir hier an Bord sind uns darüber einig, dass es diesen Herbst mächtig krachen wird in unserem kleinen Land. Und vielleicht schlagen diese Wellen auch auf die BRD über?

Sonntag, der 08. Juli 90 - Reede

Eine ganze Woche liegen wir jetzt hier schon vor Anker. Die Küste von Marsa el Bregas in Libyen liegt vor uns. Vergangenen Montag kamen wir hier an, seitdem warten wir. Zufällig wurden hier bis zum 4. Juli Feiertage abgehalten, sonst wären wir wohl wie geplant nach 1-2 Tagen verschwunden gewesen. Ganz nebenbei ist an der Hauptmaschine ein Teil „defekt gegangen", das wir nicht mit haben. Also wurde ein Zylinder ruhig gestellt, und wir können vorerst nur mit 50-60% fahren. Das bedeutet: weiterer Zeitverlust! Mittlerweile schwanken die Ankunftstermine zwischen dem 5. und 25. August.
Die Wachen verlaufen gleichförmig. Nachts werden die Teerstreifen, welche die Lukendeckel luftdicht abschließen sollten, von uns wieder abgespachtelt: mühsam, zeit- und kraftaufwendig.

Tagsüber schleifen wir die Brückenholzschotten, firnissen und lacken sie. Abschleifen mit der Hand und etwas Schleifpapier - ebenfalls eine tagefüllende Beschäftigung. Ein, zwei mal fragte ich den Chiefmate höflich nach Informationen - keine. Bis er am Freitagabend kurz vor Wachschluss, als ich beim Abwaschen seines Kaffeegeschirrs war, von allein anfing:
„Tja, morgen früh um sechs Uhr werden wir dann wohl einlaufen..." - „Das wäre ja schön!" - meinte ich, wie immer etwas zurückhaltend. Irgendwie passte es nicht zu ihm, dass er mir von sich aus so etwas sagte.
Wir Matrosen „vernichteten" daraufhin trotzdem noch am selben Abend sämtliche Bierbestände. Zum ersten Mal saßen der Bootsmann und seine Frau bei uns, d.h. bei Günter.
Am nächsten Morgen rief der Bootsmann auf der Brücke an, um zu erfahren, ob er schon mit dem Entlaschen beginnen solle.
„Nein, wir laufen selbstverständlich noch nicht ein!" - antwortete der Chiefmate. Und mit einem Blick zu mir, der ich gerade wieder sein Geschirr abwusch, fuhr er fort:
„Das war nur ein Test. Ich wollte mal sehen, wie schnell sich so ein Gerücht herumspricht. Ich wusste doch, dass der Dietrich keine fünf Minuten dichthält!" - Nachdem er den Hörer eingehängt hatte, meinte er zu mir:
„Test nicht bestanden - Vertrauensmissbrauch..." - „So kann man das auch sehen." - wagte ich. Es war doppeldeutig genug. Schließlich war es auch für mich ein Vertrauensverlust - ihm gegenüber. Einen Satz musste ich aber noch loswerden, um nicht vollkommen als Naivling dazustehen:
„Da habe ich doch gut mitgespielt." - Er schaute verwundert auf. - „Schon, als ich gestern die Brücke verließ, stutzte ich - Sie hatten keine Durchsage gemacht wegen des Alkohols. Sie hätten es sicher nicht riskiert, hier morgens um sechs einzulaufen, wenn hier fast jeder noch mindestens ein Bier auf der Kammer hat." -
In Marsa el Brega herrscht bei Strafe absolutes Alkoholverbot.

Die Tage vergingen, schleppend zwar, aber es fand sich immer noch Arbeit, diese Zeit totzuschlagen. Schließlich machte der III.NO am Donnerstag zum Mittag folgende Durchsage:
„Mahlzeit, Besatzung! Und Guten Appetit. Bis 12.45 Uhr sind die restlichen Bierbestände vor der Getränkelast abzustellen! Eventuell laufen wir heute nachmittag ein!" -
Es wurde wieder ein Irrtum. Das heißt, das Bier stellten wir schon unter Verschluss, aber eingelaufen sind wir trotzdem nicht. Am gleichen Abend wurde die Last wieder geöffnet.
Freitagnachmittag, zu Beginn der Wache fragte mich der Chiefmate so nebenbei:
„Na, was gibt's Neues?!" - „Tja, ich bin ständig am Rechnen, was unseren Heimkehrtermin betrifft..." - „Na, dann schießen Sie mal los!" - "Spätestens Mittwoch hier wieder weg, fünf Tage bis Lattakia, dort 10 Tage, dann 13 Tage bis Antwerpen. So sind wir, wenn alles glatt läuft, um den 15. August zu Hause." - „Könnte hinkommen, wobei Mittwoch auslaufen schon sehr spät angesetzt ist, aber wir werden sehen. Vielleicht bekommen wir auch noch einen Ladehafen: Alexandria - Baumwolle voll Schiff..." - „Da hätte ich nichts dagegen, wenn sich dann die Gelegenheit zu einer Ausfahrt bieten würde. Die Pyramiden möchte ich schon mal gesehen haben!" - „Sicher, da nehmen Sie sich ein, zwei Leute mit, bezahlen fürs Taxi pro Mann 35 Pfund - etwa 27,- DM, fahren zum Papyrus- und Nationalmuseum, die Hintour die Wüstenstraße und zurück, bei Sonnenuntergang, durchs Nildelta. Auf die Art und Weise haben Sie alles gesehen, was lohnenswert ist."

- Ich war begeistert. Es wäre aber auch zu schön, na, wir werden sehen...

Seit einigen Tagen bin ich dabei, dem Bäcker die Bedienungsanleitungen seiner neugekauften Videogeräte vom Englischen ins Deutsche zu übersetzen. Er war schon richtig mutlos geworden, steht vor seinen Recordern und hat keine Ahnung, was er damit alles anfangen kann. Zum Dank borgte er mir schließlich eins der beiden Geräte. Zum einen für meinen Privatgebrauch, zum anderen fürs Ausprobieren der unwahrscheinlich vielen Funktionen. Nebenbei musste ich wieder feststellen, dass mein Englischwortschatz zwar recht groß ist, aber noch längst nicht ausreicht. Zumal in letzter Zeit das intensive Training fehlte. Aber so langsam wird's wieder.

Samstag, der 14. Juli 90   -   Marsa el Brega

Die ersten zwei Stunden der Morgenwache war ich wieder einmal mit dem Großreinschiff beschäftigt. Als ich gegen 06.00 Uhr dann fertig wurde und zur Brücke hochging, empfing mich Chiefmate mit den Worten:
„Gehen Sie doch mal zur Oberstewardess hinunter und sagen ihr, sie soll bis dreiviertel acht sämtliche Bierbestände der Mannschaft wieder einschließen. Um acht werden wir einlaufen." - Einen Augenblick lang wollte ich zweifeln. Aber so dick würde wohl selbst er nicht auftragen, nur um mich nochmals zu foppen. Also führte ich die Weisung aus, und das Schiff wurde lebhaft. Viele waren erfreut, aber skeptisch, andere ärgerten sich - sie hätten noch länger hier bleiben können, nur um die Reise immer mehr hinauszuziehen und so ihren Urlaubswünschen zu entsprechen.
Gegen sieben sollte ich die Ankerkette von sieben auf fünf Längen verkürzen - und hatte keinen Strom am Spill. Chiefmate kam höchstpersönlich nach vorn, konnte aber auch nichts anderes feststellen: Das Stb.-Spill lief, und das Bb.-Spill nicht! Der E-Ing. wurde aus der Koje geholt. Der drückte die Sicherung wieder rein und los ging's. Gerade als die 6. Länge an Deck lag, hörte es wieder auf zu drehen! Dieses Mal kam der E-Mix nach vorn gestürmt und drückte die Sicherung wieder rein. Später erfuhr ich, dass wir in dem Moment einen totalen Blackout hatten. Der E-Ing. rotierte in der Maschine. Der Kreiselkompass musste wieder hochgefahren werden. Das Bugstrahlruder konnte nicht dazugeschaltet werden. Und das alles eine Stunde vorm Einlaufen. Fehlte nur noch, wir hätten aus „technischen Gründen" nicht einlaufen können!
Kurz vor acht hieß es dann, gegen halb neun geht's los.
Ich lag in Arbeitssachen nach dem Frühstück auf der Backskiste, las und wartete. Als die Uhr neun wurde, schaltete ich mir ein Video ein. Kurz darauf lief die Hauptmaschine an, der Anker wurde gehievt und wir fuhren langsam ein...
Dann, endlich kurz vor zehn, kam das Kommando „Klar vorn und achtern!" Und eine gute Stunde später waren wir fest, mit Blick auf die Wüste. Und während der Löschbetrieb vorbereitet wurde und schließlich auch begann, zog ich mich zurück: in meine Koje!
Als ich wenige Stunden später heraustrat, um meine Wache anzutreten, schlug mir eine unbeschreiblich schwüle Hitze entgegen. Das Thermometer zeigte mehr als 40°C an. Nur langsam konnte ich mich an das beklemmende Gefühl gewöhnen, kaum Sauerstoff in die Lungen zu bekommen, obwohl Wind wehte! Es war aber ablandiger, sprich: heißer Wüstenwind.
An Deck herrschte trotz der Hitze rege Betriebsamkeit. Libyen ist ein Staat, der sich gute Fremd-

arbeiter leisten kann. Kaum ein Libyer würde hier irgendeine „Drecksarbeit" machen. Dafür ist das Land zu reich. Also arbeiteten hier nur Koreaner. Zügig, aber ruhig und vor allem: wortlos. So etwas erlebte ich das erste Mal. Kein Geschrei wie in afrikanischen Häfen, auch keine ständig plätschernde Unterhaltung wie in den meisten europäischen Häfen. Nicht einmal gerufene Weisungen des Foremans an die Arbeiter gab's. Bei dem Lärm der Gabelstapler und Lkw wären solche Rufe ohnehin kaum verständlich. Nein, alles war vorher genau abgesprochen, hier arbeitete ein eingespieltes Team. Und gab's doch mal eine Besonderheit vom Staplerfahrer zu beachten, verständigte ihn der Foreman mittels Handzeichen. Alle arbeiteten konzentriert und hatten doch immer ein Auge für ihren Chef, der bei mir an der Gangway stand, und reagierten sofort auf seine Handzeichen. Wie gesagt, ich war über all dies erstaunt - und angenehm berührt.

Da die Arbeit rasch vonstatten ging, wurde ein Ende absehbar. Die Decksgang rotierte. Gegen 17.00 Uhr waren wir wieder seeklar. Eine Stunde darauf kam der Lotse an Bord, und ich begab mich ebenfalls auf die Brücke - ans Ruder. Nachdem der Lotse von Bord war und Chiefmate und ich wieder allein auf der Brücke standen, bemerkte er nebenbei:

„Das wäre also geschafft..." - „Ja, es ist irgendwie erleichternd... so eine lange Reedezeit wird belastend!" - Er nickte nur. Schließlich schlug er noch vor:

„Wir trinken nachher noch ein Feierabendbier, was?! Wenn die Decksgang uns noch etwas übrig lässt..." - Überrascht stimmte ich freudig zu. Unser Chiefmate gab also ein Feierabendbier aus: für die gesamte Decksgang. Grund genug gab's ja auch: Fast völlig reibungslos verlief das Seeklarmachen und dementsprechend zügig konnten wir Marsa el Brega verlassen. Bei dem Wüstenklima hielt es uns hier aber auch keine Minute länger!

So saßen wir alle bei einer Stiege Bavaria-Beer achtern auf unserem „Quasseldeck" oder auch „Krawalldeck" oder einfach „Partydeck", genossen den Abend, das Bier und die Unterhaltung. Allzu spät wurde es aber nicht, alle waren zu gestresst.

Sonntag, der 15. Juli 90 - Nachrichten

Gegen Ende der Morgenwache organisierte mir der Funker ein Telefonat mit der Heimat. Nach genau drei Wochen wurde es Zeit, uns gegenseitig mal wieder zu informieren. Da es teuer werden würde, hatte ich mir einen Stichwortzettel geschrieben, den wir dann auch in fünf Minuten durchgesprochen hatten. Unsere Familie besaß nun ein neues Auto, allen ging's gut und man rechnete Anfang August mit meiner Heimkehr. Nebenbei erkundigte ich mich nach den hochgeschraubten Lebensmittelpreisen: Kartoffeln von 2,- M auf 6,- DM; die Flasche Milch von 50 Pf auf 1,20 DM; Brot von 1,- M auf 2,60 DM; Joghurt von 20 Pf auf 0,80 DM ...

Mittwoch, der 18. Juli 90 - Reiseinfos

Wir waren nun seit Tagen auf dem Weg nach Larnaca auf Zypern. Zwischen dem Chiefmate und mir hatte es sich so eingespielt, dass ich während der Morgenwache die Navigation, insbesondere die Kompasskontrolle, übernahm, und nachmittags weiter an den Schotten arbeitete.

So auch heute. Während Werner, Ralf, Jürgen und Freddy wie jeden Abend im Schwimmbecken „verrückt spielten" - von allen anderen schon als „Kindergarten" bezeichnet, war ich damit beschäftigt, den Türrahmen im Kapitänsdeck abzuziehen. Als der Bootsmann mit seiner Frau vorbei kamen und mich schwitzend arbeiten sahen (35°C!), kam der „Spruch des Tages" von Bernd:
„Ich habe dir ja von Anfang an gesagt, du sollst im Tagestörn bleiben." - Am liebsten hätte ich laut losgelacht. Schließlich war er es damals gewesen, der mich lieber in der Wache als an Deck gesehen hatte!
Wie es der Zufall so wollte, kam ein paar Minuten später der III. NO vorbei, grinste und meinte: „Die Reise wird wohl noch etwas länger dauern... die Rede ist von Jugoslawien und Spanien!" - Und ging. Mein Lächeln gefror wohl, denke ich. Erst mal ließ ich aber meinen Zweifeln freien Lauf und hielt die Nachricht für einen schlechten Scherz. Jeder an Bord wusste, dass sich die Reise für mich nicht mehr wesentlich verlängern durfte, wenn ich im September pünktlich mit dem Studium beginnen wollte! Ich grübelte noch, als vom Schwimmbecken ein riesiges Freudengejohle herüberschallte. Mir schwanden die letzten Zweifel, ich musste mich setzen und rechnen. Das positivste Ergebnis radierte mir „nur" den Sommerurlaub aus. Das Negativste ... durfte nicht eintreten! - Also gut, fahren wir erst mal nach Larnaca, das Ersatzteil holen, dann nach Lattakia, zum Löschen. Und dann müssen wir rechtzeitig in Jugoslawien ankommen. Wer weiß, vielleicht kann man da ja abmustern?
Die Nachricht war wie ein Lauffeuer über Bord gerast. Jeder wusste Bescheid, als das Telegramm endlich am „Schwarzen Brett" (welch treffende Bezeichnung!) ausgehängt wurde. Und jeder rechnete, freute oder ärgerte sich. Chiefmate meinte zum Wachende zu mir:
„Na, Sie haben sicher auch schon vom weiteren Reiseverlauf gehört?! - Da werden Sie wohl auf die ersten zwei, drei Wochen Studium verzichten müssen; aber auf die kommt es auch nicht an. Wenn Sie es schaffen, dann auch ohne die ersten Wochen!" - Der Mensch konnte einem wirklich Hoffnungen machen.

Donnerstag, der 19. Juli 90 - Larnaca

Als ich zur Wache hochkam, standen schon fünf Personen auf der Brücke: der Alte, der Erste und der Zweite Offizier, Jürgen und Torsten - der Bereitschaftsmatrose. Ganz eindeutig, Larnaca und somit das Ankermanöver lagen unmittelbar vor uns. Außerdem ein dicker Nebel! Die alte Wache trat ab, Torsten wurde auf der Back postiert und ich am Ruder. Wegen des sagenhaft dichten Nebels verzögerte sich das Manöver. Erst kurz vor fünf fiel endlich der Haken und der Alte ging schlafen. Ich brachte mit Torsten noch die Stb.-Gangway aus, dann ging auch er schlafen und ich wieder auf die Brücke. Wir waren in Zypern. -
Der anbrechende Morgen bot uns ein seltenes Panorama:
Die Sonne war längst aufgegangen, doch der dichte Morgennebel ließ nichts von der Insel, die kaum eine Meile entfernt vor uns lag, sehen. Und plötzlich rissen die Nebelschwaden auf, legten zufällig gerade den Blick auf den Hafen und die umgebende Stadt frei! Das Bild hatte etwas überirdisches, oder besser künstliches an sich: ringsum grauweißer Dunst - und in der Mitte eine

strahlende, blaue Öffnung, in der sich eine Stadt wie aus Tausend und einer Nacht, ähnlich einer Fata Morgana über dem Meer schwebend, dem Auge eröffnete...

Gegen 09.00 Uhr kam das Ersatzteil und sofort wurde begonnen, den Anker zu hieven. Wir wollten so schnell wie möglich nach Lattakia - aber, es ging nicht! Die Ankerkette verklemmte sich im Kettenkastenfallrohr und erst nach etlichem Hin und Her gelang es, die Kette wie immer wegzustauen und loszufahren. Es wurde darüber Mittag.

Freitag, der 20. Juli 90 - Lattakia, Syrien

Zu Beginn der Wache kam ich ins Staunen. Nicht nur, weil Chiefmate mal wieder einen Kaffee trinken wollte, sondern weil er mir vorschlug, ebenfalls einen Tee zu trinken, bevor ich an die Arbeit ginge. Wir lagen seit zwei Uhr auf Reede vor Lattakia. Das nächtliche Panorama kam mir schon bekannt vor, schließlich bin ich nicht das erste Mal hier.

Chiefmate war ganz gut drauf. Er fragte sogar, ob ich ausgeschlafen hätte, denn heute vormittag käme ich wohl nicht dazu, wir würden gegen 10.00 Uhr einlaufen...

Tja, das war wirklich nicht angenehm, aber es sollte anders kommen. Ich befand mich in der Luke, machte gegen halb sechs die notwendige Flaggenrunde, als mir mein Chef eröffnete, ich sollte sofort die Lotsenleiter klarmachen, um sechs laufen wir ein! Kaum damit fertig, ging's auf die Back Anker hieven, heute reibungslos.

Dann kamen der Lotse und das Anlegemanöver! Vertäuen heißt: das Schiff liegt im rechten Winkel zur Pier zwischen den beiden Ankern und etlichen Achterleinen. Auf die Art und Weise passen erheblich mehr Schiffe ins Hafenbecken, können aber nur über Schuten be- und entladen werden. Auf der Back blieben nur drei Mann, achtern waren wir sechs. Und nach guter vorheriger Absprache lief dieses unübliche Manöver wie im Bilderbuch ab: zügig, ruhig, ohne nervöse Hektik. Es machte fast Spaß, so eingespielt zu arbeiten.

Natürlich passierte heute nichts weiter. Für die hiesigen Moslems war der Freitag ebenfalls der „Sonntag" der Woche. Geld und Landgangstickets kamen ebenfalls noch nicht, also kam ich doch wieder zu meinem Schlaf!

Sonntag, der 22. Juli 90 - An Land

Nach dem Frühstück machte ich mich auf die Socken. Wie es mir am liebsten war: im Alleingang! Das Boot setzte mich direkt vorm Hafentor ab, und am Souvenirladen gleich gegenüber tauschte ich erst einmal Geld. Und dann geschah ein „Wunder". Plötzlich wusste ich, wo ich war! Mir fehlte doch ständig die Erinnerung an den Landgang vor zwei Jahren, als ich mit der „Jöhstadt" einen Tag lang hier war. Kaum hatte ich also meinen Fuß auf die Straßen der Stadt gesetzt, kam mir alles so vertraut vor, als wäre ich gestern erst hier gewesen.

Ich spazierte im typischen Einkaufstempo los, das heißt, zügig die Abstände zwischen den Uhren- und Klamottenläden überwindend, fast durchs gesamte Zentrum. Trotz der vormittäglichen Stunde wurde es reichlich schwülwarm, was nicht nur ich recht schnell bemerkte, ich sah auch viele Einheimische, die sich öfter die Stirn wischten. Aber so viel ich auch suchend fragte, die eine Uhr gab's hier einfach nicht! So etwas ärgert mich immer fürchterlich, wenn ich in der Gesellschaft der „Freien Marktwirtschaft" eine Lücke entdecken muss, die auch noch meinen Interessen zuwider läuft...

Nach diesem Gewaltmarsch von gut zwei Stunden erreichte ich gerade rechtzeitig zum Mittagessen wieder die „Rostock" - enttäuscht, aber nicht entmutigt. Schließlich waren heute, am Sonntag, viele Geschäfte geschlossen. Ich hoffte also auf Dienstag, morgen sollte hier auch ein Feiertag sein.

Montag, der 23. Juli 90 - Post

Heute vormittag kam endlich wieder Post an Bord. Der Brief war zwar bereits vier Wochen alt - noch von vor der Währungsunion - trotzdem ist es schön, mal etwas von zu Hause zu lesen:

„Vielen Dank für Deine langen lieben Briefe. Sie geben uns wie immer einen guten Einblick in das Geschehen bei Euch an Bord...

Von der Auskunftsstelle habe ich die Adresse in Lattakia erfahren und außerdem, dass diese Dienststelle ab 30.6. nicht mehr existiert. Schade! Nun müsst Ihr mehr auf Draht sein, wenn Ihr Post bekommen wollt. Doch nun zu anderem!

Die letzten Wochen waren für alle ziemlich stressig. Erst die alten Herrschaften, dann die Diskussionen um die Währung. Für das Sparbuch musste ich zwei Stunden anstehen, für den Umstellungsantrag hat Dein Bruder 1,5 Stunden angestanden und Vati in der Stadt zwei Stunden! Jetzt geht das Anstehen weiter beim Erhalt von unserem Geld. Viele Dinge werden nach dem 1.7. ganz andere Preise haben. Gestern haben wir in der Kaufhalle beobachtet, dass einzelne Abteilungen geschlossen sind, und dort schon die westliche Ware gestapelt wird.

Aber auch viele Betriebe ... gehen dem Ende zu. Die Kleiderwerke machen ab 1.7. dicht, die Energieerzeuger sollen verkauft werden u.ä.

Aber es gibt auch Gurken, Tomaten, Pfirsiche, Aprikosen u.a. - zu entsprechenden Preisen.

Ja, Dirk, da ist man froh, wenn man im Garten was zu tun hat...

Am letzten Wochenende waren Onkel Otto und Tante Trautchen aus dem Westen zu Besuch. Er hat uns einige Steuererläuterungen geben können, die für uns neu und wichtig sind.

So, Dirk, ich glaube, das war das Wichtigste von uns. Wir wünschen Dir eine gefahrlose Fahrt und eine baldige Rückkehr und ein Wiedersehen in alter Frische, Deine Eltern

P.S. Post- und Telefongebühren sind die westlichen ab 1.7. angeglichen, denk daran!"

Dienstag, der 24. Juli 90 - Einkaufen

Kurz nach sechs kam der Lotse an Bord, achtern wurden die Leinen losgeworfen und eingeholt, dann die Anker gehievt: Wir verholten um die Pier herum. Und wieder fiel es in meine Wache, wieder stand ich am Ruder. Als wir schließlich fest waren, ging meine Wache auch schon zu Ende.

Duschen, Frühstück und los ging's.

Dieses Mal dauerte es noch länger. Erst suchte ich wieder nach der Uhr, gab es dann aber auf und machte mich daran, Hosen und T-Shirts zu kaufen. Ich bin da etwas wählerisch und passen müssen die Sachen auch, so dass ich erst um halb zwei wieder an Bord war - fix und fertig! Heute hatte ich mich sogar in ein Restaurant gesetzt, um etwas Kaltes zu trinken. Ich weiß auch gar nicht mehr, wie oft ich eigentlich durch die Geschäftsstraßen gelaufen bin, aber 5-6 mal bestimmt...

Nebenbei steckte ich noch einen Antwortbrief ein. Dieser Tag gab mir den Rest. Seit gestern quälten mich krampfartige Bauchschmerzen, die mir ernsthafte Sorgen bereiteten. Aber es sollte noch besser kommen.

Abends, kurz vor dem Ende meiner Wache, musste ich auf die Toilette und hatte fürchterlichen Durchfall. Ich fühlte mich nicht besonders gut, setzte mich den Abend auf Diät.

Mittwoch, der 25. Juli 90 - Diät

Morgens saß ich mehr auf der Toilette als an der Gangway. Es wurde schon peinlich, dafür ließen aber die Magenkrämpfe spürbar nach!

Als unser Koch begann, in seiner Kombüse zu klappern, ging ich hinunter und bat ihn um Zwieback.

„Na? Was Schlechtes gegessen? Oder zu kalt getrunken? - Aber das ist hier immer so, schon solange ich im Mittelmeer fahre, wird hier gekotzt und geschissen und keiner weiß, woher das kommt! Kann sein, das Klima..." - Er gab mir Zwieback und eine Tüte Pfefferminztee, und ich meldete mich für die nächsten Mahlzeiten bei ihm ab.

Ich sollte nicht der einzige bleiben ...

Donnerstag, der 26. Juli 90 - „21.8.?"

Das war das Datum, welches heute an Bord kursierte. Und schließlich gelang es mir, den Funker daraufhin anzusprechen:

„Sie müssen es doch eigentlich genau wissen, was da dran ist, dass wir am 21.8. in Antwerpen abgelöst werden sollen, wenn ein solches Telegramm überhaupt angekommen ist ...?!" - „So fragt man Leute aus!" meinte er lachend. „Nein, ein Telegramm ist nicht angekommen, aber ich habe die Schiffsliste gesehen. Diese Liste wird von der Firma an die Vertretungen geschickt und informiert diese darüber, wann ein Schiff wo sein soll. Und da steht für uns eben nach Jugoslawien und Spanien Antwerpen am 21.8.. Es wäre also durchaus möglich, dass wir dort komplett abgelöst werden." - „Wir werden sehen, ich glaube es erst, wenn der Tag da ist!"

Samstag, der 28. Juli 90 - Friseur

Endlich war es soweit. Ich hatte es eingerichtet, dass ich eine Überstunde abbummeln konnte, um zum Friseur zu kommen. Torsten begleitete mich, um mir „seinen" Friseur zu zeigen, und ich wollte ihn zu einem Videoshop bringen. Dort hielten wir uns über eine halbe Stunde auf, bis wir endlich zwei Filme ausgesucht und gekauft hatten. Und dann der Friseur! Gewaschen und geschnitten waren sie schließlich, die Haare, aber es gefiel mir noch nicht. Also noch kürzer. Für knappe fünf Mark verließ ich als kultivierter Mensch den Salon...

Auf dem Dampfer angekommen, legten wir uns gleich einen der neuen Filme rein. So wurde es wieder spät, aber es hatte sich gelohnt, denn nebenbei hatte ich Lattakia bei Nacht kennen gelernt.

Montag, der 30. Juli 90   -   Auslaufen

Endlich war ein Ende abzusehen. Landgangsende wurde auf 13.00 Uhr festgelegt. Ab 15.30 Uhr rotierte alles, um das Schiff seeklar zu machen: an Deck und in der Maschine. Eine Stunde später war es soweit. Der Lotse kam und wir legten ab. Nun begann die Rückreise. Ob es die Heimreise werden würde, konnte noch niemand garantieren, aber alle hofften es. 84 Reisetage machten sich langsam bemerkbar!

Die Maschine arbeitete mit voller Kraft. Fast 15 Knoten machten wir - Kurs: Jugoslawien.

Samstag, der 4. August 90   -   Wieder Reede

Die Überfahrt an der türkischen, griechischen und albanischen Küste vorbei in die Adria hinein bis hin zur Mündung der Neretwa verlief problemlos. Gestern morgen kamen wir auf der Reede von Kardeljevo an - und blieben auch dort!

Die Stimmung an Bord wird immer gereizter. Ich hatte heute morgen ein nur sehr kurzes Gespräch mit unserem Chefkoch, und der fährt schon seit gut 20 Jahren.

„Morgen." - begrüßte ich ihn. „Na, da haben sie zu Hause den Wahltermin doch vorverlegt: vom 2.12. auf den 14.10." - „Hör bloß auf damit! Das steht mir alles bis hier." - Er zeigte energisch mit der Handkante unters Kinn.

„Ich will nur noch eins: nach Hause, und zwar so schnell wie möglich!!!" - Ich nickte, was sollte gerade ich dazu sagen. Es war ihm wohl unangenehm und so fügte er fast entschuldigend hinzu: „Da kannst du nur eins machen: Dich in deine Arbeit vergraben und an nichts weiter denken..." - drehte sich um und begann gefährlich schnell das Gemüse zu zerkleinern. Sorgenvoll verschwand ich. Und solchen Menschen will man zumuten, sechs (!) Monate und länger hintereinander zu fahren! Das geht doch nicht gut. Nach 90 Tagen sind die Leute schon so gereizt, nach weiteren 90 ist so eine Besatzung bestimmt verrückt, oder?

Montag, der 6. August 90   -   Kardeljevo

Das Wochenende wurde belastend. Es wurde viel gefeiert... jeder hoffte auf morgen, da laut Vertrag bis zum 7.8. die erste Tonne Stahl geladen sein sollte! Aber wer weiß...

Es war gegen 18.00, ich war gerade vom Abendbrot zurück an die Arbeit gegangen, wieder einmal war eine Tür abzuziehen, da kam das typische „durchpusten" der Kommandoanlage und die Durchsage vom Chiefmate:

„Da die Bereitschaftsleute telefonisch nicht erreichbar sind: Bitte auf der Brücke melden! Wir laufen um 19.00 Uhr ein." - Ein erleichtertes Aufatmen ging über den Dampfer. Endlich, endlich ging's weiter! Auch ich freute mich, kam aber schnell wieder auf andere Gedanken. Die Lotsenleiter musste ausgebracht werden, die Luken waren aufzuknacken und dann stand ich wieder am Ruder. Die Maschine lief „langsam voraus", der Kapitän übernahm die Wache und Chiefmate den Maschinentelegrafen sowie das Brückenbuch. Während wir auf das Lotsenboot warteten, war noch einmal Zeit, die herrliche Gebirgslandschaft zu bewundern.

Die Hafeneinfahrt war eng. Und als der Lotse „steady - recht so" sagte, ich nun, um die Richtung beizubehalten, auf die Reaktion des Schiffes wartete, zog es unseren Bug sofort nach Steuerbord auf die Hafenanlagen zu. Augenblicklich riss ich das Ruder nach Backbord, da riefen auch schon der Lotse und unser Kapitän:

„Not to Starbord!" - „Nicht nach Steuerbord! Hart Backbord!"

Es ging alles klar. Dann kam ein kurzer Disput zwischen dem Alten und seinem Ersten Offizier. Unser Kapitän meinte zu mir:

„Sie können doch nicht das Ruder nach Steuerbord legen!" - Ich kam gar nicht erst zum antworten, denn mein Chef schaltete sich ein:

„Er konnte nichts dafür. Das Ruder lag mittschiffs! Der Strom kam zu unerwartet und zu stark."
- Der Alte brummelte noch etwas von schneller reagieren, dann war es vergessen. Nur der Lotse

wurde seitdem nicht mehr ruhig. Und ich staunte noch später über „meinen" Chiefmate. Der Mensch hat mich gegen den Kapitän in Schutz genommen! Warum nur? Ist sein Gerechtigkeitssinn tatsächlich dermaßen ausgeprägt oder ist das nur eine Variante seiner Arroganz, die ihm gestattet zu glauben, immer Recht zu haben?! Ich bin mir in diesem Punkt wirklich nicht sicher. Aber im Zweifelsfall sollte man immer „zu Gunsten des ..." entscheiden - also nehme ich mal an, dass er mir helfen wollte.

Dienstag, d. 7. August - Landgang

Mittags kam die Durchsage, dass das Geld und die Landgangstickets da wären. Nach dem Essen zog ich also los. Und nach einer halben Stunde hatte ich bereits das Ortsausgangsschild vor mir, und das, obwohl ich bummelnd die Hauptgeschäftstraße entlang gewandert war! Diese Straße schien eigentlich ein Boulevard, der sich an der Hafenbucht hinzog. Dahinter standen die paar Wohnhäuser und dann kamen schon die 400 bis 700 Meter hohen Berge. Kardeljevo ist eine neue Stadt. 1985 begann hier der Aufbau des Hafens und der Stadtviertel. Der ursprüngliche Ort liegt etwa 5 km im Landesinneren. Am Hafentor steht auch „Port of Ploce", außerdem steht da noch „Sozialistische Föderative Republik Jugoslawien" - und das merkt man auch noch! Die Hafenarbeiter sind das beste Beispiel: Von 06.00 bis 22.00 sollen sie arbeiten und kommen gegen 06.30 um bereits um 21.00 Uhr zu gehen. 1000 Tonnen sollen täglich mindestens geladen werden. Wenn es annähernd so viele werden, haben sie schon den ganzen Tag über „schwer gearbeitet".
Es gibt auf dem Boulevard jede Menge Cafés und Restaurants, Lebensmittelläden und Kioske sowie ein dreistöckiges Kaufhaus - in welchem das Angebot aber eher bescheiden ist. Auf russisch wurde ich nicht verstanden, oder wollte man nicht? Deutsch und auch Englisch sind aber bestimmt Fremdsprachen, also half nur eins: freundlich lächelnd die Zeichensprache versuchen! Deutsche Zeitungen entdeckte ich und kaufte mir einen fünf Tage alten „Stern", später noch Postkarten und - Melonen (ich konnte einfach nicht widerstehen!)

... der Abend kam, und ich lebte noch! Das ist keine Phrase - schließlich hatte heute mein PGSE (personengebundener Schutzengel) „alle Hände voll" zu tun. Folgendes war geschehen: In Luk I war der Unterraum vollgestaut und der Scherstock, der die Lukenöffnung zu dem Deck trennt und das Zufahren der Zwischendeckdeckel erst ermöglicht, sollte wieder eingesetzt werden, um dann im oberen Deck weiterladen zu können. Torsten saß im Kran, und ich pickte den Scherstock an. Chiefmate behielt den Überblick. Ich stand also auf dem Stahl und bugsierte den Träger vorsichtig in die Millimeterposition. Links neben mir stand wie eine Wand der geöffnete Deckel. Mein Chef hielt einen anderthalb Meter langen Sicherungshebel in den Händen. Im Moment störte der, sollte dann aber sofort neben die Gleitbahn des Scherstocks eingehängt werden. Und nun ging es sehr schnell. Der Träger kam in die richtige Lage, wir riefen zu Torsten hoch:
„Fier weg!" - da rauschte etwas an meinem Kopf vorbei und einen Augenblick später knallte der massive Sicherungshebel vor mir auf den Scherstock, ohne auch nur einmal zurückzufedern. Chiefmate und ich schauten uns kurz an, und ich konnte es mir nicht verkneifen zu sagen:
„War knapp!" - Wir pickten den Hebel ein und sicherten den Scherstock. In diesen Minuten

rutschte ihm immer wieder das „du" während seiner Anweisungen heraus. Wohl ein Zeichen seiner inneren Erregung. Bei dem Gewicht hätte es mir im „günstigsten" Fall „nur" die Schläfe zerfetzt...

Aber, es war ja alles noch einmal gut gegangen, wie immer: So haarscharf es auch an mir vorbeizieht, passiert ist mir bisher noch nichts. Und damit rechne ich auch in Zukunft - sonst könnte man ja auch gleich ganz aufhören! - - -

Gegen 20.30 Uhr zog ich wieder los. Ich beeilte mich und erreichte bald den Boulevard. In der 4. Bar saßen sie: Günter, Ralf, Jürgen, Freddy, Stori und Andrea. Großes Hallo! Ich setzte mich dazu, und gleich wurde die nächste Runde Gin-Juice bestellt. Wir saßen gemütlich auf der Veranda der Bar, während nebenbei Musik spielte, und unterhielten uns. Immer mit einem Blick für die Straße: Für junge Leute, die seit drei Monaten keine Mädchen gesehen hatten, liefen hier viel zu viele herum ... und noch dazu so attraktive!

Torsten und ich gingen während der kommenden Tage noch öfter in die Stadt. Immer erst essen: mal Spaghetti oder Kotelett, anschließend setzten wir uns in eine der Bars und unterhielten uns. Ab und zu trafen wir sogar auf deutsche Touristen.

Eigentlich sollte in der Nacht vom Samstag zum Sonntag gearbeitet werden. Dann wären wir Sonntagmittag fertig geworden. Dass an einem Sonntag noch eine Arbeitsgang kommt, glaubte aber niemand von uns. Aber, sie kam! Und endlich ging gegen 15.30 Uhr die letzte Hiev Stahl an Bord. Sofort begann die Besatzung zu rotieren: Laschen und Seeklarmachen, die Maschine wurde durchgefahren, die Behörden kamen, der Agent ging und als dann endlich um 18.15 Uhr der Lotse kam und ich ihn auf die Brücke begleitete, konnte es losgehen!

Als ich mich, wieder einmal, ans Ruder stellte, meinte der Chiefmate:

„Haben Sie uns hier nicht auch hinein gefahren?" - Ich nickte.

„Sie entwickeln sich langsam zum Manöverrudergänger, was?" - Mehr als die Schultern zucken fiel mir nicht ein: Er hatte recht. Ich hatte uns ins Rote Meer hinein gefahren und stand in Marsa el Brega am Ruder, war in Lattakia dran gewesen und nun hier in Jugoslawien. Und es sollte so weitergehen...

Dienstag, d. 14. August   -   Straße von Messina

Es war früh um fünf: Torsten stand in der Steuerbordnock und machte den Ausguck, Funker und Moni spielten Passagier und ich stand am Ruder. Quer durch die legendäre Straße von Messina. Hier waren also schon Odysseus und Sindbad langgefahren - nicht, dass ich uns in diese Reihe eingliedern will - mir kam nur der Gedanke an die Geschichte dieser Wasserstraße. Viel bekamen wir nicht zu sehen, da es sehr diesig war. Einmal konnte uns der Alte auf einen Felsen an der Steuerbordseite aufmerksam machen: die Scylla - die berühmte Klippe der Sirenen! Während wir daran vorbei fuhren, wurde mir klar, warum hier so viele Schiffe gestrandet sein mussten. Die Mär von den betörenden Mädchen auf dem Felsen ist ja nicht schlecht - die Strömungen aber sehr viel realistischer!

Ich hatte Mühe, unser Schiff auf Kurs zu halten: Es drückte uns immer stärker nach Steuerbord! Außerdem machten wir trotz voller Maschinenleistung statt der üblichen 14 Knoten nur noch 7! Diese natürliche Meerenge besaß die Eigenschaften einer Düse. Die hindurchströmenden Wassermassen wurden am schmaleren Ende aufgestaut und dann mit erhöhtem Druck durchgepresst. Nach fast zwei Stunden hatten wir wieder das offene Mittelmeer vor uns. Die Doppelwache wurde abgesetzt und die Ruderautomatik eingeschaltet. Das war's - nicht einmal ein paar Fotos hatte ich machen können!

Mittwoch, d. 15. August - der weitere Reiseverlauf

Abends, kurz vor Wachende, traten der Funker und mein Chef zu mir in die Nock heraus. Beide konnten sich ein Grinsen nicht ganz verkneifen, und bevor ich mir darüber Gedanken machen konnte, ließ der Chiefmate den Spruch los, den ich schon von ihm kannte:
„Wissen Sie schon etwas über den weiteren Reiseverlauf?" - Natürlich konnte ich da nur mit den Schultern zucken. Jetzt mischte sich der Funker ein:
„Halten Sie sich fest ..." - Und mein Chef: „Tja, wir machen die Tour noch einmal! Wenn wir den Stahl in Castellon los sind, fahren wir wieder nach Kardeljevo zurück und bringen den Stahl dann nach Bilbao, Westküste Spanien. Zwischendurch in Ceuta bunkern. Und wie es nach Bilbao weitergeht, weiß niemand..." - Ich wusste, das war kein Scherz von ihm - er wollte auch nach Hause, trotzdem blickte ich noch mal zweifelnd den Funker an. Der wurde plötzlich ernst und nickte mir bestätigend zu.
„Denkbar wäre, von dort aus PC-Wire nach Marsa el Brega zu bringen. Und wenn wir schon mal dort sind, ist Früchtezeit in Zypern. Die dann nach England und schon ist der Oktober rum!" - „Das muss ja nicht sein", schob ich ein und beide nickten - wir waren uns einig. Sie gingen wieder in die Brücke und ich stand draußen und machte mir ernsthafte Gedanken. Für meinen Entschluss brauchte ich nicht viel Zeit, aber vorher wollte ich unseren „Reiseleiter" fragen ...
Ich traf ihn nach Wachende im Gang und sprach ihn an:
„Kaptän, haben Sie mal eine Minute für mich?" - „Worum geht es denn?" - „Um es kurz zu machen: ich würde gern absteigen..." - „Haha! Das wollen hier ja wohl fast 90 Prozent! Nein, das wird nichts: mitgegangen - mitgefangen." – Sprach's und ließ mich einfach stehen. Ehrlich, das war der blödeste Spruch, den ich seit über 100 Tagen gehört hatte. Also dann, morgen früh brauchte ich ein Telefonat mit der Familie!
Übrigens war heute Abend die gesamte Besatzung mit der Vernichtung von alkoholischen „Rest"-Beständen beschäftigt...

Donnerstag, d. 16. August - „Mach dir keinen Kopf..."

Den ganzen Morgen lang überlegte ich mir den genauen Wortlaut fürs Telefonat. Als der Alte, wie üblich, kurz vor dem Frühstück auf die Brücke kam, sprach er mich an:
„Ich werde heute ein Telegramm an die Reederei schicken, damit sie wenigstens die Schule

davon benachrichtigen, dass Sie später kommen. Eine Ablösung werde ich auch noch erwähnen, aber ich bin der Meinung, diese Zeiten sind vorbei!" - Da staunte ich aber und bedankte mich selbstverständlich.

Kurz danach war es dann soweit: Die Verbindung ins heimatliche Wohnzimmer stand.

„„Hallo, Guten Morgen!" - Meine Mutter hatte, wie immer, abgenommen.

„Na, was gibt es denn?!" - Es war klar, dieser Anruf nach bereits zwei Tagen musste wichtig sein.

„Ist Vater noch da?" - „Ja, warte, ich gebe ihn dir!" - Nach über drei Monaten hörte ich endlich wieder die vertraute beruhigende Stimme meines Vaters:

„Na, was ist denn los?" - „Ich wollte euch ‚nur' sagen, dass die Reise wohl noch bis zum 15. September dauert." - Das war laut letztem Brief für meine Eltern das Stichwort dafür, alles zu tun, mich von diesem Dampfer zu holen - faktisch die Notbremse zu ziehen! Und wenn ich kündigen müsste, um rechtzeitig zum Studium zu kommen und selbständig nach Hause zu fliegen. Mein Vater wusste das und antwortete sofort:

„Nun mach dir mal keinen Kopf! Dieses Jahr passiert ohnehin nichts fürs erste Semester. An allen Hochschulen und Universitäten haben die Studenten frei. Du weißt doch, dass der ganze Politkram und die Armeeausbildung wegfällt. Es reicht also völlig, wenn du zum Oktober da bist. Die Immatrikulation ist erst um den 20. September. Und selbst, wenn du diesen Termin nicht schaffst, ist das kein Problem! Alles klar?" - Mir fiel ein riesiger Stein vom Herzen. Hauptsächlich wegen des Termins für die Einschreibung. Erleichtert antwortete ich:

„Alles klar! Schön, dich auch mal wieder zu hören. Und, sind alle gesund zu Hause?" - „Ja, wir waren letztens sogar mit Opa grillen..." - Ich erzählte ihm noch, dass wir uns ein paar Meilen vor Spaniens Küste befanden und wie die Reise dann erst einmal weitergehen sollte. Mittlerweile wurde der Funker immer unruhiger und deutete auf seine Uhr. Aber das kümmerte mich überhaupt nicht. Jetzt sprach ich mit meinem Vater - dafür gab's keine Limits! Als ich dem Funker schließlich den Hörer reichte, waren rund acht Minuten vergangen. Kopfschüttelnd meinte er:

„Das sind mindestens 50,-DM!" - Mit einem Schulterzucken und einem flüchtigen Lächeln akzeptierte ich es. Für uns spielt Geld in solchen Situationen keine Rolle.

Ein völlig anderer Mensch verließ den Funkraum. Und mir taten die wartenden Kollegen leid, die ihre Familien über die Verlängerung der Reise informieren wollten, und mit dementsprechenden Gesichtern vor der Tür des Funkschaps standen.

Ich war gerade eingeschlafen, als das Telefon klingelte. Schlaftrunken sprang ich aus der Koje und verstand nur soviel, dass eine Landanmeldung für mich vorlag. 9.30 Uhr, fix anziehen und hoch zum Funker. Nach einer Weile stand wieder die Verbindung. Dieses Mal war es mein „kleiner" Bruder. Wir freuten uns auch riesig, uns erstmals auf dieser Tour zu sprechen. Das Wichtigste aber war, dass unser Vater sofort bei der IHS angerufen hatte: Die IHS war es gewöhnt und darauf eingerichtet, dass Studenten aus der Praxis kommend, etliche Wochen zu spät begannen.

Das Beste waren aber die Grüße einiger guter Freunde, die mir mein Bruder übermittelte. Und ich versprach, selbstverständlich sofort nach Heimkehr jeden einzelnen zu besuchen. Außerdem wurde ich den Eindruck nicht los, dass mir mein Brüderchen noch viel mehr zu erzählen hätte... Aber dafür hörten einfach zu viele mit.

Nachmittags erreichten wir die Reede von Castellon. Nachdem der Haken weggeworfen war, begann die Decksgang mit dem Entlaschen - in allen Luken. Um 18.00 Uhr sollte es rein gehen. So warteten wir darauf, dass ein Frachter auslief, dessen Lotsen wir übernahmen und schließlich auch tatsächlich einliefen und festmachten. Das Ganze zog sich bis nach 20.00 hin. Damit ging dieser ungewöhnliche Tag zu Ende. Ich legte mich früh schlafen, denn am kommenden Morgen wollte ich an Land.

Freitag, d. 17. August - Castellon, Spanien

Das 1. Mal Spanien! Gleich nach dem Frühstück zog ich los, trotz der schweren Regenwolken, die den Himmel verdunkelten. Ich war eindeutig zu früh. Der Freitagsmarkt wurde gerade erst aufgebaut: Klamotten, Obst, Gemüse, Fisch, Schmuck und viel Rappisch! Nebenbei bemerkt befanden wir uns in *Castellon-Grao*, dem Hafenviertel. In die Stadt selber musste man zehn Minuten mit dem Bus fahren. Aber es widerstrebte mir, mich allein weiter vom Schiff zu entfernen. Dafür erkundigte ich mich bei einem freundlichen Autowerkstattchef nach der Möglichkeit, ein Auto zu mieten. Ich wollte unbedingt nach Valencia, mir die Stadt ansehen, die keine 70 km entfernt lag. Und Torsten wollte dort unbedingt einen Stierkampf live miterleben. So waren wir uns einig geworden, einen Tagesausflug mit einem Mietwagen - wie echte Touristen - nach Valencia zum Stierkampf zu machen!
Ich lief noch weiter durch die Straßen, schlenderte mehrmals über den Markt, in den nun langsam Leben kam und erreichte schließlich wieder meinen Arbeitsplatz. Nach dem Mittag stand ich an der Gangway und berichtete Torsten, dass es eigentlich kein Problem sei, mit dem Linienbus nach Castellon zu fahren, dort ein Auto zu mieten und damit nach Valencia zu kommen.
„Und warum biste nicht gleich mal hingefahren?" - fragte er mich dann. Tja, warum eigentlich nicht? Ich wusste zwar, wo der Bus abfährt, aber weder, wie lange er brauchte, noch wie oft er fuhr. Andererseits lag das Wochenende vor uns, und ich hatte wirklich keine Lust mehr, noch länger auf meine „Traumuhr" zu warten. Also ließ ich mich kurz entschlossen nochmals im Landgangsbuch austragen und marschierte ein zweites Mal los. Wenig später erreichte ich die Bushaltestelle, bezahlte das Ticket und nach zehn Minuten Fahrt kam bereits die Endhaltestelle. Ich fand mich mitten im Stadtzentrum von Castellon wieder! Ich erkundigte mich noch nach den Abfahrtszeiten für die Rücktour beim Fahrer und streifte dann im Eiltempo - nur auf Uhrenläden achtend - durch die Geschäftsstraßen. Und davon gab es hier reichlich: Straßen wie auch Uhrenläden. Endlich fand ich die Uhr, leider in der Plastikversion, übermäßig teuer und mit nur englischer Bedienungsanleitung. Es wurde schwer, der Verkäuferin klar zu machen, dass ich später wiederkommen würde, wenn ich nichts anderes fände. Sie konnte kein Wort Englisch, geschweige denn Deutsch und mein Spanisch ist kaum besser. Wenn alle Völker so stolz wären, würde sich wohl die ganze Welt nicht verstehen. Die Spanier scheinen Ausländer und ihre Sprachen überhaupt nicht zu akzeptieren.
In einem der nächsten Geschäfte sah ich wieder die Plasteuhr und fragte nach einer in Metall gefassten. Und siehe da, man hatte - und sogar mit deutscher Bedienungsanleitung, zu einem guten Preis! Alles weitere verlief reibungslos: kaufen, mit dem Bus zurückfahren und in der Kammer die ersten Versuche, mit der Datenbank, dem Rechner und den anderen Funktionen der Uhr zurecht

zu kommen. Übrigens hatte ich in der Stadt nebenbei eine Überland-Bushaltestelle gefunden und mir den Fahrplan geben lassen.

Und abends, nach der Wache, zog ich nochmals los. Torsten hatte mich überredet, ihn zu begleiten. Ich stimmte zu, obwohl mein Laufpensum für die nächsten Tage eigentlich erfüllt war. Aber das spanische Nachtleben wollte ich unbedingt erlebt haben.

So schlenderten wir erst durchs Hafenviertel, doch es schien noch zu früh zu sein. Bis auf zwei, drei Bars, in denen einige wenige Gäste saßen und vereinzelte Gruppen Jugendlicher, die wie überall etwas sinnlos die Parkbänke belagerten, zeigten sich die Straßen still und verlassen.

Kurz entschlossen setzten wir uns in den nächsten Bus und fuhren in die Stadt. Abgesehen von der Unmenge Leuchtreklame war auch hier nichts los. Wir streiften eine Weile durch die Gegend und erreichten schließlich den zentralen Platz, in dessen Mitte sich eine runde Bar befand, umgeben von Tischen und Stühlen unter freiem Himmel. Hier saßen die Spanier, unterhielten sich und tranken Cerveza (also Bier) und Wein. Wir setzten uns dazu und bestellten ebenfalls zwei Cerveza. Es wurde ähnlich gemütlich wie in Jugoslawien. Pünktlich kamen wir zur letzten Busabfahrt. Der Fahrer erkannte uns und nickte freundlich, als wir einstiegen.

Samstag, d. 18. August

Torsten, Jürgen und ich waren uns einig, als meine Nachmittagswache begann. Und so sprach ich den Chiefmate an:

„Wir haben eine Bitte. Wäre es möglich, dass der Herr H. die 0-8-Wache und der Herr L. die 12-20-Wache geht? Und ich könnte dann morgen frei nehmen..." - „Hmh", lautete die grüblerische Antwort, dann verschwand er in den Aufbauten, um sich mit dem Chief abzusprechen. Wenige Minuten später kam er zurück und stimmte zu. Auf die Frage, was wir denn vor hätten, erklärte Torsten:

„Nach Valencia - zum Stierkampf!" - Erst viel später erfuhr ich von der Befürchtung der Schiffsführung, ich könnte den dortigen Flugplatz nutzen wollen... über einen solchen Gedanken konnte ich nur den Kopf schütteln.

Sonntag, d. 19. August - *Valencia*

Wir trugen beide, Torsten und ich, jeder einen Beutel mit kompletter Fotoausrüstung, das Seefahrtsbuch und eine Menge Geld in der Hand, als wir gegen dreiviertel neun den Dampfer verließen. Wir waren knapp dran, erwischten geradeso den Stadtbus, mit dem wir zehn Minuten später auf dem Busbahnhof von Castellon ankamen. Wieder legten wir den Seemannsschnellschritt ein, denn bis zu unserer Abfahrtshaltestelle war es ein ganz schönes Ende. Wir sprachen wenig, brauchten die Luft dringender!

Drei Minuten vor halb zehn erreichten wir total durchgeschwitzt den Überlandbus nach Valencia, bezahlten, stiegen ein und los ging's! Der Bus fuhr Landstraße, wobei der Fahrer keine Geschwindigkeitsbegrenzung zu kennen schien. Bei mehr als 100 km/h rasten wir an Plantagen und Lagerhäusern vorbei, sahen in der Ferne Berge steil aufragen und zu unserer Linken schienen wir manchmal das Mittelmeer zu berühren. Voneinander getrennt lediglich durch einen zwei Meter breiten Steinwall. Die kleinen Orte, durch die der Bus rauschte, sahen verlassen aus - Sonntagmorgen gegen zehn Uhr: Da schläft der Spanier noch!

Nach einer guten Stunde Fahrt kam bereits das Ortseingangsschild der Millionenstadt Valencia in Sicht. Nach weiteren 15 Minuten quer durch die Stadt hielten wir auf einem großen Busbahnhof. Wir warteten, bis wir als die Letzten den Bus verlassen konnten. Dann sprachen wir den Fahrer an. Dass der einzige Bus punkt 20.00 Uhr von hier wieder zurück fuhr, machte er uns relativ schnell anhand des Fahrplans klar. Aber, als er uns erklären sollte, wie wir hier zu einer Stierkampfarena kommen konnten, gab es fast ein Fiasko.

„Das wird nichts", wandte ich mich schließlich an Torsten. „Wir müssen auf gut Glück durch die Gegend ziehen!" -

„Haben Sie ein Problem? Vielleicht kann ich ihnen helfen?!" - Vor uns stand eine junge Frau, die jeder sofort als echte Spanierin bezeichnet hätte. An der Hand hielt sie ein kleines Mädchen - und das war blond...

In nahezu akzentfreiem Deutsch übersetzte sie uns die Empfehlung des Busfahrers. Demzufolge sollten wir mit dem Stadtbus Linie 8 solange fahren, bis wir neben dem Kolosseum ankämen - das wäre schon nicht zu übersehen! Ob heute überhaupt ein Stierkampf stattfinden würde, wusste auch er nicht. Dankbar verabschiedeten wir uns von den beiden und verließen die Halle - um direkt vor der Haltestelle der Linie 8 zu stehen. Nach weiteren 10 Minuten Busfahrt stiegen wir aus: Der Rundbau zu unserer Linken war tatsächlich nicht zu übersehen! Und auf der rechten Seite? Das musste der Bahnhof sein! Aber erst einmal schlenderten wir die Frontseite der Kampfstätte ab und erblickten schließlich Plakate. Dass es um eine Vorankündigung für einen Stierkampf ging, war eindeutig, auch was 19. Augusto und 23. Augusto bedeutete, wurde uns schnell bewusst - aber die Uhrzeit?! Wir fanden die Kasse geöffnet vor und erfuhren dort, dass das Spektakel um 19.00 Uhr beginnen würde. Zu spät für uns, wenn wir mit dem Bus um 20.00 Uhr zurück wollten.

Wir schauten uns an und meinten gleichzeitig:

„Zum Bahnhof!" - Möglicherweise fuhr ja ein Zug günstiger. In der Bahnhofsvorhalle steuerten wir zielstrebig den nächsten Schalter an. Die gute Frau konnte - natürlich - keine Fremdsprache. Und so versuchten wir wieder, uns mit „Händen und Füßen", Stift und Zettel zu verständigen. Sie zeigte Geduld, dann endlich auf ein Schild hinter uns und stieß das eine Wort aus wie einen

Hilfeschrei:

„Informacia!" - Ungläubig drehten wir uns um und erkannten beschämt, am Info-Schalter vorbei gestürzt zu sein. Wir bedankten uns mit „Muchas Gracias!" und nahmen Kurs auf die nächste Festung.

„Do you speak english?" - „Yes, of course!" - Das war ja toll! Fünf Minuten später wussten wir, dass wir um 20.20 Uhr mit dem Personenzug nach Castellon zurückfahren würden. Und sogar noch billiger als mit dem Bus. So konnten wir uns wenigstens eine Stunde dem legendären Stierkampf widmen...

An einem Zeitungskiosk holten wir uns erst noch Postkarten und ein paar deutsche Zeitungen, um dann an der Kasse der Arena Eintrittskarten zu kaufen. Der Anblick der Preise veranlasste uns zu einem diskreten Check unserer Finanzlage und wir stellten erleichtert fest, dass es reichte, jedenfalls für zwei der billigsten Plätze! Also kauften wir für jeweils 15,- DM Karten und zogen los, um ein preiswertes Restaurant zu finden. In erster Linie ging es nun darum, das störende Hungergefühl zu beseitigen, gleichzeitig musste viel Zeit verbracht werden. Es war erst 12.00 Uhr. Noch 7 (!) Stunden warten...

Nachdem wir etwa 20 Minuten eher ratlos durch die Straßenschluchten gezogen waren, eröffnete sich vor uns plötzlich ein parkähnlicher Platz: In der Mitte ein Springbrunnen, an den außen vorbeiführenden Straßen Banken, Restaurants, das Rathaus und die Post. Endlich saßen wir unter einer Markise an einem Zwei-Personen-Tisch und warteten auf unser bestelltes Essen: Pollo - Hühnchen mit Fritten. Die Portionen fielen reichlich aus, so dass wir es hier eine ganze Weile aushielten. Nebenbei lasen wir die Zeitungen und schrieben Karten in die Heimat.

Mit der Rechnung waren unsere freiverfügbaren Mittel am Ende. Wir besaßen nur noch das Geld für die Rückfahrt und eine gewisse Notreserve für den Fall, dass wir in Castellon ein Taxi nehmen müssten, um zum Hafen zu kommen. Kein sehr angenehmes Gefühl, praktisch mit leeren Taschen in einer Großstadt herumzulaufen.

Gegen 15.00 Uhr erreichten wir wieder den Hauptbahnhof und richteten uns dort „häuslich" ein. Viele Menschen saßen hier und warteten auf ihre Züge, die übrigens eher zu früh als zu spät kamen und bei deren Abfahrt man die Uhr stellen konnte! Der ganze Bau hatte Ähnlichkeit mit russischen Bahnhöfen: Der Fußboden gefliest, die Wände klassisch gestaltet und alles blitzsauber! Sogar vor den Toiletten war ich versucht, mir die Füße abzutreten...

Torsten brauchte die Pause. Es machte sich nun langsam bemerkbar, dass er die vergangene Nacht durchgewacht hatte. Mich aber zog es doch noch einmal raus, Postkarten einstecken und loslaufen - ich wollte unbedingt das historische Zentrum der Stadt finden! Und kam schließlich in eine Gegend alter Gemäuer: Eine große gewaltige Kirche aus der Zeit der Inquisition und ein typisches Marktgebäude, in dem wochentags die Händler ihre unterschiedlichsten Waren anboten: Obst, Gemüse, Fisch, Fleisch, Stoffe, Schuhe und und und.

In der Nähe stand auch ein Museum, wäre sicher interessant gewesen, aber leider geschlossen. Die Zeit verging wie im Flug, ich musste zurück. Auf dem Bahnhofsvorplatz steuerte ein Herr im typischen „Tramperlook" (ausgewaschene Sachen, unrasiert) direkt auf mich zu und fragte höflich, ob ich ihn auf französisch verstehe. Mehr als „NO" und den Kopf schütteln konnte ich dazu nicht. Schnell wechselte er zu Englisch über. Er habe ein Problem, müsse unbedingt mit dem nächsten Zug nach Barcelona, hätte aber nicht genug Geld dafür. Ob ich nicht... ?

„I am so sorry, Mr", ich konnte ihm doch unmöglich sagen, dass meine Finanzlage kaum besser aussah! Also meinte ich:

„I have'nt so much money with me. Sorry, I can not help you!" - Ich hoffte, ihn damit davon überzeugt zu haben, gerade jetzt leider keinen Tausender dabei zu haben, sonst wäre es kein Problem, aber dummerweise ... Hastig nickte er, bedankte sich flüchtig und lief weiter. Er hatte wohl schon den nächsten scheinbar finanzkräftigen Passanten entdeckt!

Torsten saß noch immer über den Zeitungen. Es war fürchterlich schwülwarm geworden in der Halle.

„Na endlich, ich dachte schon, du kommst überhaupt nicht wieder, hast dich womöglich verlaufen!" - „Na, das Stündchen..." - „Gute eineinhalb Stunden! Na, egal. Gehen wir?" - Während wir zum Kolosseum hinüberspazierten, erzählte ich ihm von meiner letzten Begegnung und auch Torsten musste schmunzeln. Er hatte nicht viel zu berichten, wäre nur einmal fast zusammengesunken und eingeschlafen. Die Leute hatten schon nach ihm geschaut, als er sich schließlich wieder aufraffte. Aber nun hatte das lange Warten ja ein Ende. Wir standen kurz vor DEM Ereignis der letzten 100 Tage! Also die Eintrittskarten gezückt und forsch auf die Einlasser zugegangen.

Der Kampf

Der erste Einlasser zeigte eine Treppe höher, der zweite schickte uns weiter, der dritte zeigte nach oben und - einen vierten gab es nicht mehr. Hier ganz oben wurde der Service soweit zurückgesteckt, dass es keine Einweiser mehr gab. Nun endlich saßen wir auf unserer nummerierten Sitzbank und bastelten unsere Teleobjektive und Konverter auf die Fotoapparate.

Ein langanhaltender Trommelwirbel begann punkt sieben, und das östliche Tor zur Arena wurde geöffnet. Unter dem Beifall der Zuschauer schritten die ersten drei Helfer auf die sandige Kreisfläche. Dann kamen sie, die Helden des heutigen Abends: Drei Matadore in den traditionell farbenfrohen Kleidern. Im Zentrum angekommen, deuteten sie stolz eine Verbeugung an. Währenddessen hatte ein Gespann von drei stämmigen Pferden, die lediglich eine massive Kette hinter sich herzogen, geführt von zwei weiteren Helfern die Arena im Galopp umrundet. Torsten klärte mich nebenbei auf:

„Die ziehen nachher den toten Stier heraus!" - Abschließend erschienen noch zwei Reiter auf gepanzerten Pferden. Sie waren ebenfalls bunt gekleidet und hielten, wie seinerzeit Don Quichotte, jeder eine lange Lanze an der Seite. Majestätisch zogen auch sie ihre Runde und verschwanden wieder. Mit einem mal war die Fläche leer. An der Westseite wurde ein stabiles Tor geöffnet. Durch Rufe und Klopfen machten die Helfer auf den Weg zur „Freiheit" aufmerksam. Und da kam er, der erste Todeskandidat...

Das Tier trabte bis zur Mitte und schaute sich dann erst einmal abwartend um. Jetzt erschienen die drei Helfer am Rand, jeder mit dem gleichen Abstand zu den anderen beiden, und machten den Stier durch lautes Rufen und Schwenken von roten Tüchern auf sich aufmerksam. Ohne lange zu zögern stürzte der Stier auf den ersten zu. Sofort verschwand derjenige hinter der schützenden Bande. Das Tier stutzte kurz und nahm dann Anlauf auf den nächsten. Der zeigte sich mutiger und ließ ihn erst etwas herankommen, bevor auch er hinter den Bohlen verschwand. Dieses harmlose Spielchen dauerte eine ganze Weile, so dass die Zuschauer schon begannen, ihr Missfallen durch Pfiffe auszudrücken.

Daraufhin betrat der erste der Stierkämpfer den Platz und ging dem Stier, nur mit dem Tuch bewaffnet, in kleinen „Tippelschritten" entgegen. Das Tier schaute und wartete. Der Torero musste noch näher heran, dabei das Tuch vor sich schüttelnd. Jetzt rannte el toro los - ein kleiner Ausfallschritt hinter dem hüfthohen Tuch ließ den Bullen unter dem Rot hindurchlaufen - keine zehn Zentimeter trennten die beiden in dem Augenblick. Das Publikum brach vor Begeisterung in laute „Ole"-Rufe aus und klatschte. Und auf einmal schien die Luft hochexplosiv! Alle fieberten sie mit dem Torero, der immer tollkühner zu werden schien. Er ließ den Stier wieder hart an sich vorbeipreschen und, ohne sich um das wutschnaubende Tier zu kümmern, so schien es jedenfalls, wandte er sich dem tobenden Publikum zu und verneigte sich. So selbstbewusst und sicher, als wäre er allein dort unten! Schon kam el toro von hinten angejagt. Die Menschen auf den Rängen hielten schlagartig den Atem an. Der Matador drehte sich ruhig um, sah das Tier auf sich zukommen, nur noch wenige Sätze trennten die zwei, da hielt er das rote Tuch vor sich hoch und in dem Augenblick bohrten sich die Hörner des tobenden Stieres in den Mann, oder... das Tier versuchte abzubremsen, und der Matador verneigte sich vor einem rasenden Publikum!

Nun wurde es blutiger Ernst. Wieder wurde das westliche Tor geöffnet und einer der gepanzerten Reiter wandte sich gemächlich dem gehetzten Tier zu. Dieses zögerte nur einen kurzen Moment, dann stürmte es auf die beiden zu und rammte aus vollem Lauf heraus dem Pferd die Hörner in die Seite. Während der Stier zurückwankte, als wäre er gerade gegen eine Wand geprallt, bewegten sich Pferd und Reiter so wenig wie ein steinernes Standbild. Jetzt wurde es Zeit, die Lanze mit ins „Spiel" zu bringen: Mit voller Wucht stieß der Reiter sie dem Bullen ins Genick, immer und immer wieder. Das erste Blut lief dem Tier die Flanke herunter, aber es schien davon nichts zu merken, setzte statt dessen weiter alle Kräfte ein, das Pferd von unten umzuwerfen - aber der breitbeinige

„Ackergaul" stand wie eine Statue.

Wieder begann es die erfahrenen Zuschauer zu langweilen, und sie eröffneten erneut ihr Pfeifkonzert. Nun musste der Reiter den Stier unbedingt loswerden und setzte alles auf eine Karte: richtete sich aus dem Sattel auf, hielt die Lanze in beiden Händen und stieß sie ein letztes Mal mit aller Kraft auf den Wirbel des Bullen. Jetzt zeigte der Stier eine Reaktion. Er wurde ruhig, kam aber immer noch nicht unter dem Pferd hervor. Der Reiter begann, die ins Fleisch gerammte Speerspitze auf dem Knochen hin und her zu rubbeln. Bereits nach dem dritten Mal stieß das so gequälte Tier einen Schmerzensschrei aus und ließ nach dem nächsten Mal endgültig vom Pferd ab, um wegzulaufen...

Jetzt klatschte das Publikum auch wieder und die beiden ritten dem Tor zu; sie hatten ihren Anteil zur allgemeinen Unterhaltung geleistet.

Mittlerweile standen die drei Helfer um den Stier herum, um ihn abzulenken, bis der Torero in der Mitte angekommen war. In jeder Hand hielt er einen etwa eineinhalb Meter langen Stab, und erst beim genaueren Hinsehen bemerkten wir an den Enden, mit denen er auf den Stier zielte, metallene Widerhaken! Die drei Helfer zogen sich zurück und Mensch und Tier standen sich im Abstand von 15 Metern gegenüber. Wieder näherte sich der Matador mit kurzen „Tippelschritten" dem Tier, dabei die Stäbe in Kopfhöhe haltend. Er rief und feuerte den Bullen an. Endlich machte der den Fehler, ließ sich provozieren und rannte auf den Menschen zu. Dieser sprang im entscheidenden Moment beiseite und stieß dem Tier beide Stäbe in den Nacken. Der Bulle begann sofort, sich wie wild im Kreis zu drehen, aber es half nichts, die Haken saßen fest. Inzwischen hatte sich der Stierkämpfer die nächsten zwei von der Sorte geben lassen und platzierte sie schließlich ebenfalls in der Nackengegend des Tieres. Beim dritten und letzten Paar hatte der Bulle begriffen, worum es ging, und es dauerte eine Weile, bis es dem Torero gelang, im Vorbeilaufen auch diese beiden loszuwerden. Dem so gemarterten Tier sah man die Entkräftung nun schon deutlich an.

Der Torero hatte sich das rote Tuch und den Degen geben lassen. Noch ließ er ihn in der Scheide, hängte erst mal lediglich das Tuch darüber. Ein letztes Mal begann er, den Stier zu reizen und gekonnt an sich vorbeipreschen zu lassen...

Ich habe mich bemüht, dieses Erlebnis wertfrei darzustellen.

Als Nautiker nach Australien

Dieser letzte Teil beginnt im Sommer 1995. Die politische Wende ist längst Geschichte, ebenso mein Studium. Gerade fertig geworden, freute ich mich auf eine lange Urlaubszeit, als es plötzlich Hals über Kopf losging.

Mit diesem Teil möchte ich hauptsächlich die jungen Leute ansprechen, die sich mit dem Gedanken tragen, ebenfalls den Beruf des modernen Seemanns zu ergreifen. Machen Sie sich ein eigenes Bild von den Bedingungen an Bord. Versuchen Sie, ein Bordpraktikum zu absolvieren, bevor Sie sich endgültig festlegen.

Ich habe den Beruf lieben gelernt, und irgendwann hatte ich den Punkt erreicht, sagen zu können, dass dieser Job mich wirklich erfüllt!

1. Kapitel

Nachdem der Stress mit meiner studienabschließenden Diplomarbeit überstanden schien und ich mich auf die Verteidigung derselben vorbereitete, erreichte mich ein überraschender Rückruf einer Reederei, bei der ich mich hatte vormerken lassen: umgehend sollte ich die Bewerbungsunterlagen einschicken. Also ließ ich die Ausarbeitung meines Verteidigungsvortrages für einen Tag ruhen und „zimmerte" die Bewerbungsunterlagen zusammen. Wenige Tage später beendete ich mein Studium mit einer erfolgreichen Diplom-Verteidigung und freute mich auf ein paar erholsame Wochen in Warnemünde. Gleichzeitig traf ein Brief der Reederei ein, in dem mir die Stelle als 3. Nautiker an Bord des MS „James Cook" ab Mitte Juli zugesichert wurde. So sollte ich also fast zwei Monate Urlaub haben!
Mit kleinen Verschiebungen muss unsereiner ja immer rechnen. Als ich aber am Freitag den 16. Juni nachts die Nachricht von meinen Eltern erhielt, zu Hause wäre ein Telegramm angekommen, welches mich zum kommenden Dienstag nach Singapore fliegen ließ, platzten ein für alle Mal sämtliche Urlaubsvorstellungen! Am darauffolgenden Sonnabend räumte ich den größten Teil meiner Sachen aus dem Zimmer im Studentenwohnheim ins Auto und kam abends zu Hause an. Den Sonntag über versuchte ich, mich bei allen Verwandten und Bekannten zu verabschieden, die ich erreichen konnte. Am Montag schließlich musste ich mir noch auf die Schnelle einen vorläufigen Reisepass ausstellen lassen, kaufte sogar noch einen hellen dünnen Anzug, verschiedene Hemden und andere Kleidungsstücke sowie Koffer und Handgepäcktasche. Spätabends kam ich überhaupt erst zum Packen.
Am Dienstag fuhren mich meine Eltern zu meinem neuen Arbeitgeber, den Vertrag unterschreiben. Danach ging's zum Flieger nach Bremen.
Der Flug startete 18.50 Uhr nach Frankfurt/M. Mit mir flog der 3.TO. Nach fast zwei Stunden Aufenthalt in Frankfurt begann um 22.00 Uhr der lange Flug nach Singapore. Etwa 12 Stunden später landeten wir. Ortszeit: 16.00 Uhr. Von einem Mitarbeiter der dortigen Agentur wurden wir zu einem Hotel gefahren, da unser Schiff erst am kommenden Nachmittag erwartet wurde.
Trotz der Müdigkeit, die der Flug und auch der Klimawechsel mit sich brachten, zogen wir gleich wieder los. Singapore bei Nacht: bis 22.00 Uhr sind alle Geschäfte geöffnet - und so kamen wir erst gegen 23.00 Uhr zurück ins Hotel.
An die folgenden 10 Stunden Schlaf dachte ich noch lange sehnsüchtig zurück - während des Bordaufenthaltes sollte ich nie zu mehr als 5-6 Stunden Schlaf im Stück kommen! Den nächsten Vormittag verbrachten wir ebenfalls in der Stadt, und gegen 16.00 Uhr betraten wir die Gangway der „James Cook".

Die größte Überraschung war übrigens, dass mir am Freitag mit dem Telegramm mitgeteilt wurde, ich würde als 2.NO anmustern! Da saß ich dann also schließlich in der großen Kammer des Seconds. Und während der von mir abgelöste Zweite seinen Koffer versuchte zu schließen, bemühte ich mich, meine Gedankenwelt auf das Wesentliche zu konzentrieren. Und das war die Übergabe: Fast eine Stunde lang erzählte der Pole in akzeptablem Deutsch, welch' eine Unmenge Papierkram ich zu machen hätte. Neben dem normalen Wachbetrieb habe ich den gesamten Funkverkehr, inklusive Abrechnung, das Hospital, die Bordapotheke, die Einklarierungspapiere für jeden Hafen und etliches mehr zu erledigen. Und Landgang ist nicht, da im Hafen zwei mal sechs Stunden Deckswache zu gehen sind!

Als er schließlich gegen 20.00 Uhr von Bord war, richtete ich mich häuslich ein. Doch es dauerte noch Tage, bis ich mich daran gewöhnt hatte, es als Selbstverständlichkeit anzusehen, nicht nur in der Kammer des Seconds zu wohnen, sondern es selber zu sein! Zu DDR-Zeiten wäre so ein

Sprung vom Absolventen zum II.NO undenkbar gewesen. Heute, wo als III.NO in der Regel bereits Fremdländer fahren, ist mein „Fall" keine Ausnahme mehr. Aber ich hätte überhaupt nichts dagegen gehabt, klein anzufangen - und nicht nach Kapitän, Chiefmate und Chief der 4. Mann der Schiffsführung zu sein.

Wie es der Zufall so wollte, sind fast alle Deutschen an Bord ehemalige DSR-Fahrer. Und der III.TO ist sogar aus dem Jahrgang vor mir an meiner Seefahrtsschule. Er zeigte auch gleich Bewunderung, Erstaunen und Neid, mich als Neueinsteiger in der Position des II.NO zu sehen. Denn er fährt seit einem Jahr als III.TO ohne Aussicht auf Verbesserung.

Nun kam meine erste Deckswache - diesmal aus der Sicht des verantwortlichen Deckoffiziers. Als mein größtes Handicap stellten sich meine Englischkenntnisse heraus. Nicht nur, dass mein Wachmatrose ein Kiribati war, der auch nur wenig Englisch konnte, nein, immer wieder sprachen mich die Watchmen, der Agent und andere verschiedene Leute an - und natürlich auf Englisch.

Peinliche Situationen blieben da einfach nicht aus!

Dazu kam, dass ich kaum Erfahrungen mit der Containerschifffahrt hatte. Vor Jahren bin ich als Matrose mal vier Wochen auf einem Containerschiff gefahren. Und während des Studiums habe ich einen Beleg über das Beladen eines Containerschiffes bearbeitet. Doch das sind alles recht dürftige Erkenntnisse. Und nun stand ich zwei mal sechs Stunden an Deck und sollte die Verantwortung tragen für das, was da geschah! Zum Glück war der Chiefmate immer erreichbar, außerdem vertraute ich darauf, dass nicht nur mein WM, sondern auch die Lade- und Löschgang des Hafens nicht zum ersten Mal ein Vollcontainerschiff mit 1700 Stellplätzen vor sich hatten.

Nachdem abends gegen 18.00 Uhr meine zweiten sechs Stunden beendet waren, eröffnete mir unser Kapitän, dass ich die folgende 20.00-24.00-Wache auch noch gehen würde. Da es die erste meiner Seewachen war und er auf der Brücke sein wollte (und sollte) wäre es verständlicherweise eine Zumutung, ihn für die 00.00-04.00-Wache aus der Koje zu holen. Andererseits wurde dieser Tag auch für mich eine Strapaze. Die Umstellung auf das subtropische Klima kaum überstanden, das stundenlange Umherlaufen auf dem 180 Meter langen Schiff und der wenige Schlaf zwischendurch konnten eine volle Konzentration für vier Stunden Brückenwache kaum noch sicherstellen. Aber irgendwie ging es doch. Und während ich mit dem Alten auf der Brücke stand und wir die Malakkastraße durchfuhren, kam mir der ketzerische Gedanke: ‚Es kann nur besser werden: 12 Stunden Deckswache, dann die erste Brückenwache - und die natürlich bei Nacht in einer der engsten Fahrwasser der Welt!'

Selbstverständlich herrschte hier reger Verkehr zwischen den Untiefen, so dass sich der Kapitän voll verantwortlich zeigte und ich lediglich mein Können an der Karte unter Beweis stellen musste.

Ganz anders sah es dann am kommenden Vormittag aus. Die Sicht war gut und außer einigen Fischern kaum Fahrzeuge zu sehen. Mit den Worten: „Fühlen Sie sich ruhig unbeobachtet!" verzog sich der Kapitän ins Funkschapp, schließlich ging er ganz von der Brücke, hinterließ aber die Telefonnummer, unter der ich ihn hätte erreichen können.

Und auf einmal stand ich allein auf der Brücke eines 20.000 Tonnen-Frachters. Als Matrose hatte ich bereits die Möglichkeit alle Brückeninstrumente zu nutzen, während der WO Schreibkram erledigte. Damals aber trug ich keinerlei Verantwortung, konnte zwar mit allem umgehen, musste jedoch letztendlich keine Entscheidung treffen. Nun hatte sich das Blatt gewendet, und die erste Entscheidung kam!

Zu beiden Seiten tauchten immer wieder Fischer auf, die mich nicht aus der Ruhe bringen konnten. Bis mir dann das Radar einen genau voraus anzeigte, der keinerlei eigene Geschwindigkeit hatte, links und rechts meiner Kurslinie war genügend Raum. Also musste ich „nur" entscheiden, in welche Richtung der Fischer sein Netz ausgeworfen hatte, damit ich an der anderen Seite vorbeifahre. Aber ich kam immer dichter und konnte weder mit Radar noch mit dem Fernglas erkennen, welche Seite sein Bug war. Der Abstand verringerte sich auf drei Seemeilen, auf zwei! Jetzt endlich erkannte ich, dass er begann, selber nach Steuerbord zu fahren. Da er nun aber selber Fahrt aufgenommen hatte, konnte ich unmöglich seine Fahrtrichtung kreuzen. Es wurde Zeit, höchste Zeit, auszuweichen.

Ich stellte mich ans Ruder und begann langsam nach Backbord zu drehen. Das Manöver verlief gut, und immer wieder dachte ich daran, wie einfach es doch am Simulator gewesen war. Denn dort hatte ja überhaupt nichts geschehen können. Damals war ich einer von denen, die kaum eine Fehlentscheidung gezeigt hatten, aber damals war ich auch nicht so aufgeregt! Nun ging es um das Zurückdrehen auf den rechtweisenden Kurs, da fiel mir ein weißer Körper auf, der da schwamm. Sicherheitshalber nahm ich an, es könne sich um eine Netzboje des Fischers handeln und schwenkte erst ein, nachdem dieser Körper ebenfalls Steuerbord querab blieb. Unangenehm wurde nur, dass sich mittlerweile ein anderes Fahrzeug von vorne näherte. Doch es blieb genügend Zeit und Raum, auf meinen ursprünglichen Kurs zu kommen, und somit gleichzeitig diesem Entgegenkommen auszuweichen.

Die Güte meines Manövers zeigte sich in der Reaktion des Alten, dem ich die Situation später erzählte und er nur kurz antwortete: „So? Hab' ja gar nichts mitgekriegt!"

Gestern Abend kam ich auf die Brücke, es wurde langsam dunkel und nicht ein Radar war eingeschaltet. Die „alten" Nautiker lieben scheinbar das Risiko, denn sie sind der Meinung, bei guter Sicht im freien Seeraum auf dieses technische Hilfsmittel verzichten zu können. Nun sind das schon nicht die modernsten Radars, aber immer noch besser als gar keines! Also schaltete ich eines dieser vorsintflutlichen Geräte ein, zumal ich plötzlich allein auf der Brücke stand. Der Käpt'n schaute gegen 22.00 Uhr für eine halbe Stunde herein, das heißt mit anderen Worten: Es wurde meine erste (!) selbständige Abendwache! Obwohl tatsächlich kaum Verkehr war, traute ich mich doch nicht, nebenbei Karten zu berichtigen. Und so wurde es zeitweise tatsächlich langweilig.

Ganz anders heute vormittag: wieder wenig Verkehr, der Alte saß im Funkraum und machte „faxen", während ich nebenbei eine Seekarte korrigierte. Mit der Zeit ist der Fakt, die Verantwortung für vier Stunden zu tragen, auch nicht mehr so aufregend, dass es mich hindert, andere Gedanken zu haben. Nur einmal rief der Alte: „Da knallt es gleich, ausweichen!" - Er, der bei guter Sicht ohne Radar fährt, konnte nicht wissen, dass ich den Entgegenkommer bereits seit längerem auf dem Radarschirm verfolgt hatte, und wusste, er fuhr mit seinem Kurs an uns vorbei. Tatsächlich schien es durchs Brückenfenster ab und an so auszusehen, als ob er querlaufen würde, dem war aber nicht so. Trotzdem erfüllte ich den Wunsch meines Kapitäns kommentarlos und wich aus.

Gestern Abend kam ich zeitweise ganz schön ins Grübeln! Nachdem sich der Käpt'n von 22.00 bis 22.30 Uhr mit mir unterhalten hatte, begann es spannend zu werden. Den Steuerbord-Horizont übersäten plötzlich unzählige Lichter, deren Fahrzeuge einfach nicht vom Radar erfasst wurden. Erst beim Passieren musste ich mir eingestehen, es mit kleinen, aber sehr gut beleuchteten Fischerbooten zu tun zu haben. Und da ich keinerlei Entfernungswerte aus dem Radar herausbekommen konnte, war ich also gezwungen, nach Sicht Entscheidungen zu treffen! Wer Langeweile hat, kann ja mal versuchen, bei Nacht die Entfernung zu einem einzelnen Licht zu schätzen!? Wenigstens blieb die Bb-Seite frei, so dass ich ausreichend Raum zum Ausweichen hatte.
Kurz vor Wachende bekam ich einen letzten Fischer Steuerbord voraus. Da erkannte ich im Fernglas nicht nur das weiße, sondern auch ein rotes Licht. Ich zögerte und überlegte: einerseits war ich mir sicher, wieder einen ganz langsam fahrenden Fischer vor mir zu haben, an dem ich mit meinem jetzigen Kurs vorbeikäme - doch was, wenn nicht? Ich gab mir einen Ruck, ging auf „Nummer Sicher" und wich um 35° nach Stb. aus. Eine Minute lang befürchtete ich noch, zu spät angedreht zu haben und ihn nun erst recht „mitzunehmen". Aber dann wanderten seine Lichter schnell nach backbord aus. Schließlich passierte ich ihn mit meiner Bb-Seite und atmete erleichtert auf. Später auf Kammer durchspielte ich die Situation noch einmal in Gedanken und kam immer wieder zu dem Schluß, richtig entschieden zu haben - vielleicht im letzten Moment, aber rechtzeitig!
Übrigens, als ich dann die Brücke verließ, hatte der III.NO keinerlei Fahrzeuge mehr vor sich.

Heute vormittag dann war ich die meiste Zeit allein auf der Brücke und korrigierte Seekarten. Als mich der III., der übrigens aus Manila kommt und einen 10-Monate-Vertrag hat, mittags ablöste, informierte er mich darüber, dass nachmittags um 15.30 Uhr eine „Feuer-Übung" stattfinden würde. Also ging ich nach dem Mittagessen nicht ins Bett, sondern zurück auf die Brücke in den Funkraum. Die Abrechnung des gesamten Funkverkehrs der letzten Tage seit meinem Aufsteigen lag da vor mir. Und ich möchte zu gerne erfahren, was wohl geschieht, wenn ich mich verrechne!?
Punkt halb vier gab der Chiefmate das Alarmsignal. Da mein Posten laut Feuerrolle eigentlich auf der Brücke ist - schließlich bin ich der II.NO - musste ich den Kapitän fragen, ob er etwas dagegen hätte, wenn ich mit hinunter zum Stellplatz ginge, um mir die Belehrungen des III. anzuhören.

Über die technischen und fachlichen Unterschiede zur DDR-Flotte möchte ich mich nicht äußern. Überall gibt es bei der Technik Vor- und Nachteile. Überrascht wurde ich aber von der Bereitwilligkeit unserer Kiribati-Crew, alles selber auszuprobieren: die Trage, das Atemluftgerät, den Rettungsanzug. Die deutschen (Offiziere) standen dagegen nur gelangweilt daneben - ich habe niemals einen deutschen Seemann gesehen, der sich so wie unsere fremdländischen Mitarbeiter bei einer Übung oder Demonstration begeistert gezeigt hätte.
Als eine dreiviertel Stunde später alles vorbei war, zog ich mich in meine Kammer zurück, um die ersten Briefe zu schreiben.

Zwei weitere Aspekte, an die ich mich erst noch gewöhnen muß, habe ich bisher nicht erwähnt: Zum einen ist es mir mehr als unangenehm, dass jeden Morgen, wenn ich auf Wache bin, ein Steward meine Kammer reinigt. Ich merke es kaum: Da stehen meine Badelatschen anders, das Bettzeug ist noch korrekter gelegt, als ich es schon getan habe. Der zweite Aspekt ist die absolute Selbstverständlichkeit, mit der der Alte mich als Führungspersönlichkeit akzeptiert. So gibt es für mich scheinbar keinerlei Tabus: Ich darf nicht nur, ich muß und soll sogar sämtliche Funkpost durchlesen - ich erfahre alles, was ich will, wenn ich ihn frage!
Übrigens habe ich mich tatsächlich schon dabei erwischt, meine „Freiheiten" zu genießen: indem ich mich während meiner Wache eben auch mal hinsetze! Natürlich geht das nur, wenn der Verkehr es erlaubt, aber es ist der Zustand, den ich mir als Lehrling und Matrose immer gewünscht hatte - nicht die vier Stunden Wache in der Nock zu stehen, sondern anhand aller vorhandener Technik und umfangreichen Wissens die Umgebung einschätzen zu können - und sich so auch mal für fünf Minuten auf den Stuhl des Nautikers zu setzen.
Nachdem mir der Käpt'n gestern also geradeso das alte Radar „erlaubt" hatte (das etwas modernere CAS würde sonst zu schnell wieder kaputt gehen!), hieß es heute Abend, ich solle doch einfach mitplotten, wenn ich das Radar schon nutze, um sicher entscheiden zu können. Meine erste Antwort darauf war, noch wäre es nicht notwendig. Dazu sagte er nichts, und mir kam der Verdacht, dass er bei mir Grundwissen erfragen wollte. Also tat ich uns den Gefallen und malte kleine Kreuzchen im Zwei-Minuten-Abstand auf die Radarplottscheibe. Dann merkte er, was ich tat, und ich begann halblaut vor mich hinzurechnen: Kurs und Geschwindigkeit der beiden geplotteten Fahrzeuge, Zeitpunkt und Distanz unserer dichtesten Annäherung. Auch dazu sagte er nichts, aber irgendwie bekam ich den Eindruck, er würde mich im Verlauf des weiteren Abends nicht mehr so konsequent kontrollieren. Vielmehr unterhielten wir uns wieder über alles Mögliche. Was ich ihm natürlich nicht gesagt habe war, dass ich eine ganze Weile nachmittags in meinen Heftern gesucht hatte, um diese Grundverfahren wieder komplett im Kopf zu haben. Wer ahnt denn, dass ausgerechnet ich mit Technik arbeiten muß, die bereits 20 Jahre alt ist! Langsam werde ich stolz auf meine Ausbildung, meine alten Dozenten. Sie haben uns einfach sehr vieles beigebracht, angefangen beim ursprünglichsten Handwerk bis zur modernsten Technik ...

Sonntag, d. 02. Juli - Überfahrt nach Jeddah

Die vergangenen Tage waren so anstrengend, dass ich kaum Lust hatte, noch mehr zu schreiben, als ich bereits muß! Außerdem gab es den ersten Ärger: So ließ ich den Koch in der Nacht vom 30.

zum 01. Juli telefonieren und hatte dabei völlig vergessen, dass damit nicht nur meine gerade fertig gewordene Telefonabrechnung hinfällig wird, sondern auch die Vorschußrechnung des Alten. Dementsprechende schlechte Laune hatte er am kommenden Morgen. Außerdem hatte ich den Reisebericht für den letzten Monat zu erstellen. Dass heißt, ich sollte die gefahrenen Meilen auf See und im Revier, sowie alle Zeiten dementsprechend aufaddieren. Schließlich sollten als Summe soviel Stunden herauskommen, wie der Juni eben Tage hat.

Dummerweise sah ich das nicht so genau und war der Meinung, eine Kommazahl wäre exakt genug. Als sich der Kapitän nach der Geschichte mit dem Koch etwas beruhigt hatte und das Telex mit dem Reisebericht abschicken wollte, stellte er mit einem Blick fest, dass nicht genau 30 Tage zusammen kamen! Jetzt verlor er leider die Beherrschung, brüllte mich an, schlug mit der Faust auf den Kartentisch - kurz, er tat alles, um sich den nächsten Herzstillstand zu gönnen. Schließlich saß er den gesamten Sonnabendvormittag bei mir auf der Brücke und rechnete die Stunden zusammen. Später las ich irgendwo, dass wir 24 Stunden Zeit nach dem letzten Tag des Monats zur Verfügung hatten, er aber drängelte bereits am Abend zuvor und machte sich ernsthaft fertig.

Heute nun versuchte ich die Papiere für Jeddah vorzubereiten. Es gab zwar Kopien vom letzten Mal, aber keine leeren Formulare mehr. Also hieß es, alles mit Tipp Ex zu übertünchen, um dann durch kopieren ”neue” Formulare zu bekommen. Im Durchschnitt mache ich jeden Tag zwei Überstunden für den anfallenden Papierkram, eher sogar noch mehr, da ich mich noch nicht traue, während der Wache etwas zu tun. Und schon gar nicht nachts. Dazu kommt, dass wir im Hafen zwei mal sechs Stunden Wache gehen, der III.NO und ich. Das sind prompt vier Überstunden pro Hafentag. Bei der Anzahl von Häfen komme ich bereits dadurch an die Grenze von 90 Überstunden, an die ich mich laut mündlicher Vereinbarung zu halten habe. 64 dieser Stunden kommen allein schon durch die Wochenenden zusammen. Der ”Rest” sind dann die Deckswachen - alles andere, was ich hier so mache, geschieht aus Enthusiasmus. Also, wenn sich das Arbeitsklima mit dem neuen Kapitän in zwei Wochen nicht wesentlich verbessert, die Arbeitsteilung etwas fairer wird, dann werde ich wohl über Konsequenzen nachdenken müssen!

Port of Jeddah, Saudi Arabia - 04. Juli

Ich bin mir jetzt sicher, dass bei unserem Kapitän das ”Peter-Prinzip” wirkt. Als ich gestern Abend die Papiere für Jeddah vorbereitet hatte, kam er, warf nur einen kurzen Blick auf sie und beschwerte sich sofort über die äußere Form. Ich hätte doch gefälligst alles mit der Schreibmaschine zu schreiben! Langsam wird mir die Besserwisserei zu viel, deshalb erklärte ich nur knapp - so hätte es auch mein Vorgänger getan! Natürlich musste er mit der Bemerkung:
”Ach, und wenn Ihr Vorgänger ins Feuer springt oder Fehler macht, dann tun Sie das auch?!” das letzte Wort haben. Dazu fiel mir dann einfach nichts mehr ein - hatte er mich nicht auf die Vorbildwirkung der vorhandenen Formulare hingewiesen?

Gegen 22.30 Uhr begann die Ansteuerung von Jeddah. Und natürlich kam er aus dem Meckern nicht mehr heraus: Ich hätte daran zu denken, die Anker, die Leinen, die Lotsenleiter klarmachen zu lassen; die Besatzung zu wecken, Kaffee für den Lotsen zu kochen und natürlich - das Schiff reinzubringen! Wieder kam er mir mit seinem Peildiopter und wollte unbedingt zeigen, wie gut und wichtig diese Art der Ortsbestimmung sei. Dass das einzige Feuer, welches sich uns zeigte, eine ganz andere Kennung hatte als alle in der Karte eingetragenen, verwunderte mich zwar, aber der ständige Vergleich mit den GPS-Werten gab meinen Peilungen Berechtigung. Da der Alte selber ebenfalls peilte, stellte er schnell dasselbe fest: Es gab keine Leuchtfeuer draußen, die mit denen in der Karte übereinstimmten.

Der Zeitdruck saß uns im Nacken. Das Schiff machte immer noch 10 bis 12 Knoten, links und rechts Untiefen, voraus ein Sperrgebiet, und wir hatten keine Möglichkeit der Ortsbestimmung! Es muß ihm enorm schwer gefallen sein, sich von seinen altbewährten Methoden zu trennen. Schließlich knirschte er zwischen den Zähnen hindurch: "Dann machen Sie mal mit GPS weiter!" - Nur nebenbei: GLOBAL POSITION SYSTEM arbeitet weltweit zur Zeit mit einer Genauigkeit von 100 Metern! In jeder Hand einen Zirkel konstruierte ich erst alle zwei Minuten, dann jede Minute die Orte, während der Kapitän immer wieder versuchte, irgendeinen Anhaltspunkt zum Peilen zu finden. Schließlich machten wir keine Fahrt mehr durchs Wasser und warteten auf den Lotsen.

Inzwischen war der III.NO auf der Brücke erschienen. In der Hektik hatte ich tatsächlich vergessen, meine Ablösung zu wecken. Da uns der Filipino nicht verstehen konnte, kam ein denkwürdiger Kommentar zum Abschluß:
"Das stimmt doch hier alles nicht vorn und nicht hinten, hat mich auch etwas überfahren. Aber Sie müssen aktiver werden! Anfangs haben Sie doch nur dagestanden und aufs Radar geschaut! Zum Schluß dann lief es doch ...!" - Ein Lob vom Alten, von diesem Alten. Ich wünschte noch eine gute Wache und ging schlafen.

Von 06.00 bis 12.00 Uhr Deckswache, dann geschlafen und wieder von 18.00 bis 24.00 Uhr. Langsam gewöhne ich mich nicht nur an das extrem feucht-heiße Klima, sondern auch an meine Rolle.

Bereits zum zweiten Mal passierte es mir, dass mich der Alte nach der Uhrzeit fragte. Diesmal wollte er wissen, wann wir fertig werden, und ich meinte einfach:
"Gegen dreiviertel sieben!" - "Auf Deutsch bitte!" Diese Gegenfrage kam so überraschend, dass ich ihn wohl einen Moment lang ziemlich dumm angestarrt habe. Dann begriff ich, riß mich zusammen und antwortete nach kurzem Überlegen:
"Viertel vor sieben!" - "Aha." sprach's und ging. In mir kochte es.

Der intelligente Wessi, der dem armen dummen Ossi einfach alles beibringen muß, ist nicht in der Lage, so einfache Ossi-Gewohnheiten wie die original-deutsche Zeitansage zu verstehen - will es gar nicht! Und der beschränkte Ossi denkt sogar noch um, kann schließlich beide Ausdrucksformen. Und ausgerechnet die Aufforderung "auf deutsch" bringt mich an die äußere Grenze meiner Selbstbeherrschung. Dieses "viertel vor - viertel nach" ist ja wohl eindeutig die simple Übersetzung aus dem Englischen! Immer, wenn ich an dieses Thema denke, bekomme ich Bauchschmerzen - deshalb genug davon.

Wegen zweier Kühlcontainer, die wir mit Bordmitteln nicht reparieren konnten, verschob sich unsere Abfahrtszeit von 19.00 auf 01.00 Uhr. Gegen 02.00 Uhr begann die Seereise zum Suez-Kanal.

Es überschlägt sich hier fast. Durch meinen regelmäßigen 12- bis 16-Stunden-Arbeitstag komme ich zu kaum mehr als drei bis vier Stunden Schlaf. Fast jeden zweiten Tag kann ich mir die Zeit nehmen und nachmittags noch zwei Stunden schlafen! Und bei der Menge Schreibarbeit für die Einklarierungspapiere habe ich kaum noch Lust, meine privaten Notizen fortzusetzen. Deshalb umreiße ich die vergangenen Tage nur kurz:

Wir erreichten Suez, lagen vor Anker bis der Konvoi zusammengestellt worden war und passierten dann den Kanal. Natürlich hatte ich das Vergnügen, währenddessen auf der Brücke zu stehen. Zum ersten Mal zeigte mir der Kapitän dabei, wie der Maschinentelegraf zu bedienen sei. Nun darf (!) und kann ich auch das. Schließlich machten wir in Port Said fest. Die "fliegenden" Händler, die sofort an Bord kamen, waren das aufdringlichste Volk, das ich je gesehen habe. Und verschiedene Personen schlichen durch die Aufbauten, klopften an die Kammertüren und wenn keiner "herein" sagte, versuchten sie die Tür zu öffnen, Wehe dem, der nicht abgeschlossen hatte! So stand denn auch bei mir plötzlich jemand in der Tür, sagte "sorry" und verschwand wieder.

36 Stunden später waren wir bereits auf dem Wege nach Piräus - Griechenland. Im Stillen freute ich mich darauf, mit dem III.TO nachts nach dem Festmachen an Land zu gehen. Selbst wenn die Schlafenszeit dadurch noch kürzer werden würde. Doch dann musste er das Bunkern überwachen, und ich ging doch nur in meine Koje, mit dem Vorsatz, wenn möglich am nächsten Morgen an Land zu gehen. Der Montagmorgen kam und wir saßen beim Frühstück, als der Chief sich an mich wandte:

"Wie weit sind Sie denn mit dem Reisebericht?" - "Bin ich leider noch nicht zu gekommen." - "Ich habe Ihnen das schon einmal gesagt, fangen Sie damit rechtzeitig an! Wenn der Charterer den Bericht nicht pünktlich bekommt, feuert er Sie. Dann können Sie bereits in Barcelona wieder absteigen." - Sprach's und ging. Als letzter saß ich nun vor meiner Kaffeetasse und wußte vor Staunen gar nicht so recht, was ich von dieser Vorstellung eben halten sollte. Nicht, dass mich eine Kündigungsdrohung irgendwie beeindrucken könnte, so gut gefällt es mir hier ohnehin nicht. Aber es stimmte, dass ich ihm bereits zugesagt hatte, mich darum zu kümmern. Dass er nun Existenzängste bekommen würde, konnte ich ja nicht vorhersehen.

Nach kurzem Überlegen sah ich keine andere zeitliche Möglichkeit, als auf meinen Landgang zu verzichten, auch den Nachmittags-Ausgleichschlaf zu canceln und mich gegen 12.30 Uhr, nachdem ich meine ersten sechs Stunden Deckswache hinter mir hatte, ins Funk-Office zu setzen. In gut 3,5 Stunden brachte ich den Voyage-Report auf den aktuellen Stand, erledigte noch die angefallene Funkpost, hatte dann aber keine Lust mehr, auch noch die Papiere für Salerno vorzubereiten. Für all das wagte ich nun doch mal, mir zwei Überstunden zu schreiben! Dann begann um 18.00 Uhr meine dritte Schicht: sechs Stunden Deckswache ...

Völlig fertig und erstaunlich gleichgültig geworden, legte ich mich schließlich gegen 00.30 Uhr in die Koje. 5 bis 6 Stunden Schlaf, je nachdem, wann es losgehen würde, erwarteten mich.

Salerno, Italien

Piräus verließen wir gegen 07.00 Uhr morgens. Und heute hatte ich das Vergnügen, die Straße von Messina in meiner Wache zu passieren. Natürlich war der Alte oben, und bei unserer Schiffsgröße mussten wir dann auch einen Lotsen nehmen. Der war auch tatsächlich von 08.12 bis 08.30 Uhr an Bord! So schnell hatte ich diese Passage nicht mehr in Erinnerung - aber das ist ja schon Jahre her...

Nach dem Mittagessen machte ich die Papiere für das Einlaufen fertig, dann stieg ich in die Koje, in der Gewißheit, mein erstes Anlegemanöver auf der achteren Manöverstation (oder einfacher "achtern") gegen 18.00 Uhr vor mir zu haben. Doch als ich dann um 17.15 Uhr aufwachte, waren wir schon fast fest. Der III.NO, ein Filipino, hatte wieder das Vergnügen.

Die Landschaft ist überragend, im wahrsten Sinne des Wortes: Das Städtchen klebt förmlich an den steilen Bergen, die nahezu ans Mittelmeer heranreichen. Und während alle anderen sofort an Land stürzten, absolvierte ich meine sechs Stunden Deckswache, die sogar etwas anstrengend wurden, da die Italiener mit drei Kränen gleichzeitig arbeiteten und ich mächtig hinterherlaufen musste, um den Überblick zu behalten. Dementsprechend müde verschwand ich schließlich im Bett.

Mein Wecker riß mich aus dem Tiefschlaf, doch das Telefon klingelte nicht. Warum wohl weckte mich der III. nicht?

Ich fand meinen Wachmatrosen in der Kombüse, wo er sich etwas zu essen machte. Mit erstauntem Gesicht erklärte er mir, dass der III.NO bereits seit 04.00 Uhr schlief und er mich erst gegen 07.00 Uhr wecken sollte, da ohnehin keine Lade- und Löscharbeiten bis 08.00 Uhr stattfanden. Na gut, wieder ins Bett zu gehen lohnte sich nicht, also setzte ich mich im Funkshap an die Schreibmaschine und bereitete die Papiere für den nächsten Hafen vor. Nach dem Frühstück dann begann die Decksarbeit bis um 12.00 Uhr das Schiff auslaufbereit war. Während ich wieder in meine Koje kletterte, warteten alle anderen auf den Lotsen.

Übrigens erlebte ich gestern Abend meinen ersten Drogentest, der anhand einer Urinprobe in England angefertigt werden soll. Das gesamte Führungspersonal musste dafür antreten - bei positivem Ergebnis ist derjenige gefeuert! Das beinhaltet zwar nicht mein Arbeitsvertrag, liegt aber nahe. Nun, darüber muß ich mir wohl keine Sorgen machen. Vielmehr über die Beurteilung, die der Alte über mich bei der Reederei abliefert. Überraschend fair kam er heute Abend während meiner Brückenwache hoch und begann, mir gutgemeinte Tips zu geben: dass ich selbstbewusster auftreten müsse, weniger "dumme" Fragen, gerade in Anwesenheit von Vorgesetzten stellen sollte und immer damit rechnen müßte, dass die Leute in meinem Umfeld von der Reederei über mich befragt werden würden. Sprachlos stand ich vor meinem Radar und dachte so bei mir: Und warum haben wir die Stasi abgeschafft? Die waren wenigstens nicht so offensichtlich! Möglicherweise hat der Kapitän auch leicht übertrieben, aber damit rechnen sollte ich besser nicht... Andererseits, wenn der Alte über seine Untergebenen schlechte Einschätzungen schreibt, bedeutet das für die Geschäftsführung womöglich auch, dass er als Kapitän versagt hat ... ?!

La Spezia, Italien

Das war heute ein langer und interessanter Tag! Er begann mit der Aussicht, endlich ein Anlegemanöver auf der achteren Manöverstation (ich weiß wirklich noch nicht, ob das hier und heute so genannt wird!) mitzumachen, da wir gegen 09.00 Uhr den Hafen erreichten. Doch der Liegeplatz war noch besetzt, so dass wir statt dessen vor Anker gingen. Da stand ich dann mit dem Bootsmann auf der Back und exerzierte mein erstes Ankermanöver als NO. Irgendwann früher hatte ich übrigens auch schon als Matrose das Vergnügen - damals allein! Und ich bin fast der Meinung, in alten Zeiten wurde kein Nautiker extra auf die Back zitiert. So sollte ich nun dem Alten dann angeben, wieviel Längen zu Wasser waren und wie die Kette zeigte. Ersteres nannte sich nach wie vor: 1,2,3 Schäkel am Spill oder zu Wasser. Als ich aber schließlich begann, mit meinem ursprünglichsten "Fachchinesisch" die Lage der Kette zu beschreiben, geschah folgendes: Kapitän: "Wie zeigt die Kette?" - "Zwei Strich Steuerbord voraus!" - "Wieviel Uhr: 1 Uhr, 2 Uhr, 3 Uhr?!" - Wiedereinmal hieß es, schneller umdenken, als es bemerkbar ist, also: "3 Uhr und tight!" Wobei ich bei dem letzten Wort im Stillen schon um die allgemeine Verständlichkeit fürchtete. Aber, es "ging durch". Im Nachhinein überlegte ich mir, was wohl geschehen wäre, wenn die Kette beispielsweise: "3 Strich steuerbord achterlicher als querab" gezeigt hätte?! (Für den Laien: ungefähr 5 Uhr; an der rechten Schiffsseite in Fahrtrichtung nach vorne, dort, wo das Schiff spitz zuläuft.)

Doch dann lagen wir vor Anker und warteten darauf, dass unser Liegeplatz frei wurde. Inzwischen hatte sich die Agentur über Funk gemeldet und erklärt, vor 11 Uhr würde es wohl nichts mehr werden. Schließlich wurde es 10 Uhr und Kollege Kapitän begab sich wie immer hinunter in die "Schweinchen"-Messe, in der sich die Maschinen-Offiziere zum 2. Frühstück trafen (früher hieß das Smoketime). Nebenbei bemerkt sind nur zwei West-Germanen an Bord, und trotzdem werden deren Begriffe übernommen!

Da kam über UKW der Ruf nach "James Cook"- ich also ran! Wieder der Agent. Ich lauschte angestrengt ob seines schnellen und undeutlichen Englisch, bekam mit, dass lediglich die erste Information bestätigt wurde, und dass unsere Zahnarztanforderung für ein Besatzungsmitglied klar war. Nur die Zeit musste ich nachfragen. Ich finde, mein englisches Verstehen wird besser. Doch ich werde mich in Zukunft weiterhin bemühen, so langsam zu sprechen, dass mein Gegenüber den Eindruck bekommt, einen Laien vor sich zu haben, um somit ebenfalls konzentrierter zu sprechen. Reden kann ich ja "wie ein Wasserfall", aber wenn mein Gesprächspartner dann ebenfalls so loslegt, muß ich bisher noch passen!

Erst gegen 14.30 Uhr waren wir schließlich fest. Über Walkie-Talkie hatte ich das Manöver mitgehört, um weiter zu verinnerlichen, wie es abläuft. Dann verließen auch die Behörden das Schiff und ich stürzte an Land. Ausgerüstet mit der guten alten Exa und einem 100-DM-Schein suchte ich mir den Weg durchs Terminal bis zum sogenannten Stadtzentrum. Zwischendurch fand ich eine Bank, in der ich das Geld tauschte, der Kurs lag ungefähr bei 1 DM zu 1000 Lira! Es wurde ein schöner Sommertag, und so gönnte ich mir an der nächsten Ecke den Luxus eines Speiseeises! Dann fragte ich nach einer Post.

Da die wenigsten Italiener eine andere Sprache beherrschen und mein Italienisch ebenfalls recht dürftig ist, musste ich meine Fragestellung auf das Zeigen der Postkarten beschränken, während mein Gegenüber auf einen Tabacco-Laden wies und ständig "Franko" wiederholte. Also kaufte ich im nächsten Zigarettenladen Briefmarken und warf die Post in die hier roten Briefkästen. Wenige Schritte später stand ich direkt vor dem Postamt ... Dort erfuhr ich, dass ich alles richtig gemacht hatte, und dass man nicht in der Post, sondern in einem Telekom-Laden telefonieren kann. Diesen fand ich dann auch einige Straßen weiter, und nach anfänglichen Verständigungsschwierigkeiten mit dem Angestellten stand ich schließlich in einer der Telefonzellen und wählte nach Hause durch...

Kurz vor 18.00 Uhr traf ich wieder an Bord ein, gerade rechtzeitig um meine 2. Schicht anzutreten. Wie es aussieht, werden wir erst in zwei Tagen hier wegkommen. Aber das wird sich wohl sogar noch verspäten! Völlig fertig kletterte ich schließlich mitten in der Nacht in meine Koje, erschöpft, aber glücklich, endlich einmal an Land gewesen zu sein.

Fos-Sur-Mer, Frankreich

Tatsächlich sind wir erst am Montagmorgen ausgelaufen und erreichten Frankreich innerhalb von nur 12 Stunden. So kam es denn endlich, dass ich gegen 18.30 Uhr auf der achteren Manöverstation stand, und mein erstes Anlegemanöver vor mir hatte. Der Matrose Teeta und der "Lehrling" (O/S) Teororo bereiteten die Leinen vor, dann kam das Mooringboot und die Weisung vom Käpt'n, erst die Spring, dann sofort (!) die Achterleine an Land zu geben. Die Spring ging ins Boot und wurde an Land übern Poller geworfen; die Achterleine ging raus, und ich wußte eigentlich nicht, nach welchem Kriterium ich die Wahl zu treffen hatte. Später erst fiel mir ein, dass Teeta an der mittleren Winde bereitstand und mich fragend ansah, als ich schließlich die landseitige Leine orderte. Warum nur rechnete ich nicht mit der Erfahrung dieses Mannes, der bereits seit 15 Jahren als Matrose, und seit über 7 Monaten auf diesem Schiff zur See fährt?! Die Leine war noch gar nicht an Land, da erkannte ich meinen Fehler! Es handelte sich um eine lose Leine, die über einen Spillkopf eingeholt werden musste, aber die dafür notwendige Winde war die Spring, die ich gerade an Land hatte und somit nicht auf den Spillkopf umshiften konnte. So lag die erste Achterleine überm Poller und ließ sich nicht hieven! Da kam auch schon die Stimme des Alten aus dem Quasselkasten: Zu Recht aufgebracht reagierte er auf meine Erklärung. Ich solle gefälligst zusehen, eine Windenleine an Land zu bekommen. Im Stillen dankte ich in diesem Moment Teeta, der die Lage längst erkannt hatte und sogar gleich zwei Leinen zum Boot herunter gegeben hatte. Der Dampfer klappte langsam ab, entfernte sich achtern mehr und mehr wieder von der Pier. Die Springwinde konnte es nicht aufhalten, rutschte sogar mit, obwohl ich hievte! Zum Glück dauerte es keine Minute, dann konnte ich die beiden neuen Achterleinen einholen. Durch die zwei Leinen wurde es möglich, unser Heck zügig wieder an die Pier zu bekommen.

Nun wußte ich übrigens, nach welchem Kriterium die Leinenreihenfolge zu entscheiden war: erst die festen Mooringleinen!

Mit einer ungewöhnlichen Reaktion überraschte mich später der Alte, als ich auf ihn zuging und offen zugab, einen groben Fehler begangen zu haben: Ganz ruhig, aber wohlwollend ernst antwortete er nur, ich müsse eben noch viel lernen. Wogegen er sich die Schimpftiraden des Lotsen hatte anhören können. Zumal die Situation dadurch erschwert worden war, dass wir ablandigen Wind und nur einen Schlepper zum Gegendrücken hatten ...

Den ganzen Abend brauchten wir dann, um den Ausrüstungs-LKW zu entladen. Wieder eine neue Situation: Hatte ich früher als Matrose das Zeug zu schleppen, stand ich jetzt daneben und zählte anhand der Listen die Waren nach.

Gegen Mitternacht war schließlich alles erledigt und fast alle außer dem Kapitän trafen sich spontan in der Mannschaftsmesse, um bei einem Bier den langen Tag ausklingen zu lassen. Es wurde etwas später, so dass ich erst gegen 02.00 Uhr ins Bett kam. 3,5 Stunden darauf klingelte wieder das Telefon: Auf zur nächsten 6-Stunden-Wache!

2. Kapitel

Barcelona, Spanien - 19.07.

Hier stiegen der Alte, der Chief sowie die Frau des Elektrikers ab (auf Neudeutsch "aus"). Der neue Chief ist ebenfalls ein "Ossi" - der neue Alte nicht. Der erste Eindruck von ihm war einschüchternd: Der Mann stand plötzlich vor mir, stellte sich vor und ich - musste hinauf schauen, um ihn ebenfalls zu begrüßen. Meine lichte Höhe mißt 183 cm - seine dürfte bei 10 bis 15 cm mehr liegen!
Gegen 19.00 Uhr kam der Kleinbus, um die absteigenden Personen ins Hotel zu transportieren, da nicht klar war, wann wir weiterfahren würden und der Flug in den Morgenstunden begann. Ich stand an der Gangway, verabschiedete alle, und ein beklemmendes Gefühl beschlich mich. Doch ich riß mich zusammen - Heimweh nach erst 20 Tagen schien nicht angebracht - und ging schnell wieder an die Luke.
Später lief mir unser deutscher Lehrling übern Weg, der nicht so recht wußte, was er jetzt noch tun könne, nachdem er sich in seiner Kammer eingerichtet hatte. Ich verwies ihn weiter an den Chiefmate, der wiederum schickte ihn in die Maschine, da seine Ausbildung vorerst dort stattfinden würde. Etwas ungewöhnlich ist es schon, einen deutschen "Auszubildenden" an Bord zu haben, der gerade erst seine Sicherheitskurse absolviert hat, sonst aber überhaupt nichts vom Bordleben kennt! Ich hätte nicht gedacht, so etwas mitzuerleben. Und im Stillen ziehe ich den Hut vor soviel Mut, diesen Beruf zu erlernen und im Grunde nur mit Ausländern zu tun zu haben, denn die Offiziere werden sich kaum um ihn kümmern können. Ich denke, er wird möglicherweise mächtig allein sein hier an Bord.
Aber wenigstens sitzt er nun bei uns in der O-Messe während der Mahlzeiten, und ich habe den Eindruck, der II.TO fühlt sich ein wenig für ihn verantwortlich. Fast möchte ich meinen: typisch "Ossi" ...
Gegen Mitternacht stieg ich, wie üblich, in meine Koje und freute mich, mal wieder am Ablegemanöver vorbeigekommen zu sein, da wir wohl demnächst auslaufen würden ...
Doch dann klingelte gegen 03.20 Uhr das Telefon und der Chiefmate beorderte mich auf die achtere Manöverstation! Während ich mir die Kombi (heute Overall) überzog, überlegte ich, warum wohl der III.NO ausgefallen wäre?
Achtern angekommen stellte sich dann aber heraus, dass der neue Kapitän ein anderes System bevorzugte: Der III.NO war vorn, ich achtern, der Chiefmate mit auf der Brücke - alle an Bord waren auf! Egal die Überstunden, wenn es um die Verantwortung des Kapitäns geht, muß alles nach Vorschrift laufen. Bisher habe ich beim Schreiben meiner Überstunden eher gekürzt - dieses Ablegen aber wurde festgehalten!
Über Funk kam dann eine kurze, aber präzise Einweisung: Ich war Charlie III und alles wurde auf englisch abgesprochen! An den Gedanken, dass sich Deutsche untereinander, gerade bei wichtigen

Ereignissen, in einer Fremdsprache austauschen, muß ich mich erst noch gewöhnen!
Das Ablegen verlief reibungslos. Wesentlichen Anteil daran hatten natürlich auch meine beiden
Matrosen, die mit mir so intelligent zusammenarbeiteten, als hätten wir es schon 100mal getan.
Ich gab die Weisungen von Charlie I weiter, bediente die Winden und ließ die beiden ansonsten
selbständig arbeiten; verließ mich dieses Mal konsequent auf die Erfahrung von Teeta - und es gab
keine Schwierigkeiten!

Mittlerweile sind wir auf dem Weg nach Port Said. Ein dreiwöchiger Seetörn liegt vor uns, dann
werden wir Fremantle in Australien erreichen. Endlich können wir alle etwas ruhiger treten!

Im Mittelmeer

Ein kleines Beispiel, um den Unterschied der beiden Kapitäne darzustellen: Gestern vergaß der
I.NO, mich rechtzeitig zu wecken. So kam ich erst gegen 07.45 Uhr in die Messe zum Frühstück.
Nur der Alte saß noch an seiner Back.
"Guten Morgen!" begrüßte ich ihn. "Bin etwas spät geweckt worden." - "Das macht doch nichts."

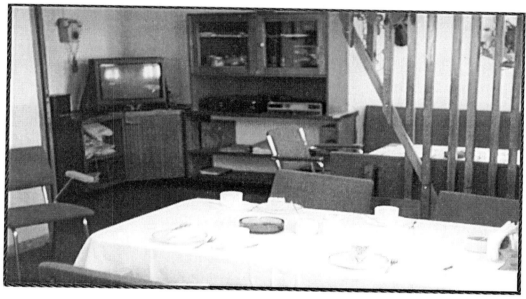

- sprach's und widmete sich weiter seinem Toast. Eine ähnliche Situation gab es vor einigen Tagen
schon einmal, der neue Chiefmate war es einfach nicht gewöhnt, seine Ablösung zu wecken!
Damals hatten weder ich noch der Alte etwas in der Messe gesagt. Aber ich bemerkte, wie er
immer wieder auf die Uhr sah. Trotz allem erschien ich pünktlich um 08.00 Uhr auf der Brücke.
Erst später erfuhr ich, dass er vor mir dort war und zum Chiefmate sagte:

"Herr Dietrich steht wohl erst um 07.45 Uhr auf?" - Doch er hatte nicht mit dem gesunden Selbstbewußtsein des neuen Chiefmates gerechnet (der übrigens auch schon als Kapitän gefahren ist) und der dann einfach zugab, mich zu spät geweckt zu haben und mir zugestanden hatte, erst in Ruhe zu frühstücken!

Kurz bevor der neue Alte heute Abend die Brücke verließ, fragte er mich:
"Und, macht die Seefahrt noch Spaß?!" - Und ohne lange zu überlegen antwortete ich spontan:
"Jetzt wieder!" - Ein kaum unterdrücktes Lachen kam daraufhin zurück. Er wünschte noch einen schönen Abend und ging.
Tatsächlich hatten wir fast den ganzen Tag an dem neuen Rechner gesessen, den wir bereits gestern im Funkraum installierten. Der Kapitän übernahm sogar den größten Teil meiner Vormittagswache, damit ich in Ruhe die Software einrichten konnte. Leider musste ich feststellen, dass Windows nicht vollständig installiert war und begann also, alles neu zu laden. Da wir aber keinerlei Softwaredisketten besaßen, musste ich erst vom PC, welcher im Maschinenbüro steht, einiges kopieren. Dabei begegnete mir der Chief, der mir sein Leid klagte, bereits alles versucht zu haben, um die Maus zum Arbeiten zu bewegen. Da ich es ebenfalls als äußerst unbequem ansah, richtete ich sie ihm ein. Ich glaube, jetzt habe ich beim Chief "einen Stein im Brett" - jedenfalls sah er richtig glücklich aus, als ich nach wenigen Minuten begann, mit der Maus zu arbeiten. Dann, nach dem Mittagessen - also in meiner Freizeit - setzte ich mich wieder an "unseren" Rechner und lud das neue Windows, wobei es aber doch wieder Komplikationen gab. Nun war ich aber wirklich etwas müde und legte mich kurz hin. Nach dem Abendbrot wollte ich die Einklarierungspapiere für den Suez-Kanal vorbereiten. Doch zuerst stand ich meinem Kapitän bei, der vor dem PC saß und recht ratlos wirkte: Nichts ging mehr, und wahrscheinlich machte er mich im Stillen dafür verantwortlich. Noch dazu hatte er der Reederei gerade ein Telex geschickt, in dem es hieß, der neue Rechner wäre installiert und würde arbeiten! Mit wenigen "Handgriffen" startete ich ihm das gewünschte Word und Excel, schlug ihm aber vor, demnächst sehr viel mehr Ordnung und Komfort in die Bedienung zu bringen. Kurz und gut, es machte wieder Spaß, zur See zu fahren!
Er hat bereits vieles selbst entworfen, um den anfallenden Schreibkram auf dem PC effektiver zu gestalten. Und als ich ihm ebenfalls einige weitere Vorschläge machte, merkten wir, dass wir wohl auf einer "Wellenlänge" liegen. Erstaunt und angenehm überrascht bin ich, einen Mann von 58 Jahren vor mir zu haben, der dermaßen flexibel und lernfähig ist. Dazu kommt wohl auch noch eine große Portion "Spieltrieb" - schließlich hat er sogar eigene Computerspiele mitgebracht!

Suez - Kanal

Gestern nachmittag gegen 15.00 Uhr erreichten wir die Reede von Port Said. Bis zu diesem Zeitpunkt saß ich wieder am Rechner und versuchte, Ordnung in das Chaos der Disketten zu bringen. Danach begab ich mich nach achtern, ein Anlegemanöver der besonderen Art stand uns bevor: Während vorn der Backbordanker geworfen wurde und zwei Steuerbord-Leinen an einer Tonne festgemacht wurden, hatten wir achtern fünf Leinen an zwei Festmachertonnen "anzubändseln". Der kurze Kommentar des Alten im Nachhinein lautete: "Es lief doch richtig gut, so fürs erste

Mal!" - Die Schwierigkeit hatte allein darin bestanden, die Leinen nicht in die Schraube kommen zu lassen!

Nun warteten wir, dass der Konvoi zusammengestellt wurde. Währenddessen saß ich wieder am Computer. Zwischendurch hatte ich die Aufgabe, Port Said - Port Control anzurufen und nach unserer Startzeit wie auch der Startnummer zu fragen. Ich war allein auf der Brücke (ein wesentlicher Aspekt denke ich, um relativ unbefangen an eine neue Herausforderung zu gehen!) und erfuhr so auch relativ problemlos, dass wir die 5. im ersten der beiden Konvois sein sollten und der Lotse um 00.40 Uhr an Bord käme.

So warfen wir gegen 02.00 Uhr die Leinen los und der Nord-Süd-Konvoi setzte sich in Bewegung. Um 09.00 Uhr erreichten wir den Großen Bittersee und ich absolvierte mein 2. Ankermanöver. Anschließend machten wir Bootsmanöver, d.h. wir ließen uns erst im Bb- dann im Stb-Rettungsboot zu Wasser, fuhren eine Runde ums Schiff, und versuchten dann, alles wieder in die alte Lage zu bringen. Es ist schon ein Unterschied, ob man so ein Boot zu Übungszwecken während eines Lehrganges fährt, oder wie hier unter der Verantwortung für 10 Leute! Aber der Chiefmate stand mir hilfreich zur Seite. Auch er sah es als persönliche Auffrischung aller Kenntnisse an, machte sich im Nachhinein sogar Vorwürfe wegen einer Unmenge Fehler, die er getan hätte, ich jedoch überhaupt nicht bemerkt hatte.

Völlig durchgeschwitzt waren wir alle, als wir schließlich beim Mittagessen saßen. Kein Wunder, bei 32 Grad C im Schatten!

Gegen 18.00 Uhr verließen wir den Suez-Kanal und gaben den Lotsen ab. Als ich dann zwei Stunden später auf der Brücke erschien, hatte sich die große Anzahl von Schiffen noch immer nicht aufgelöst, so dass der Kapitän weiterhin auf der Brücke blieb. Während der nun folgenden vier Stunden hatten wir beide viel zu tun. Nach einer bereits gewohnten, kurzen aber präzisen Absprache zwischen uns beiden hatte ich die Navigation an der Karte zu besorgen – und zwar im 5- bis 10-Minutentakt, so dass wir immer ganz genau wußten, wo wir uns befanden; während er die Kollisionsverhütung betrieb. Es klappte auch wunderbar, merkte ich jedenfalls an seinen Reaktionen: Meinte er anfangs, er würde ab und an ebenfalls Orte machen, und wenn es Differenzen gäbe, solle ich ihn ohne Scheu darauf aufmerksam machen - schließlich würde er auch Fehler machen können. So sagte er nach zwei Stunden plötzlich:

"Ich verlaß mich voll auf Ihre Navigation!" - "Ich weiß ..." Was sollte ich sonst darauf antworten, schließlich tat ich nichts anderes, als wenn ich allein wäre. Keinesfalls verließ ich mich darauf, dass er einen Fehler von mir bemerken könnte - ich durfte einfach keinen machen! Das war zu wichtig in diesem stark befahrenen engen Verkehrstrennungsgebiet.

Gegen 21.00 Uhr klingelte das Satellitentelefon und der Alte ging ran, da wir noch ein Fax erwarteten und horchte in den Hörer, um das quietschende Geräusch des sendenden Faxgerätes mitzubekommen. Doch ich hatte eine Ahnung ...

"Ja, das ist die James Cook!" begann er. "Sie wollen Herrn Dietrich sprechen?! Einen Augenblick ... " sprach's und reichte mir den Hörer. Diese Fähigkeit ist also über all die Jahre hinweg nicht verloren gegangen: Meine Mutter und ich "ahnen", wenn der andere sich meldet. Ich musste das Gespräch abkürzen, da es die Verkehrslage nicht erlaubte, den Kapitän lange allein zu lassen. Dennoch erfuhr ich, dass meine Eltern am Tag zuvor den Polarkreis in Finnland überschritten hatten. Wieder zeigte es sich, wie nützlich ein Funktelefon sein kann.

Ab 23.00 Uhr wurde es ruhiger, so dass der Alte und ich ein wenig ins Erzählen kamen. Ich erfuhr, dass er im Urlaub Radarlehrgänge gibt und Mitglied einer Nautischen Kameradschaft ist. Daraufhin gab auch ich mich als Poseide zu erkennen, und mit einem Lächeln meinte er: "Da sind wir ja sogar Kneipbrüder!" - Tatsächlich ist das ein besonderer Umstand, der uns sogar das "Sie" ersparen könnte. Wobei das im Dienstverhältnis in der Regel vermieden wird. Trotzdem rutschte ihm seitdem immer häufiger das "Du" heraus.

Ziemlich erschöpft fiel ich schließlich in meine Koje, im Bewußtsein, morgen wieder einen angenehmen Tag zu erleben ...

Im Roten Meer

Heute nachmittag trat für mich zum ersten Mal der Zustand ein, dass ich akut nichts zu erledigen hatte und auch nicht müde war. So gönnte ich mir den Luxus und setzte mich bei einem Bier in die Offiziersbar, um ein Video zu sehen. Seit vier Wochen wieder fernsehen! Anschließend legte ich mich für zwei Stunden hin und nach dem Abendbrot öffnete ich erst die Kantine, dann begann ich, die neu eingetroffenen Medikamente in die Bordapotheke einzusortieren. Ich habe noch nicht erwähnt, dass mir der Alte angeboten hatte, für 5% des Umsatzes die Kantine, den "Krämer-Laden" an Bord, zu DSR-Zeiten auch "Transitausgabe" genannt, zu übernehmen. Natürlich hatte ich zugesagt. Nicht nur, weil sich mit dem Erlös meine eigene Bordrechnung begleichen lassen würde, sondern auch, weil ich dann selber für die Zahlen zur Einklarierung in verschiedenen Häfen verantwortlich war, und nicht einem Dritten hinterherlaufen (und vertrauen) musste!

Black out

Vormittags bastelte ich aus einem leeren Zigarettenkarton eine Sichtblende für das ARPA-Radar, da dieses "Tageslichtgerät" absolut überfordert schien. Der Alte zeigte sich begeistert und so ließ ich den Karton schließlich noch vom Bootsmann komplett schwarz anmalen.

Nachmittags gönnte ich mir wieder einen Film und zwei Stunden Schlaf. Wie jeden Tag, löste ich den Chiefmate für sein Abendessen ab. Weit und breit war lediglich ein Fahrzeug zu sehen - und das kam uns an Backbord entgegen, um nach Steuerbord hinüberzuqueren. Da fragte mich der Erste, was ich tun werde. Und ich besah mir die Sache, erkannte, dass der andere noch über 8 sm entfernt war und das ARPA mir einen Passierabstand von gerade mal 0,3 sm vorausberechnete. Also meinte ich, ich würde um ein paar Grad nach Backbord Raum geben.

"Um Himmels willen!" - rief er sofort. "Machen Sie so was bloß nie! In dem Moment, in dem Sie nach Backbord ändern, schert der womöglich zu seiner Steuerbordseite aus, um laut Vorschrift auszuweichen!" - Ich nickte, selbstverständlich hatte er recht. Aber zum einen ist der Abstand jetzt noch groß genug, um nötigenfalls selber wieder nach Steuerbord zu drehen, andererseits ist kaum zu erwarten, dass der andere noch ausweichen wird, wenn er sieht, selbst mit einfachster Technik, dass durch mein Manöver keine Kollisionsgefahr mehr besteht.

Er ging zum Essen hinunter, und ich tat ihm den Gefallen, mich strikt an die

Kollisionsverhütungsregeln zu halten. Also behielt ich stur meinen Kurs bei, nahm mir aber vor, spätestens bei einem Abstand von 2 sm stark nach Steuerbord wegzudrehen. Als wir uns auf 4 sm angenähert hatten, erkannte ich deutlich, wie mein Gegenüber begann, nach seiner Steuerbordseite auszuweichen. Ich stand an meinem ARPA und dachte: "Du armer Kerl, hast keine solche Technik an Bord und das einfache Radar zeigt dir nur eine stehende Peilung. Darum weißt du nicht, dass es mit 300 bis 400 m Abstand klappen würde! Und nur weil ich auf meine Pflicht als Kurshalter bestehe, mußt du jetzt einen riesigen Haken schlagen ..." - Durch die schnelle und große Kursänderung verlor er wohl stark an Geschwindigkeit. Und so kam es, dass er bei 2 sm Abstand erst einen achteren Passierabstand von 3 Kabel erreicht hatte - derselbe, den er gehabt hätte, wenn er einfach geradeaus weiter gefahren wäre! Nun ging ich doch ans Ruder und gab etwas Raum, indem ich ebenfalls nach meiner Steuerbordseite auswich. So erreichten wir schließlich einen Passierabstand von 0,8 sm - mehr als genug. Als alles vorbei war kam der Chiefmate wieder.

Nach meinem Abendbrot öffnete ich wieder die Kantine und sortierte anschließend die restlichen Medikamente ein, so dass ich bis zu meiner Wache genug zu tun hatte.

Ich kam auf die Brücke und der I. übergab mir eine Situation, in der es eigentlich nur noch vernünftig war, nach Backbord auszuweichen, um so an den beiden Mitläufern an Steuerbord, die einen Entgegenkommer durchlassen mussten, vorbeizukommen. Die Alternative für uns war eine gigantische Kursänderung nach Steuerbord, um hinter die beiden Mitläufer zu kommen.

Der Alte befand sich ebenfalls auf der Brücke, und ich stand nun am Radar und konnte mich nicht entscheiden. Er muß gemerkt haben, in welcher Zwickmühle ich mich befand. So meinte er halblaut zu mir, ohne dass der Chiefmate es hören konnte:

"Ändern Sie jetzt um 10 Grad nach Backbord, dann geht doch alles klar!" - Ich tat es, und natürlich ging alles glatt. Anmerken möchte ich an dieser Stelle, dass die Internationalen Kollisionverhütungsregeln lediglich bei schlechter Sicht vorschreiben, nur nach Steuerbord auszuweichen. Ansonsten ist es mehr eine Empfehlung, die aber ein Raumgebemanöver zur Backbordseite nicht ausschließen! Als der Erste dann von der Brücke ging, bemerkte der Kapitän: "Man merkt, dass der Chiefmate ein Kümo-Fahrer ist: Immer bis zum letzten Moment heranfahren und dann Haken schlagen ..." - Ich wollte kurz die Episode vom Abendessen erzählen, um mein Zögern zu erklären, aber er winkte nur ab. Der Erste hatte ihm gleich alles erzählt. Und wieder merkte ich, dass wir dieselben Einstellungen hatten.

Die Situation war schließlich soweit geklärt, dass wir den letzten der beiden Mitläufer Steuerbord querab hatten. Wir unterhielten uns, als plötzlich alles ausging! Mit einem Schlag erloschen alle Lichter auf der Brücke, das gleichtönige Geräusch der Hauptmaschine verstummte - und Ruhe umgab uns.

"Das - ist ein klassischer Black-out." - vernahm ich die völlig ruhige Stimme meines Kapitäns. Dann schalteten sich die Notversorgungssysteme ein und alle Alarme, die wir hier oben so bekommen können, meldeten sich. Während wir beide damit beschäftigt waren, die Alarmhupen auszuschalten, erklärte er seelenruhig:

"Und jetzt schalten Sie die zwei roten Lichter ein und die Topplichter aus. Dann bitte die Notbeleuchtung einschalten. Und kontrollieren Sie, ob die roten Lichter auch leuchten." - Ich also raus in die Nock, sie brannten.

In dem Augenblick, als ich die Brücke wieder betrat, ging ein zweites Mal alles aus. Nur unsere Taschenlampen leuchteten noch. Selbst die roten Fahrtstörlaternen, die ja über die Notstromversorgung liefen, waren wieder aus. Später erfuhren wir vom Chief, dass dies der Augenblick gewesen sein muß, als endlich der Notstromdiesel per Hand angeworfen wurde (der sich in solchen Fällen eigentlich automatisch dazuschalten soll) und die Umschaltung von den Batterien auf eben diesen Diesel nicht ganz reibungslos verlief. Das Ganze dauerte keine drei Minuten, dann hatten wir wieder die normale Stromversorgung. Kreiselkompaß, GPS und Standard C-Funkanlage konnten sich selber wieder anpassen. Die Radargeräte und das Satellitentelefon mussten neu justiert werden. Der von uns überholte an Steuerbord meldete sich über UKW und fragte, was los sei. Der Alte erklärte kurz die Lage und dass wir jetzt wieder alles unter Kontrolle hätten. Während er sich dann ans Einstellen der SAT-Anlage machte, nahm ich mir die Radars vor, wobei ich für das vorsintflutliche ARPA im Handbuch nachschauen musste. Schließlich hatten wir wieder die gewohnte Lage auf der Brücke und ich merkte, wie die Anspannung nachließ.

"Sehen Sie, wie gut es war, einen ausreichenden Passierabstand zu haben?!" - Ich nickte und er sprach weiter:

"Auf den Schreck muß ich jetzt erst mal ein eiskaltes alkoholfreies Bier trinken." - "Ich habe gerade einen Tee angesetzt, aber es ist natürlich Ihre Entscheidung!" – „Wirklich! Dann komme ich gleich wieder, will nur mal sehen, wie mein Rechner das Ganze überstanden hat!" - Natürlich hatte dieses System ebenfalls keine Probleme, neu zu starten. Als wir dann gemütlich unseren Tee tranken, begann er :

" ... und ich werde Sie fürs nächste Mal anfordern, dürfte ja mit unserem gemeinsamen Urlaub so hinkommen ... " - Überrascht antwortete ich:

"Würde mich auch freuen, wenn es klappen könnte!" - Schließlich kam noch der Chief schulterzuckend auf die Brücke. Er konnte sich weder den Totalausfall noch das Versagen des Notstromdiesels erklären! Ich will's ja nicht heraufbeschwören, aber eigentlich fehlt uns nur noch ein Ausfall des GPS oder des Kreisels. In beiden Fällen werden wir sofort um Jahrhunderte zurückkatapultiert! Aber an diesem Abend geschahen keine weiteren Katastrophen, so dass ich schließlich dem III. eine "Gute Wache" wünschen konnte.

Unterwegs

Die letzten Tage verliefen so ruhig und geregelt, dass ich die Bücher und Videos für mich wieder entdeckte. Ich verschlang jeden Tag ein Buch und nachmittags ein Video nach dem Bad im Swimmingpool. Dazwischen viel Schlaf und die obligatorischen 8 Stunden Brückenwache.
Gestern nun kramte unser "Reiseleiter" den Formularblock für die Wettermeldungen, Wetter-Observation, kurz Obse, heraus. Und nachdem ich mich heute vormittag fast eine Stunde durch die Codierung der Temperaturen, der Wolken, Wind, Strömung und vieles mehr geackert hatte (schließlich ist das Studium dieser Thematik auch schon 1,5 Jahre her), stand ich abends nicht nur vor der Aufgabe, die Beobachtung ins Formular einzutragen, nein, ich musste es auch als Telex abschicken. Eine grobe Anleitung dazu hatte der Käpt'n hinterlassen, aber sie war leider nicht ganz eindeutig, so dass ich mehrere Versuche starten musste.
Schließlich glaubte ich die Meldung abgesetzt zu haben, obwohl keine Quittierung des Empfängers erschien. Da ich aber nicht noch mehr Geld dafür verschwenden wollte, ließ ich es sein und widmete mich wieder meinen eigentlichen Aufgaben: Schiff fahren und Tee trinken! Da klickerte der Fernschreiber doch noch einmal los und ich las auf dem Monitor:
"We have recieved your OBS-Message, any more?" - Ich überlegte kurz, wie ich wohl antworten könnte, ob ich nun die gesamte Sendeprozedur durchziehen müßte oder ...
"No, thank you" - tippte ich einfach ein und tatsächlich kam prompt die Antwort:
"OK. BiBi!" - Tatsächlich funktionierte dieses System wie ein Computerinternet, und ich konnte mir ein Schmunzeln über die Schreibweise des "Bye-Bye" meines Gegenübers nicht verkneifen.
Als der III. dann zu meiner Ablösung auf die Brücke kam, ließ ich mir den Sendevorgang komplett erklären.

Am Äquator

"Und ... machen wir eine kleine Feier?!" - fragte ich mittags meinen Kapitän.
"Es ist ja nichts vorbereitet" - bedauerte er. "Auf der Rückfahrt werden wir aber eine Taufe durchziehen!" - Kurz darauf in der O-Messe verkündete er:
„Gegen 15.00 Uhr werden wir den Äquator überqueren. Es wird durch ein Klingeln der Alarmanlage und des Typphons angezeigt. Ich schlage vor, wir treffen uns dann zu einem Bier auf dem Palaverdeck, ok?!" - Zustimmendes Nicken ringsherum bestätigte dem Alten, dass seine Offiziere trotz der intensiven Beschäftigung mit ihrem Mittagsmahl seine Information zur Kenntnis genom-

men hatten.

Ich blieb extra vor dem Video sitzen, bis um genau 15.33 Uhr die Alarmanlage das Passieren der Nullinie ankündigte. Erstmals sah ich die gesamte Besatzung beisammen. Lediglich der III. NO fehlte - einer musste schließlich nach vorne sehen! Feierlich erhoben wir die Flaschen und stießen auf einen guten Verlauf der Reise an! Es war nicht das erste Mal, dass ich den Äquator überquerte, aber wie lange war das schon her?!

Kleine Gespräche hatten sich ergeben und spät erst trennten wir uns wieder.

Mitten in der Nacht klingelte während meiner Wache das Telefon. Meine Eltern. Sie befanden sich immer noch in Finnland nahe dem Polarkreis - und ich am Äquator!

Nach der Wache kam ich spontan auf einen Gedanken: Ich zog mich aus, wickelte mir das Badetuch um und ging leise, um niemanden zu wecken, zum Pool. Dann lag ich im Dunkel der sternenklaren Nacht auf dem Rücken treibend im 30 Grad warmen Seewasser unseres Schwimmbades und genoß den Augenblick völliger Unbeschwertheit - geistig wie auch körperlich! Und während ich in den sternenübersäten Himmel über mir blinzelte (es schaffte doch immer wieder ein Tropfen des hochsalzigen Wassers, mir ins Auge zu kullern) entdeckte ich das "Kreuz des Südens". Dass ich es wiedersah, dass ich überhaupt wieder an Bord eines Schiffes war, hatte ich vor gut zwei Monaten selber nicht einmal gewollt! Ich hätte womöglich auch jetzt darauf verzichten können - aber ein gutes Gefühl war es trotzdem. Vielleicht gönne ich mir in Zukunft doch ab und zu mal eine Seereise als Nautiker - nur so aus Spaß!

Probezeit

Chiefmate und Kapitän befanden sich vormittags bei mir auf der Brücke. Gerade hatte ich die beiden gebeten, sich meinen Stundenzettel anzusehen, der für den vergangenen Monat abgerechnet werden sollte.

"Ich komme nämlich auf 130 Überstunden, und dabei habe ich noch abgerundet!" - "Ja, und" meinte der Alte. „Wenn Sie die auch gemacht haben, gibt es doch keine Diskussionen!" - "Mir wurde vom Personalchef nahegelegt, nicht über 90 zu kommen - und noch bin ich in der Probezeit ..." - Da schaltete sich der Chiefmate ein:

"Ach was, wenn Sie gearbeitet haben, müssen Sie dafür auch bezahlt werden!"

Inzwischen hatte sich der Alte meinen Stundenzettel gegriffen und begann, einen Kommentar zu schreiben. Schließlich wurde er fertig und ließ mich lesen:

"Die Überstunden waren notwendig und nicht vermeidbar." - "Und wie lange Sie auf Probe sind, entscheiden wir hier an Bord!" erklärte er wie selbstverständlich. "Ich muß schließlich der Reederei faxen, ob Sie gut sind oder nicht!" - Ich nickte verstehend und hoffte einfach das Beste.

"Wir haben übrigens einen kleinen "Anschlag" auf Sie vor!" - Ich sah ihn erwartungsvoll an, und nach einem kurzen Blickwechsel mit dem Chiefmate erklärte er: "Da wir in Sydney etwas länger liegen, bietet es sich an, dass Sie dort mit dem III. wieder die Wache tauschen und Sie endlich Ihre Wache als II. gehen, wie es sich gehört! Ich halte Sie durchaus dafür geeignet, und wenn's doch mal Probleme gibt, klingeln Sie mich einfach an! Okay?!" - Die Überraschung war gelungen. Sprachlos brachte ich lediglich ein "Okay" und "Danke" heraus. Obwohl ich ganz gern die 8-12-

Wache gehe. Als ich das den beiden sagte, waren sie die Überraschten. Und der Erste meinte: "Das ist doch die beste Wache, keiner kann Sie stören!" - Und der Kapitän bot etwas zögernd an: "Sprechen Sie mit dem Dritten, vielleicht gefällt es ihm ja so auch besser?! Aber Vorsicht, die Filipinos lächeln einfach und sagen "ja" ohne zu murren - also mit ein bißchen Diplomatie!" - - - Sydney erreichen wir in zwei Wochen und ich denke, dann wird meine Probezeit endgültig als abgeschlossen angesehen werden.

Und womöglich ist es doch klüger, die alten Wachregeln nicht umzustoßen. Ich werde mich wohl damit anfreunden müssen, die "Hundewache" zu gehen!

Abends fragte ich meinen Matrosen Teeta, ob er nicht mit mir Tischtennis spielen würde. Er sagte zu, aber ich war mir nicht sicher, ob er es tat weil er es wollte, oder weil ich sein Vorgesetzter war. Doch ich verdrängte diesen Gedanken. Schließlich bemühte ich mich ständig, nicht den "Befehls- haber" heraushängen zu lassen. Und so wurde die Zeit zwischen Abendbrot und meiner Wache richtig schön. Auch Tischtennis hatte ich schon lange nicht mehr gespielt, aber nach kurzer Zeit kamen die alten Tricks wieder zum Vorschein. Und Teeta war ein guter Spieler, so dass wir uns schließlich gegenseitig von Ecke zu Ecke scheuchten...

40 Meilen bis Australien

Es ist kurz nach Mitternacht. Ich sitze in meiner Kammer und höre australische Radiosender (end- lich wieder störungsfreier- und UKW-Empfang!) Musik spielen. Nach 18 Tagen - seit Barcelona - Seereise endlich wieder in der Zivilisation angekommen. In wenigen Stunden werden wir in Fremantle einlaufen. Hätte gar nicht gedacht, dass es mich so begeistern würde:

ich bin in AUSTRALIEN.

Wenige Stunden später weckte mich mein Telefon und um 06.00 Uhr stand ich achtern, um das Anlegemanöver mitzugestalten. Als wir dann fest waren, blieb noch genügend Zeit, um die durch den Agenten an Bord gebrachte Post in Ruhe zu lesen und dann zu frühstücken. Gegen 07.30 Uhr begannen die Löscharbeiten. Ich genoß die Minuten, in denen ich mal kurz australischen Boden betrat - auch wenn's nur zum Ablesen der Tiefgänge war! Nach dem Mittagessen wäre ich sehr gerne in die nahegelegene Stadt gelaufen, aber leider regnete es schon den ganzen Vormittag, und eben kam auch noch eine Sturmwarnung herein, die uns veranlasste, alle Leinen an Land zu geben und sogar den Anker zu Wasser zu lassen!

Wäre schöneres Wetter gewesen, hätte ich sicherlich keine Rücksicht auf mein Schlafdefizit genommen, so aber zog ich es vor, meiner Koje den Vorrang zu geben.

Der Wind wurde zwar nicht stärker, aber es regnete bis spät in die Nacht. Mit Kurs auf Melbourne verließen wir diesen Hafen am kommenden Morgen, und ich in der Hoffnung, dort womöglich an Land zu kommen ...

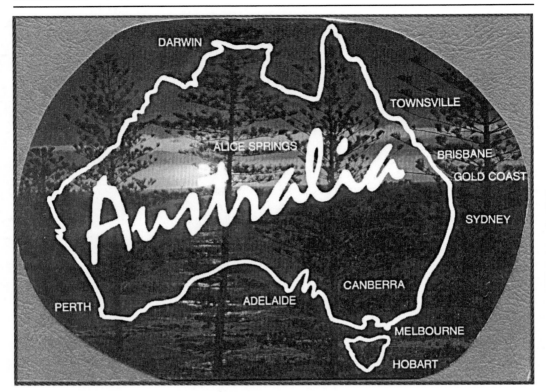

Vertauschte Rollen

Eines Abends fragte ich meinen Wachmatrosen, ob er nicht studieren wolle, da er nun schon so lange zur See fährt. Und als er das bejahte, versprach ich, ihm einiges zu zeigen. Und so fand ich mich plötzlich in einer Situation wieder, die ich bereits kannte! Nur dass ich jetzt derjenige war, der erklärte. Und in mir stiegen ständig die Erinnerungen an die Menschen hoch, die mir die ersten Grundlagen der Navigation vermittelt hatten. Mit Wehmut dachte ich vor allem an den Chiefmate des Ausbildungsschiffes "Störtebeker" der ehemaligen IHS.
Kapitän A. und ich verbrachten damals, ich war gerade mit der Lehre fertig, interessante Wochen indem wir unsere gemeinsame 4-8-Wache, er als Nautiker und ich als sein Wachmatrose, dazu nutzten, mich in die "Geheimnisse" der praktischen Navigation einzuweihen! Diese Erfahrungen machten sich nicht nur beim späteren Studium bemerkbar, auch heute noch nutze ich einige der "Tricks", die er mir gezeigt hatte. Damals ging es so weit, dass ich den eigentlich an Bord auszubildenden Studenten praktisch einiges voraus hatte. Ganz zu schweigen von meinen darauffolgenden Fahrten als Matrose.
Einmal noch mal nur Wach-Matrose sein und keine Verantwortung tragen müssen - diesen Wunsch erfüllte ich mir heute Abend, scheinbar, mit den Worten:

"Okay, we change our function! You are the Watchofficer and Im Your AB-man now!" - Demonstrativ verließ ich die Brücke und stellte mich in der Nock dem 12 Grad kalten Fahrtwind. Teetas stolzes Lächeln überzeugte mich davon, ihm so genau das Vertrauen dargestellt zu haben, das er brauchte, um in aller Ruhe die Position in der Karte einzutragen. Es ist eine einfache Übung, Länge und Breite vom GPS-Empfänger abzulesen und in die Karte zu übertragen. Und selbstverständlich wußte ich, wo wir waren, außerdem hatten wir freien Seeraum (und der Alte hatte angekündigt, nicht mehr auf der Brücke zu erscheinen). Ich sah Teeta von draußen zu, wie er konzentriert über der Seekarte gebeugt stand und versuchte, sein neues Wissen möglichst gut anzuwenden. Wieder musste ich zurückdenken: So also stand ich damals an gleicher Stelle - und so ähnlich hatte sich vielleicht auch "mein" Chiefmate gefühlt ...

Nach einer Weile ging ich zum Kartentisch, und nicht ohne Stolz zeigte er auf das sorgfältig gezeichnete Kreuz auf unserer Kurslinie. Mit möglichst selbstverständlichem Gesichtsausdruck meinte ich "OK" und erklärte daraufhin, wie er nun unsere Geschwindigkeit herausbekommen könne. Immer wieder bestätigte mir sein Verhalten, dass er keineswegs dumm war, ich wunderte mich nur, dass er während seiner 15jährigen Seefahrtszeit nie etwas Derartiges mitbekommen hatte - aber das lag wohl weniger an ihm ...

Dass er sich schließlich bedankte, schmeichelte schon ein wenig, als er aber begann, jede neue Erkenntnis mit einem "Thank You!" zu erwidern, wurde ich doch etwas ungemütlich: "Its OK! Forget it!" - Ich wollte nicht mit meinem Unterricht aufhören, nur weil er sich das ständige Bedanken nicht verkneifen konnte!

Wie es der Zufall wollte, kam der Alte heute Nachmittag auf ein ähnliches Thema zu sprechen: "Das wäre doch auch noch ein Job für Sie! Mitsamt der Familie nach Kiribati ziehen und dort an der Seefahrtsschule, die von Hamburg-Süd betrieben wird, Nautiker ausbilden. Immer wieder werden dafür Leute gesucht! Und Sie bekommen das Gehalt eines Chiefmates." - "Verlockendes Angebot - wo die Lebenshaltungskosten dort auch noch geringer sind als zu Hause!" antwortete ich und dachte: Schade, wäre wirklich interessant, aber erst mal habe ich andere Vorstellungen. Übrigens frischte unser Chiefmate heute Abend mein Wissen über astronomische Kompaßkontrollen auf ... und so schließt sich der Kreis wieder, mit dem Unterschied, dass ich ihm dafür die Angst vor dem Computer nehme ...

Melbourne

Mitten in der Nacht, um 02.40 Uhr, um genau zu sein, klingelte mich wieder mein Telefon wach und der III. informierte mich kurz und knapp:

"20 minutes to station!" - So fand ich mich also um drei Uhr auf der achteren Manöverstation und sah mich ziemlich allein gelassen. Kein Wunder, ich war zu früh geweckt worden, und erst weitere 20 Minuten später kamen meine Matrosen müde angeschlurft. Ich ärgerte mich jetzt schon über diese verlorene halbe Stunde Schlaf, aber es sollte während des Tages noch schlimmer kommen! Das Anlegemanöver verlief ruhig und zügig, trotz wiederholter Verständigungsschwierigkeiten durch meine mangelnde Übung im verstehenden Englisch. Bis der Alte schließlich doch wieder deutsch mit mir sprach ...

Trotzdem meinte er, als wir uns kurz darauf übern Weg liefen: "War doch astrein!"
Um halb fünf lag ich endlich wieder in meiner Koje und nahm eine Mütze Schlaf. Um 07.00 Uhr stand ich bereits an Deck und beobachtete den Löschbeginn der Hafenarbeiter. Während des Vormittages entwickelte sich das Wetter zu einem sonnenklaren Tag, so dass ich mich entschloß die Müdigkeit zu ignorieren, um mit Teeta und einem Fitter (früher Maschinen-Assistent "Assi") namens Taitai, ins Stadtzentrum zu fahren. Ich nahm mir vor, gegen 15.00 Uhr an Bord zu sein, um doch noch etwas schlafen zu können.
Aber der Vorsatz musste einfach gestrichen werden. Nach einer 15-minütigen Taxifahrt standen wir inmitten einer lebhaften Großstadt, da hier jeden Tag, also auch Sonntags, alle Geschäfte geöffnet sind. Ich war auf der Suche nach einer preiswerten Übergangsjacke, fand aber nichts, was mich auf Anhieb begeisterte. Schließlich kaufte ich mir drei bespielte Musikkassetten, glücklich, da ich in den vergangenen zwei Monaten meine mitgebrachten sieben Kassetten einfach schon zu oft gehört hatte - und der Radioempfang wie gesagt stark zu wünschen übrig ließ!
Fast bin ich geneigt zu behaupten, Melbourne ist eine Großstadt wie jede andere auch, nur dass wir drei darauf achten mussten, was wir sagten, denn hier sprechen alle anderen auf der Straße auch Englisch!
Hatte ich erwartet, hier nur sonnenwettergebräunte Ranchertypen und wunderschöne Ladies zu sehen, wurde ich enttäuscht: Die meisten der multinationalen Bevölkerung sahen blaß aus, unscheinbar, als wären sie krank. Es wäre wohl spekulativ anzunehmen, dies läge am Ozonloch, welches über dem australischen Kontinent schwebt! Während unseres langen Stadtbummels, der

immer wieder hinausgezögert wurde, weil jeder von uns an einem anderen Geschäft stehen blieb (in Zukunft werde ich allein losziehen!), bediente ich mich einer der zahlreichen Telefonzellen und rief meinen Bruder an. Dass ich ihn und seine Frau am Sonntagmorgen sehr früh damit weckte war mir klar, aber ich konnte nicht noch länger warten. Hier hatten wir es bereits halb fünf und ich musste zusehen, dass ich rechtzeitig zurück aufs Schiff kam!

Zu guter Letzt erreichten wir einen Markt, auf dem ich vor einem Hutstand stehen blieb. Nach vielen Versuchen entschied ich mich endlich und erstand für 35 $ einen echten australischen Lederhut, wie ihn wohl die Rancher auch heute noch tragen.

An Bord angekommen reichte die Zeit nur zum Auspacken, Abendbrot essen und umziehen. Dann begannen die nächsten sechs Stunden Deckswache. Durch das lange Herumlaufen in der Stadt machten sich langsam Kreuzschmerzen bemerkbar, ganz zu schweigen von meinen Schwierigkeiten, die Augen offen zu behalten. Meinem Matrosen Teeta ging es da kaum besser. Aber wir taten unseren Job wie immer, während fast alle anderen Crewmitglieder inzwischen den Abend an Land verbrachten. Was ich erst gegen Ende der Wache erfuhr, war, dass sogar Kapitän, Chiefmate und Chief weg waren. Vom III.NO und II.TO wußte ich es, ebenso vom Bootsmann, Elektriker und einem großen Teil der Crew. Das heißt, ich war zum ersten Mal der ranghöchste Offizier an Bord - und wußte das nicht einmal!

Völlig fertig, aber froh, endlich in Australien an Land gewesen zu sein, fiel ich schließlich in meine Koje.

3. Kapitel

Sydney

Am Montag morgen um 06.00 Uhr verließen wir Melbourne und nahmen Ostkurs auf. Sydney erreichten wir viel zu früh, da wir aber an den Liegeplatz kamen, ohne dass die Lade- und Löscharbeiten begannen, stürmte die Besatzung förmlich an Land. Dieser Dienstag sollte der Tag werden, an dem ich offiziell zum II.NO "befördert" wurde. Im Klartext hieß das, dass ich jetzt die 00.00-04.00-Wache ging, statt achtern nun vorne das An- und Ablegen orderte und meine Probezeit wohl als beendet angesehen werden konnte!

Da ich in meiner neuen Arbeitszeit bis 18.00 Uhr an Deck nichts zu tun hatte, informierte ich den Chiefmate über meine Absicht, das Hospital mal ordentlich zu reinigen. Seine Reaktion war bezeichnend für die Verhältnisse, die jetzt bei uns "in der Chefetage" herrschten: Völlig erstaunt sah er mich an und meinte einfach:

"Quatsch, gehen Sie an Land! Das ist doch die beste Gelegenheit! Und wenn doch etwas sein sollte, bin ich doch da ..." - Nun war die Überraschung auf meiner Seite. Erfreut nahm ich sein Angebot an, schlug aber vor, den Alten davon in Kenntnis zu setzen. Er nickte und der Alte empfing mich mit den Worten:

"Wieso sind Sie noch hier?! Hau'n Sie bloß ab! - Brauchen Sie noch Geld?" - So macht Seefahrt Spaß!

Wenig später saß ich in dem Taxi, das mich und unseren Azubi ins Stadtzentrum brachte.

Und dann stand ich vor einem der weltbekanntesten Gebäude: der Oper von Sydney! Inzwischen war die Sonne untergegangen, so dass das beleuchtete segelförmige Gebäude überwältigend zur Geltung kam. Augenblicke wie diese entschädigen doch wieder für einiges, dachte ich bei mir, und ließ meinen Blick langsam über die faszinierende Lichterwelt der Skyline streifen. Bis ein vorbeifahrender Schaufelraddampfer die Aufmerksamkeit auf sich zog ...

Das alles musste ganz dringend aus mir heraus - ich bekam das Gefühl, innerlich gleich zu zerspringen. Am nächsten Telefon versuchte ich meine Eltern zu erreichen, doch sie waren wohl schon arbeiten. Aber meinen Bruder erwischte ich noch und mein erster Satz lautete:

"Weißt du, wo ich bin? Ich stehe direkt vor der Oper von Sydney!!!" ...

Anschließend machten Max, der Azubi und ich uns auf die Suche nach einer gemütlichen Kneipe. Wieder nahm ich mir vor, rechtzeitig an Bord zu erscheinen, um vor der nächsten Wache auch noch schlafen zu können. Aber, wie es der Zufall manchmal so will, setzten sich später links von uns zwei Mädchen an die Bar - Deutsche, die hier in Sydney ihr Praktikum machten. Dann nahmen zwei Boys auf der anderen Seite Platz, die sich einfach in unser Gespräch einmischten. Sie kamen aus Köln und verbrachten ihren Urlaub hier! Zu guter Letzt stellte sich heraus, dass der Barkeeper, der uns bereits den ganzen Abend auf Englisch bedient hatte, sehr gut Deutsch sprach, da er drei Jahre in Deutschland und Österreich gelebt hatte ...

Kurz gesagt, dies wurde nach fast zwei Monaten der erste richtig schöne Abend, den wir förmlich in letzter Sekunde abbrachen. Punkt 24.00 Uhr betraten wir unsere Gangway. Doch welch grausames Schicksal: Es wurde immer noch nicht gearbeitet, so dass ich mich ins Bett legte.

Gegen 03.00 Uhr weckte mich telefonisch der Wachmatrose, da nun endlich die Hafenarbeiter erschienen. Doch ich hatte gerade erst meinen Kaffee an der Gangway ausgetrunken, da verabschiedeten sie sich schon wieder. So lag ich um halb fünf wieder in meiner Koje. Erstmals seit zwei Monaten schlief ich heute fast 7 Stunden im Stück - welch ein herrlicher Tag !!!

Es ist fünf Uhr morgens, meine erste 00.00-04.00-Wache liegt hinter mir. Sie verlief sehr ruhig, da auf unserem Ostkurs nach Neuseeland kaum Verkehr ist.

Gegen 21.00 Uhr war der Ladebetrieb in Sydney endlich beendet. Eine Stunde später verließ die "James Cook" die Botany-Bay. Währenddessen lag ich in meiner Koje. Erstmals verzichtete der Alte auf meine Mitarbeit und ließ mich schlafen.

Vormittags hatte ich mich wiederum in ein Taxi gesetzt, dieses Mal, um mir Sydney bei Tage anzusehen. Vom Taxifahrer erfuhr ich, dass ungefähr 17 Millionen Menschen in Australien leben, 40 % davon in den Großstädten! Wenn man sich nun die "restlichen" 8 Millionen auf das riesige Land verteilt vorstellt, kann es wohl durchaus passieren, dass ein Reisender tagelang niemanden zu sehen bekommt ...

Es wurde ein herrlicher Wintertag, selbst für hiesige Verhältnisse: Bei strahlend blauem Himmel erreichten die Temperaturen 21 Grad C! So schlenderte ich gemütlich nochmals durch die Stadt, besah mir die Oper von innen, kaufte Souvenirs und machte unzählige Fotos.

Sydney ist keineswegs eine Großstadt wie jede andere: Das Aufeinandertreffen aller nur denkbaren Nationen hat hier während des letzten Jahrhunderts eine völlig neue Welt geschaffen, was sich besonders deutlich in den kombinierten Baustilen widerspiegelt. Von amerikanischen Wol-

kenkratzern über moderne asiatische Geschäftsstraßen bis hin zu europäischen Ghettos ist hier alles vertreten, wobei der Einfluss der japanischen Industrie unleugbar ist: am offensichtlichsten bei den Autos. Abgesehen von den Taxis (ausschließlich Fords) sind hier nur japanische Hersteller präsent. Ab und an sieht man mal einen Mercedes-Bus oder eine Großraumlimousine, das aber eher selten.

Rassenprobleme scheint es hier nicht zu geben. Und, wie mir mein Taxifahrer, der mich zurückfuhr, erzählte, hielten die Australier auch große Stücke auf die deutsche Industrie. Er, selber

ein gebürtiger Grieche, war der Meinung, dass sich in naher Zukunft Japan und Deutschland gemeinsam zur Weltmacht entwickeln würden, so dass selbst die USA nichts mehr zu melden hätte! Allerdings erzählte er mir das erst, nachdem er erfahren hatte, dass ich Deutscher war ...
In meiner darauffolgenden Deckswache konnte ich wieder feststellen, wie stark die hiesigen Gewerkschaften sind: Alle zwei Stunden wurden sämtliche Arbeiten eingestellt, um die vereinbarte Pause von wenigstens 30 Minuten zu realisieren. Kein Wunder also, dass sich unser Abfahrtstermin schließlich um 8 Stunden verschob!

Auckland - Wellington

Abends um 21.00 Uhr waren wir in Auckland fest.
Während des Seetörns der vergangenen beiden Tage geschah nichts Aufregendes, wenn man mal von meiner ersten Nebelfahrt, noch dazu nachts, absieht. Ich kam um Mitternacht auf die Brücke und zu sehen war GAR NICHTS! Nicht einmal die vordere Topplaterne, keine 100 Meter entfernt. Der Alte stand ebenfalls am Radar, um sich zu informieren. Die beiden Radars arbeiteten in unterschiedlichen Entfernungsbereichen, die Geschwindigkeit behielten wir aber bei. Mit der Order, ihn sofort zu wecken, wenn es "eng" wird, ließ er mich allein. Das Interessante bestand darin, dass der Nebel, so dicht er auch war, nur etwa 30-40 Meter hoch reichte: meistens konnte ich den Sternenhimmel schön sehen. Und so "hämmerte" ich mit 20 kn bei Null-Sicht durch die Nacht. Mit der Zeit wurde es anstrengend, sich ständig aufs Radar zu konzentrieren ... und pünktlich zum Wachende klarte es restlos auf!

Die Zeit verfliegt bei den stundenweisen Hafendurchläufen. Natürlich komme ich dabei nicht an Land: weder in Auckland noch heute in Wellington. Da bin ich froh, zwischendurch zwei bis vier Stunden Schlaf zu bekommen. Und inzwischen habe ich die Quittung: Seit zwei Tagen wird eine Erkältung immer stärker. Und als ich meinem Kapitän kurz andeutete, es würde mir nicht so gut gehen, ich würde mich "schlapp" fühlen, spendierte er mir aus seiner Privatapotheke Magnesiumkonzentrat. Nun - schaden kann es nicht. Trotzdem habe ich mich mit ASS, Halsschmerztabletten, Hustentabletten und einer Salbe für entzündete Schleimhäute aus der Bordapotheke versorgt.
Das Klima ist empfindlich kälter geworden, so dass die sechs Stunden Deckswache keine Freude mehr machen, obwohl ich nahezu alles anziehe, was mir zur Verfügung steht. Schließlich ist hier in New Zealand Winter - und mehr als 10 Grad bei blauem Himmel kann da niemand erwarten! In dem kleinen Hafen der Hauptstadt lagen wir als einziges Schiff von 09.00 bis 17.20 Uhr. Die letzte Station morgen ist Port Chalmers - dann geht es zurück nach Australien.

Port Chalmers (Dunedin)

Port Chalmers ist ein Vorort von Dunedin im Südosten New Zealands. Bei herrlichstem Wetter liefen wir nachmittags in die malerische Bucht ein. Für mich erweckt die Fahrt an der Ostküste Neuseelands herunter immer wieder den Eindruck, hier am Ende der Welt entlangzuhangeln! Ich muss zugeben, dass es ein sehr schönes "Ende der Welt" ist. Dazu kommt, dass heute nicht mehr gearbeitet wird, da die zu ladenden Reefer noch nicht vorbereitet sind. Was wohl auch daran liegt, dass wir wieder einmal einige Stunden zu früh sind.

So werde ich nach dem Abendessen ebenfalls einen kurzen Spaziergang an Land machen - der Alte und der Chiefmate sind bereits unterwegs!

Es ist ein kleiner Ort, die einzige Hauptstraße verliert sich bereits nach wenigen 100 Metern im Dunkeln. Einige Geschäfte, zwei Kneipen, ein Hotel, eine Tankstelle und eine Telefonzelle - die ich natürlich sofort ausprobieren musste ...

Dann landete ich in einer der Kneipen, wurde von den bereits anwesenden Herren spontan zum Bier eingeladen und während des Gespräches stellte sich heraus, dass ich es mit den Stevedores zu tun hatte, die das 2. Schiff bearbeiteten, welches noch im Hafen lag. Ich hatte die Absicht, früh in die Koje zu kommen, um meine Erkältung auskurieren zu können. Deshalb verließ ich die gemütliche Runde der Neuseeländer bereits nach dem zweiten Glas, erreichte auch knapp die "James Cook" als mir unser Chiefmate entgegenkam:

"Was denn, schon zurück?! Kommen Sie mit, ich geb' ein Bier aus!" schlug er vor und so betraten wir schließlich die 2. Kneipe, die es hier überhaupt gibt. Neben einem Billardtisch und Dartscheiben gab es sehr gutes Dunkelbier, und unsere australische Währung wurde uns 1:1 abgenommen. Unsere beiden Stewards waren bereits am Billardspielen, so dass wir uns ihnen anschlossen. Später kamen noch drei Matrosen dazu. Und während der Chiefmate versuchte, mal im Billard zu gewinnen, probierte ich es beim Dart. Es wurde viel gelacht, und die Zeit verging wie im Fluge. Und als besonders angenehm empfand ich es, nicht auf die Uhr schauen zu müssen, da meine nächste Wache ja erst um 12.00 Uhr des kommenden Tages begann. Allerdings wollte die Wirtin bereits um 23.00 Uhr schließen, so dass wir schon um halb zwölf wieder an Bord waren.

Unsere "Rückkehr in die Zivilisation" begann gegen 17.30 Uhr. In den vergangenen 10 Stunden hatten wir 137 Kühlcontainer mit Schaffleisch geladen. Für mich wurde es erstmalig anstrengend, da ich von jedem einzelnen Container die Nummer, seinen Stellplatz und seine Innenraumtemperatur notieren musste. Das bei zwei Kränen verlangt einiges an "Beinarbeit"! Dazu kamen eine Reihe falscher elektrischer Steckverbindungen, so dass ich immer wieder beim Foreman einen Elektriker anfordern musste, der die Stecker wechselte. Schließlich befand sich sogar schon der Lotse an Bord und alles bereit zur Abfahrt, nur eben dieser Elektriker tauschte noch den letzten falschen Stecker...

Und wieder Melbourne

In meiner Morgenwache erreichten wir die Lotsenstation, und es dauerte keine 10 Minuten, da nahm mich der Alte beiseite und erklärte:
"Wenn das Schiff merkbar anfängt zu rütteln, dann haben wir nicht mehr genügend Wasser unterm Kiel, um mit der Geschwindigkeit weiter zu fahren. Dann reduzieren Sie um 5 bis 10 Umdrehungen! Und 20 Minuten vorm Ankerplatz klingeln Sie mich an und sagen auch in der Maschine Bescheid ... " Und zum Lotsen gewandt:
"The Second Mate is on duty now. I am in my cabin, Mr Pilot!" - Der Lotse quittierte mit einem "O.K." und schon stand ich allein mit ihm auf der Brücke - meine erste Revierfahrt, in der ich die volle Verantwortung trug, der Lotse hat eben nur Beraterfunktion!
Tatsächlich musste ich bald die Geschwindigkeit reduzieren, obwohl der Lotse meinte, es wäre nicht notwendig. Aber laut Seekarte hatten wir gerade so drei Meter Wasser unterm Kiel - bei 18 kn hielt ich es doch für angebracht, langsamer zu fahren! Später dann fuhren wir wieder Voll Voraus, und mein Ortskundiger empfahl, das Ruder automatisch arbeiten zu lassen. Also entschied ich, dass sich die beiden Wachmatrosen die kommende Stunde teilen konnten: Einer könnte in der Mannschaftsmesse seinen Kaffee trinken, sollte aber "standby" sein - für alle Fälle.
Eine gute Stunde darauf ankerten wir, da der Liegeplatz noch nicht frei war. Unangenehm für mich wurde dabei, dass ich überhaupt nicht auf den Gedanken gekommen war, eine Taschenlampe mit auf die Back zu nehmen. Die Beleuchtung vorne war so spärlich, dass ich beim besten Willen nicht erkennen konnte, wie die Kette "zeigte". Ich jagte meinen Matrosen los - und wie er mir anschließend erklärte, war er an Bord noch nie so gerannt - nur leider waren die Batterien der Lampe, die er brachte, fast leer! Und der Alte auf der Brücke wurde immer nervöser:
"Wie zeigt denn nun die Kette, Steuermann?!" kam es immer wieder und immer drängender aus meinem Walkie Talkie. Herrgott, wie sollte ICH das wissen - ich sah genau so viel wie er - NICHTS! Ich gab Meldungen durch, die einfach bloße Vermutungen darstellten, aber schließlich hielt der Anker - und ich schwor mir, nie wieder ohne Taschenlampe nachts zum Ankermanöver zu gehen. Übrigens war es mein erstes Ankermanöver als Offizier bei Nacht.

Um 09.00 Uhr waren wir längsseits fest. Zum Schlafen blieb zu wenig Zeit, da es um 11.00 Uhr zum Arzt gehen sollte. So frühstückte ich ausgiebig und in Ruhe, duschte dann und lauschte dem deutschsprachigem Radioprogramm, das zu meiner Überraschung von einem lokalen Sender ausgestrahlt wurde.
Um 11.00 Uhr dann saß ich mit dem II.TO, der eine neue Brille brauchte, dem Koch, der zum Allgemeinmediziner wegen seiner Erkältung sollte, und dem Elektriker, der ebenso wie ich zum Zahnarzt musste, im Ford der Agenturvertretung. Während die II.TO vor einem exklusiven Optiker abgesetzt wurde, erwartete uns das hiesige WORLD-TRADE-CENTRE! In diesem Tower ist so ziemlich alles untergebracht: Büros, Restaurants, Apotheken, Arztpraxen, Shops und sogar ein recht großes Casino, welches auch schon sehr gut besucht war!
Wir gaben unsere Papiere in der Rezeption einer Praxis ab und warteten. Der Koch war der erste und er bat mich, mit hinein zu kommen, da sein Englisch nicht so gut war. Als der Doktor dann aber begann, mich zu fragen, musste ich als erstes einräumen:

"Please, don´t speak so fast, my english is not the best!" - An Bord hatte der Koch erzählt, er wäre auf alles Mögliche allergisch, deshalb hatten der Chiefmate und ich es für besser gehalten, ihm keine Tabletten zu geben. Das erklärte ich nun dem Arzt, nahm den Allergikerpass des Kochs und wollte ihm zeigen, auf was er allergisch reagiere - da wurde es mir peinlich: Warum hatte ich mir diesen Pass nur nicht schon eher angesehen!? Der Mann war lediglich auf Morphium allergisch, das ist ein Handikap, sicher, aber deshalb brauchte er nicht hierher gebracht zu werden. Seine ganz normale Erkältung hätten wir mit den uns an Bord zur Verfügung stehenden Medikamenten (Antibiotika) behandeln können. Am Gesichtsausdruck des Arztes sah ich, dass ihm ähnliche Gedanken gekommen sein mussten . . . schnell erklärte ich, dass uns einige Medikamente ausgegangen waren (nichts gegen eine kleine Notlüge!). Der Koch selber bekam das alles gar nicht mit - und als ich die Story später dem Chiefmate erzählte, meinte der:

"Wir sind doch keine Ärzte - und sollten immer auf der sicheren Seite bleiben!"

Inzwischen war der Elektriker behandelt worden. Seine seit Wochen andauernde Zahnwurzelvereiterung war schon ernser. Er kam aus dem Behandlungsraum und konnte kaum sprechen, wegen der Betäubungsspritzen, die notwendig geworden waren, um bis an den Krankheitsherd heranzubohren!

Und dann saß ich auf dem Zahnarztstuhl - besser gesagt, ich lag. Die japanische Ärztin und ihre australische Schwester gingen sehr vorsichtig mit mir und meiner Krone um, die sich in den letzten Tagen nach dem erfolgreichen Versuch, einen Karameltoffee klein zu kriegen, gelockert hatte.

Und so revidierte ich ein weiteres Vorurteil: Australien ist ein modernes Land, mit modernen Menschen in großen Städten - und ihre Zahnärzte sind auch nicht von gestern!

Faszinierend ist immer wieder zu sehen, dass hier eine Vielzahl von Nationalitäten miteinander

lebt, ohne dass es auch nur den Anschein von Rassendiskriminierung gibt! Australien kommt mir vor wie ein "Sammelbecken" von Außenseitern/Ausbrechern aus aller Welt, die es geschafft haben, sich hier ein neues eigenes Leben in einem wirklich toleranten Staat aufzubauen ...
Womöglich ist AUSTRALIEN das "Land der unbegrenzten Möglichkeiten" des 20. Jahrhunderts?!

Während des Abendbrots, meine Wache war gerade beendet, fragte mich der II.TO, ob ich nicht mit an Land gehen wolle, er wüsste eine gute Bar mit angenehmer Stimmung ...
Wieder einmal siegte mein Enthusiasmus über den schlappen Körper, und so saßen wir eine Stunde darauf im "Club 20" - Kingstreet. Vor uns auf dem Tisch standen zwei Gläser Bier, auf dem etwas größeren Tisch nebenan tanzte ein Mädchen um die Stange, die von der Tischmitte bis zur Saaldecke reichte. Da war ich also in eine Stripbar hineingeraten. Die Atmosphäre war so angenehm "normal", dass wir sehr lange blieben. Und wie sagte später unser Chiefmate:
"Dorthin kann man auch ohne weiteres seine Frau mitnehmen!" - Stimmt.

Und wieder Fremantle

Fünf Tage darauf erreichten wir Fremantle, nahe Perth. Beim ersten Mal hatte es hier zu stark geregnet, so dass ich in meinem ersten australischen Hafen nicht an Land kam. Dieses Mal sollte es aber klappen. Gemeinsam mit dem II.TO und dem Chiefmate zog ich nach meiner Nachmittagswache los. Letzterer wollte unbedingt ins Casino. Nach einer 40minütigen Taxifahrt durch den langgezogenen Ort erreichten wir gegen 20.45 Uhr das Hotel-Casino "Burswood" - eines der exklusivsten in der Gegend. Und sofort wurde klar, dass unser nichtrauchender, fast abstinenter Chiefmate ein Spieler war: Kaum hatten wir an einer der Bars ein Bierchen bestellt, trank er es schnell aus und suchte sich den nächsten Roulett-Tisch. Mindesteinsatz waren zwei Dollar. Der Saal war riesig. Laut Werbeprospekt stehen hier 140 (!) Spieltische und 1168 (!) Video-Spielautomaten. Dazu 8 Restaurants, etliche Cocktail-Bars und eine Cabarett-Lounge. Natürlich läuft nebenbei ein enormer Hotelbetrieb - 24 Stunden an 7 Tagen der Woche ist alles geöffnet ...
Schließlich setzte ich mich ebenfalls an einen der Roulett-Tische (Black-Jack oder Poker u.ä. kenne ich nicht) und verspielte 20 Dollar. Natürlich hätte ich aufhören können als ich 30 Dollar in der Hand hielt, aber warum sollte ich den Gewinn nicht auch noch verdoppeln?!
Übrigens war dies seit meiner Anreise in Singapore das erste Mal, dass ich wieder meinen hellen Anzug trug. Auch die anderen beiden hatten sich "in Schale geworfen", da eine gewisse Kleiderordnung in solchen Lokalitäten unumgänglich scheint.
Nebenbei lief in der Cabarett-Lounge eine Karaoke-Show, die der II.TO und ich uns kurz ansahen.
Um 23.00 Uhr saßen der Chiefmate und ich auf ein Bier wieder in meiner Kammer, und wieder einmal musste er sich seinen Frust von der Seele reden: Gerade heute hatten wir ein Telex erhalten, das ihn bereits im nächsten Monat auf ein anderes Schiff beorderte - als Kapitän, unter fremder Flagge. Da er bereits einige Jahre als "Alter" gefahren war, hatte er nicht ohne Grund diese Stelle als Chiefmate angetreten: Er wollte einfach nicht mehr so viel Streß haben! Außerdem musste er wieder eine gewisse Zeit unter deutscher Flagge arbeiten, um anschließend einen Anspruch auf

Arbeitslosengeld zu bekommen. Damit könnte es bis zur Rente reichen. Dieser Wunsch schien sich nicht zu erfüllen, gleichgültig, wie viel mehr Geld er unter ausländischer Flagge verdiente! Zudem hatte sich seine Frau bereits auf die Australienreise gefreut.

Schließlich wünschte ich ihm eine "Gute Nacht" und er mir eine "Gute Wache" und "Sie armes Schwein" - und das meinte er ehrlich. Ich zog meinen "Krabbelanzug" über und begann meine 00.00-06.00-Wache.

Das ich am kommenden Tag nicht mehr an Land ging, sondern nur noch den Weg in meine Koje wählte, ist wohl verständlich.

Singapore

Als ich mittags zu meiner Wache hochkam, befanden wir uns etwa 1,5 Stunden Fahrt vor der Einfahrt zur "Strait of Singapore". Es herrschte reger Verkehr, so dass ich die erste halbe Stunde nicht vom Radar wegkam. Nebenbei bemerkt, schlagen mir derartige Situationen immer noch auf die Verdauungssysteme - mehr als zu jeder theoretischen Abschlußprüfung des Studiums. Das stört nur insofern, als dass ich immer wieder auf die Toilette rennen muß. So auch heute. Ich wies meinen Wachmatrosen an, scharf Ausguck zu halten und verschwand für 2-3 Minuten.

Als ich wiederkam und die Umgebung durchs Glas betrachtete, erkannte ich, dass wir auf eine Art Kanu zufuhren, in dem zwei Fischer saßen, die bestimmt genauso große Angst hatten wie ich! Ohne lange nachzudenken trat ich ans Ruder, schaltete auf Handbetrieb um, wobei ich noch kurz in Erwägung zog, den Matrosen steuern zu lassen. Da dadurch aber wertvolle Sekunden verloren gehen würden, verzichtete ich sofort wieder auf den Gedanken - inzwischen lag das Ruder auf Stb. 20 und unser Bug drehte sich immer schneller am Kanu vorbei.

Wenige Minuten später hatten wir es an Backbord passiert und ich kehrte auf unseren Kurs zurück. Mein Matrose sah erst jetzt das Boot und ich war nahe daran, zu explodieren. Statt dessen aber gab ich ihm die Weisung, ab sofort das Fernglas zu nutzen und mir nicht nur "Ship" zu melden, sondern "Kanu" und "Big Ship". Er gab sich dann auch große Mühe, meinen gesteigerten Anforderungen gerecht zu werden. Trotzdem sah ich natürlich immer wieder selber durchs Glas.

Um 13.00 Uhr wurde der Verkehr so dicht, dass ich beschloß, den Kapitän anzurufen. Schließlich bewegten wir uns nahezu im rechten Winkel auf das Verkehrstrennungsgebiet zu, das den gesamten Schiffsverkehr von und nach Singapore von Osten aus aufnahm. In diesem Moment betrat er bereits die Brücke und meinte:

"Ich hab noch einen Job für Sie! Kopieren Sie die Einklarierungspapiere noch ein paar Mal - ich übernehme hier!" - "Ok. Noch 15 Minuten bis zum Verkehrstrennungsgebiet. Da kommt ein Tanker von Backbord und ein Frachter von Steuerbord: müßten aber beide vor uns passieren." informierte ich ihn und ging ein Deck tiefer zum Kopierer. Als ich wenige Minuten darauf wieder die Brücke betrat, sah die Welt ringsherum ganz anders aus.

"Wir mussten einen Vollkreis drehen." - sagte er kurz und konzentrierte sich weiter auf den Verkehr. Ich wagte kaum zu fragen:

"Habe ich Ihnen etwas Falsches übergeben?!" - "Das ist Ihre fehlende Erfahrung: Der Tanker von Backbord hatte zwar auszuweichen, aber wo sollte er denn hin - hier zwischen all den Untiefen?"

- Ehrlich gesagt, verstehe ich auch jetzt noch nicht, warum wir einen Vollkreis - das allerletzte Ausweichmanöver - gemacht haben.

Ich erinnere mich noch ganz genau, dass beide Fahrzeuge, der Tanker und der Frachter in einem Abstand von über einer Seemeile vor uns passiert wären. Zueinander hatten sie einen Abstand von einer halben Meile. Möglicherweise hatte einer von ihnen den Kurs geändert, aber das hätte mir der Alte doch gesagt. Ich wurde das unbestimmte Gefühl nicht los, einen Fehler gemacht zu haben - oder, hatte er womöglich die Situation nicht ganz richtig gesehen und war auf "Nummer Sicher" gegangen?! Dass er mir keine Vorwürfe machte und auch sonst nicht weiter darüber reden zu wollen schien, machte mich stutzig.

"Das nächste Mal", meinte er schließlich, "fahren wir weiter nördlich ins VTG rein, da, wo nicht soviel Verkehr ist!" - Ich nickte zustimmend und damit war das Thema beendet.

Die kommenden zwei Stunden hatten wir damit zu tun, uns auf unsere Position und den Verkehr zu konzentrieren. Dann kam der Lotse an Bord und gegen 17.00 Uhr waren wir fest. Geschafft, Bergfest!!! Ich war wieder in Singapore. Hier hatte es vor gut 10 Wochen begonnen - und noch mal 10 Wochen und es ist möglicherweise schon vorbei!

Ich lief gerade an der Pier entlang, um den Tiefgang abzulesen, da kam aus dem Walkie Talkie die Stimme unseres "Reiseleiters":

"Aah, so ein kühles, erfrischendes Einlaufbier ist doch etwas Feines ..." - Meine Antwort lautete schlicht: "Das ist gemein ..." Schließlich hatten wir 35 Grad C im Schatten! - Dann saßen der Alte, der Chiefmate und ich in der Bar und genossen das kühle australische Bier ... es sollte das erste und auch letzte Mal sein, dass nur wir drei so zusammen saßen. Alle drei bedauerten wir es, ihn verabschieden zu müssen.

Aufgrund der letzten Weisung der Reederei sollte der Chiefmate morgen nach Hongkong fliegen und dort ein Schiff unter deutscher Flagge übernehmen. Seine Frau würde dann wie geplant in Singapore dazu kommen, so dass im Grunde alle seine "Problemchen" gelöst schienen - bis auf eins:

"Ich wäre lieber hier weitergefahren..." - Und ich konnte nur ahnen, was für ein außergewöhnlicher Zufall es ist, eine so günstige Brückencrew anzutreffen... ein wirkliches Team!

Dann betrat der neue Chiefmate den Raum, und die Atmosphäre wurde augenblicklich dienstlich, zumal er es ablehnte, sich zu einem Bier dazu zu setzen. Wenig später kam der Agent und jeder begab sich an seine Arbeit...

Ein Freund geht

Nach zwei Stunden Schlaf trat ich meine 0-6-Wache an. Um halb zwei kam der "alte" Chiefmate vom Landgang wieder. Er grinste mich, leicht angetrunken, an, wurde sofort ernst und fragte nach den Tanks. Ich beruhigte ihn, dass alles so wäre, wie er es geordert hatte. Plötzlich legte er mir den Arm um die Schulter und während wir wie zwei uralte Freunde über Deck spazierten, sprudelte er hervor:

"Oh - wir waren wunderbar essen, der Elektriker und ich. Und jetzt wartet er immer noch auf den Hafenbus, während ich zu Fuß schon hier bin ..." - Am Eingangsschott zu den Aufbauten angekommen, gab er mir die Hand und meinte:

"Es war wirklich schön, hier zu fahren! Ich wünsche Ihnen alles Gute! Auf Wiedersehen!" - "Ja, Auf Wiedersehen, Chiefmate!" - Das Schott war schon fast zugefallen, da öffnete es sich wieder, er kam erneut auf mich zu, hielt mir eine Visitenkarte entgegen:

"Jetzt kann ich sie ja wieder gebrauchen ..." Drauf stand: Kapitän E.B. , Diplomnautiker und seine Anschrift. Völlig überrascht stammelte ich "Danke" - "Und, ich heiße E." sprach's und reichte mir noch mal die Rechte. Automatisch ergriff ich sie: "Und ich Dirk" - "Und dabei bleibt es auch, ein Bier, wer noch mal "Sie" sagt - und das meine ich ernst!" - Ein unbeschreibliches Gefühl von Freude und Trauer überkam mich, so dass ich mir Mühe geben musste, meiner Stimme einen festen Klang zu geben, als wir uns nun endgültig verabschiedeten. Denn ich würde schlafen müssen, wenn ein Freund das Schiff verläßt ...

"Weck mich um sechs, ja?!" - "Ok, mach ich. Schlaf gut!"

Am nächsten Morgen fand er an seiner Kammertür einen Zettel:

"Wenn es Dich doch einmal in den "fernen" Osten verschlagen sollte:

Dirk Dietrich

Meine Adresse

Alles Gute!"

Das ohrenbetäubende Geräusch des Typphons ließ mich hochschrecken. Und während ich versuchte, den Tiefschlaf zu überwinden, griff ich nach dem Wecker: 09.00 Uhr! Wieder ertönte der Ruf des Schiffshorns: Der Kapitän verabschiedete seinen 1. Nautiker - und ich schlief nicht, als ein guter Freund uns verließ ...

"Verdammt!" Laut vor mich hinfluchend stand ich am Radar und versuchte, das letzte an Empfindlichkeit aus dem Gerät herauszukitzeln - aber es half nichts: Die unzähligen Fischerboote, deren weiße Lampen in der dunklen Nacht gerade so zu erkennen waren, bestanden aus nicht reflektierendem Material, wohl Holz, so dass ich mich notgedrungen damit abfinden musste, auf die Unterstützung der Technik verzichten zu müssen! Und meine Wache begann erst!
Mittlerweile hatten wir die Südküste von Sri Lanka erreicht und ich bekam den Eindruck, heute die wenige Erfahrung und alle nur mögliche Intuition einsetzen zu müssen, um schadenfrei meine Wache zu bewältigen... es ist eben schwierig, gerade nachts Entfernungen ohne Bezugspunkt zu schätzen! Wenigstens hatte ich in Teeta einen guten Wachmatrosen, der mitmachte und auch mitdachte, so dass wir manche knifflige Situation doch in den Griff bekamen. Als die Fischer dann zwei Stunden später weniger wurden, lag nur noch eine Kursänderung in Richtung Nordwesten an. Wieder einmal übergab ich eine völlig verkehrsberuhigte Wachsituation dem Chiefmate.

Jeddah

Oje - ist das hier wieder eine Hitze! Und dabei können wir noch von Glück reden, weil der Wind ausnahmsweise mal von der See kommt und wenigstens etwas Abkühlung bringt. Die Normaltemperatur von 38 Grad C tagsüber und 28 Grad C nachts wirkt wie ein Hammer auf den ganzen Körper.
Nach dem Einlaufen begann gleich meine 6-Stunden-Deckswache, so dass ich über 7 (!) Stunden dieser drückenden Hitze ausgesetzt war. Und mit der allgemeinen Trägheit, die den Körper überwältigte, verließ mich auch mehr und mehr der Enthusiasmus für meine Arbeit. Schließlich hatte ich nur noch einen Wunsch: kalt zu duschen, doch bis dahin sollte noch einige Zeit vergehen.
Nach einem überstürzten Mittagessen betrat ich das Deck mit dem Gedanken:
"Ach was, jetzt bist du drei Monate an Bord, und jeder hat irgendeine Macke; warum nicht auch ich!" - Mein Wachmatrose Teeta sah mich und gab sich ehrlich die größte Mühe, ernst zu bleiben. Erst als ich anfing zu grinsen, meinte er lachend:
"You look like ..." - "Na, how?!" - "... like Crocodile Dundee!" - Ich schmunzelte und erwiderte nur: "It´s good against the sun, I can see better so!" - Alle, die mich dann noch sahen, mussten grinsen, auch die Hafenarbeiter. Aber irgendwie verlieh mir mein Spleen auch eine gewisse Autorität: Wer sich traut, so herum zu laufen, dem ist auch anderes zuzutrauen ... !
Später lief mir der III.TO übern Weg. Der schüttelte nur leicht den Kopf und sagte dann:
"Jetzt müssen wir dir nur noch einen Revolver kaufen!" - Doch nun huschte auch ihm ein Lächeln übers Gesicht.
"So sieht der Nautiker von heute aus! ... So müssen Sie sich fotografieren lassen!" lautete der spontane Ausruf des Alten bei meinem Anblick. Da stand ich also vor ihm und musste mir gefallen

lassen, wie sein Blick von den Sommerlatschen zu den knallbunten Shorts, übers weiße Hemd hinauf zu dem breitkrempigen braunen australischen Hut ging. Um die Hüfte trug ich einen braunen Ledergürtel, an dem das Funkgerät wie ein Revolver im Halfter hing, außerdem ein Paar weiße Arbeitshandschuhe und der unhandlich große Lade/Löschplan. Wohlmeinend fragte er mich: "Wird das nicht zu warm am Kopf?" - "Jetzt geht's!" antwortete ich und nahm erklärend den Hut ab, dessen Stirnseite bereits völlig durchgeschwitzt war. Darunter wurde ein weißes Stück Stoff sichtbar, das ich mir um den Kopf gewickelt hatte, um zu verhindern, dass mir ständig das Salzwasser in die Augen tropfte! Er nickte und meinte abschließend:
"Das hätten Sie sich beim letzten Kapitän nicht trauen dürfen, was?" - Ich mochte diese Art von Suggestivfragen nicht, zuckte nur mit den Schultern und beide widmeten wir uns wieder unserer Arbeit.

Endlich wurde es 18.00 Uhr, die Wache ging zu Ende. Rasch Abendbrot essen und dann duschen! Wobei kalt duschen zur Zeit unmöglich ist - das Wasser in den Tanks hat sich so aufgeheizt, dass es kaum kühler wirkt als der Heißwasserhahn. Doch der Tip vom Alten ist Gold wert: Ein vorsorglich vor Stunden gefüllter 10-l-Wassereimer wartete auf mich! Es wurde eine wohltuende Erfrischung, sich das auf Kammertemperatur von 28 Grad C abgekühlte Wasser über den Kopf zu kippen. Danach eine eiskalte Cola, das Glas mit Eiswürfeln vollgestopft und einen Schuß Limone dazu - herrlich! Nun, ein kühles Bier wäre ebenso schön gewesen, aber hier in Saudi Arabien ist es bei horrenden Geldstrafen verboten, auch nur eine leere Flasche irgendeines alkoholhaltigen Getränkes bei sich zu haben! Nichts gegen den islamischen Glauben, aber ich glaube, hier gehen sie doch zu weit ...

"Marlboro-Land"

30 Stunden später erreichten wir Suez, wo wir auf Reede warteten, bis der Konvoi zusammengestellt war und erst spät nachts losfuhr. Am darauffolgenden Sonntag machten wir um 18.30 Uhr in Port Said fest. Hier, in "Marlboro-Land", gab es natürlich wieder "viele Probleme", die einfach nur mit vielen Stangen Marlboro-Zigaretten zu beheben waren. Der "Gipfel" war allerdings, dass der Zoll dem Alten dieses Mal sogar die Bestechungszigaretten abnehmen wollte, die natürlich nicht in den Papieren aufgeführt sind. Erst nach langer Diskussion ließen sie ihm etwa die Hälfte, dafür schlugen sie in den Lebensmittel-Stores zu!
"Alles haben die mitgenommen!" regte der Kapitän sich später noch über die Staatsbediensteten auf.
"Schnaps, Wein, Zigaretten, Seife, Haarwaschmittel - sogar Konserven: Bohnen, Erbsen, Zucker, Salz; Cola und Fanta ... !" - Den Frust musste er sich endlich einmal herausbrüllen. Doch dann wurde er etwas ruhiger und meinte:
"Wenn man so etwas in den Häfen erlebt, will man überhaupt nicht mehr nach Ägypten. Dabei sind die Menschen im Landesinneren ganz anders! Freundlich, höflich, und vor allem diplomatisch." - Auf meinen fragenden Blick hin erklärte er:
"Ja, das Vermitteln liegt den Ägyptern so sehr, dass sie international einen richtig guten Ruf haben. Immer, wenn's hier in der Gegend Streitfälle in der Diplomatie, oder Terroranschläge und

Flugzeugentführungen gibt, werden Ägypter dazu geholt."
Am nächsten Morgen kam der Lotse an Bord, und nachdem auch er seine Stange Zigaretten erhalten hatte, brachte er uns glücklich auf Kurs - nach Griechenland.

Piräus

Meine Mittagswache begann mit dem Ankermanöver auf der Reede von Piräus. Während ich danach auf der Brücke saß und wieder einmal am statistischen Reisebericht grübelte, warteten wir auf die Meldung von Port Control, dass unser Liegeplatz endlich frei sein.
Irgendwann tickerte unsere Telexmaschine los. Ich überflog die Nachricht und griff zum Bordtelefon.
"Hier das Kinderhilfswerk Bremen!" meldete sich der Alte.
"Und hier das "Kaffee-Seeblick" ... eben ist Post eingetroffen, Sie sollen sofort die Reederei anrufen!" - Als er schließlich den Anruf beendet hatte, meinte er nur ganz kurz angebunden zu mir:
"Herr G. ist schon unterwegs ... hierher ... er kommt morgen an Bord!" - Ich versuchte, meinen Schreck nicht allzu deutlich merken zu lassen. Eine Inspektion der "grauen Eminenz" unserer Geschäftsleitung ist immer brisant, insbesondere für mich als Anfänger - ich konnte nur hoffen, dass nichts schiefgeht!
Erst spätabends gegen 23.00 Uhr waren wir fest. Gerade noch genug Zeit, um meine Post lesen zu können, dann begann meine Wache. Irgendwann suchte ich meine Toilette auf; als ich die Kammer wieder verließ, stand Herr G. direkt vor mir:
"Das ist ja eine Überraschung!" rutschte mir heraus und erklärend fügte ich schnell hinzu:
"Wir haben Sie erst im Laufe des Tages erwartet!" - "Herr ... Dietrich, nicht wahr?!" - Ich nickte, und er begrüßte mich mit Handschlag.
Er betrat die Gästekammer, die zwischen meiner und der des Chiefmates lag, stellte seine Tasche ab und begann:
"Haben Sie mal ein Bier für mich?" - "Klar, reicht eins?!" - Er lächelte: "Ok, zwei!" - Schnell holte ich die Flaschen aus meinem Kühlschrank.
"Danke! - Wie geht's denn so?" - "Jetzt macht's richtig Spaß hier; eigentlich gibt's keine Probleme mehr!" - Er nickte freundlich und wohl auch etwas nachdenklich. Und mir brannte der Boden unter den Füßen... "Ich muss wieder zurück an Deck, Gute Nacht!" - Ich wandte mich ab und er schloß die Tür von innen; und ich hoffte ... einfach nur das Beste!
Während meiner Nachmittagswache verstand ich es, ihm aus den Weg zu gehen, so dass wir uns nur einmal im Vorbeigehen grüßten. Unserem Elektriker auszuweichen ist dagegen fast unmöglich:
"Was ist, hast du Lust, heute Abend an Land schön griechisch essen zu gehen?!" bot er mir an. Und schon schwärmte er mir etwas vor von tollen Restaurants, phantastischen Fisch- und Fleischmenüs, so dass ich schließlich lachend unterbrach:
"Ist ja gut, hast mich über-geredet! Ich komme mit!" - Doch dafür brauchte ich Geld, also hoch zum Alten. Der saß gerade wie ein gebürtiger Ami an seinem Schreibtisch, die Füße hoch und las Zeitung.

"Entschuldigung, ist es möglich, ein wenig Kleingeld zu bekommen?" - "Klar, kommen Sie herein! Ich hab zwar nicht mehr viel, aber ..." - Ich überlegte, wieviel "nicht mehr viel" ist, und zögerte, eine Summe zu nennen.
"Na, wieviel : 2000, 5000 $?" - Aha, Kollege hat gute Laune! "Nein, 100 reichen schon!" - Er holte das Geld aus dem Tresor und sagte wie nebenbei:
"Da müssen Sie mal sehen, wie Sie wegkommen, die Taxis streiken heute nämlich! Aber womöglich kann Sie Herr G. mitnehmen. Wenn er um 18.30 das Schiff wieder verläßt, wird er von einem Agenturauto abgeholt." - "Ich dachte, er fährt mit...?!" - "Hat sich anders ergeben, Gott sei dank! - Übrigens habe ich Sie und auch Herrn B. für den Neubau vorgeschlagen." - Ich war baff; da hat er das wirklich gemacht, und sogar Erhart dazugeladen! "Das ist ja toll!", entfuhr es mir.
"Ja, Herr G. hat hier vor mir gesessen und mich unter anderem gefragt, wie Sie sich eingearbeitet hätten. Und ich habe ihm gesagt, dass die Probleme wohl mehr beim letzten Kapitän gelegen haben und ich Sie für so gut halte, mit mir auf den Neubau zu kommen." - Ich rang immer mehr nach Fassung: "Und ... wie hat er reagiert?" - "Er hat sich alles notiert und wohlwollend genickt." - "Ich weiß gar nicht so recht, was ich sagen soll! Am besten, ich gehe wieder an Deck zurück ..." - Ein Lächeln huschte über seine Züge: "Ja, das wird wohl das Beste sein!"
Bis zum Ende meiner Wache schwebte ich in euphorischen Zukunftsträumereien. Schließlich wollte ich gerade meine Kammer betreten, als Herr G. um die Ecke auf mich zukam:
"Ich habe gehört, dass Sie jetzt langsam Ihren Rhythmus gefunden haben!" - "Ja, aber das liegt auch viel daran, dass der Kapitän und ich uns ganz gut verstehen." - "Man muß aber auch mit anderen klarkommen! Lassen Sie erst einmal erfahrene Routine in Ihre Arbeit kommen, dann geht das auch bei anderen Kapitänen!" - Für mich klang das wie: Lass dich bloß nicht von irgendeinem Dummkopf unterbuttern!
"So, ich muß packen. Und falls wir uns nicht mehr wiedersehen: Ich wünsche Ihnen alles Gute!" Er reichte mir die Hand. "... und im nächsten Jahr fahren Sie wieder mit diesem Kapitän. Machen Sie es gut!" - "Auf Wiedersehen!" - Wir schlossen die Kammertüren hinter uns und ich hatte das Gefühl, vor Freude platzen zu müssen! Wenn mein Kapitän mich als seinen 2.Steuermann haben will, ist das schon die halbe Miete, wenn dann auch noch Herr G. sagt, ich würde im kommenden Jahr wieder mit ihm fahren ...
Und während ich unter der Dusche stand, um mich fürs griechisch Essen frisch zu machen, fragte ich mich ernsthaft:
Warum freust du dich eigentlich so sehr darüber? Du wolltest doch gar nicht mehr zur See fahren und schon überhaupt nicht länger als dieses eine Mal!
Und wieder drängten sich mir Zukunftsvisionen auf, die jetzt jedoch erst da anfingen, wo sie bei anderen Patentträgern aufhören...

4. Kapitel

Am nächsten Tag zur Mittagszeit lief mir der Chiefmate über den Weg, der es abgelehnt hatte, mit mir, dem Elektriker und dem Azubi an Land zu gehen - wahrscheinlich weil wir so viele waren, schließlich hatte er mich gefragt, allerdings erst nach dem "Blitz". So klang seine fragende

Begrüßung auch eher als wolle er nur eine Bestätigung seiner Entscheidung hören:
"Na, war wohl nicht so toll, gestern Abend ...?!" - "Na ja, erst haben wir in einem Antiquitätenladen
Geld getauscht und uns Phonecards gekauft. Dann hat jeder telefoniert, was natürlich bei drei
Mann und einer Telefonzelle etwas länger dauert ... und schließlich hat uns der Elektriker zu einem
gemütlichen Restaurant geführt, wo wir draußen gesessen und Unmengen von Garnelen mit allen
10 Fingern gefuttert haben!" - "Ja, ja, die ißt man mit den Fingern - das Abpulen macht dabei
am meisten Spaß, was?" - "Jedenfalls haben wir solange da gesessen, dass ich schließlich gerade
rechtzeitig zu meiner 0-6-Wache wieder an Bord war... hab also die Nacht mal wieder durchge-
macht!" - Verstehend nickte er. Und während er sich nun in sein Ladungsbüro zurückzog, ging ich
runter zum Mittagessen.

Was ja nun nicht jeder wissen musste war, dass ich mich beim Essen vor den anderen beiden
unsterblich blamiert hatte! Nie zuvor hatte ich echte ganze Garnelen vor mir gehabt ... aber sie
schmecken hervorragend! Und dass wir anschließend noch in verschiedenen Bars waren, bis ich
mich entschieden den Animierversuchen einer Lady widersetzen musste, um rechtzeitig (und
allein) wieder an Bord zu gelangen - das geht nun wirklich keinen was an!

Unser Lehrling kam gegen 02.00 Uhr morgens wieder. Völlig fertig hatte er sich schließlich vom
Blitz getrennt, der immer noch eine Bar mehr suchte ... und endlich auch fand, was er suchte! Er
kam erst nach meiner Wache zurück. Und trotz der überdeutlichen Müdigkeit war er den ganzen
Tag ausnahmsweise mal sehr gut gelaunt ...

Wieder Salerno

Morgens um neun Uhr wurde ich fürs Einlaufen wieder aus der Koje geholt. Eine knappe Stunde
später fiel ich einfach zurück ins Bett!

Kurz nach 12.00 Uhr, meine Wache hatte gerade begonnen und ich war auf dem Weg zur Back,
um mir die Löscharbeiten des 2. Kranes dort anzusehen (im Chartervertrag heißt das wohl: "Ein
nautischer Wachoffizier ... hat an Deck ... präsent zu sein!"), da hörte ich ein nicht allzu lautes
Scheppern und dachte, das hört sich aber nicht so an, als wenn man einen Container abstellt!
Schon vernahm ich Rufe, Schreie...

Der Kranfahrer rannte aus seiner Kabine, pfiff laut, gestikulierte, zeigte immer wieder nach unten!
Ich beugte mich über die Reling, um weiter nach vorn sehen zu können: Erst einmal bot sich mir
nur einer der vielen Trucks, über dem völlig unkontrolliert ein Container hin und her pendelte. Ich
ahnte Schreckliches und lief auf die Back. Mir entgegen kamen die Hafenarbeiter gerannt, die sich
an Bord befanden und nun nur noch zur Gangway wollten. Auf der Back stand mein Wachmatrose,
der trotz seiner dunklen Hautfarbe sichtlich blaß geworden war. Wortlos deutete er auf den Truck:
Alle Scheiben fehlten und das Dach war wie bei einem Cabrio bis ganz nach hinten komplett
zusammengeschoben. Und zwischen einer Unmenge an Splittern und Scherben lag eingeklemmt
und blutüberströmt der Fahrer, halb unter seinem Lenkrad!

Alle Lade- und Löscharbeiten standen, immer mehr Stevedores erreichten den Truck, laut gestikulierend suchten sie nach einer Möglichkeit, den Mann zu befreien. Viel Hoffnung sah ich nicht
mehr, aber - da bewegte sich ein Arm, der Kopf, und heisere Hilferufe drangen aus dem total

zerstörten Fahrerhaus. Jetzt wurden sie an Land noch hektischer, und auch ich überlegte fieberhaft, auf welche Art und Weise ich helfen könnte: Das Funktelefon vom Alten! schoß es mir durch den Kopf. Doch da bemerkte ich einen Foreman, der sein Handy bereits am Ohr hatte. Irgend etwas zum schneiden, was Transportables, dachte ich, als gerade ein Mann hochkletterte und versuchte, die verbogenen Blechteile des Daches anzuheben. Die Sinnlosigkeit wurde sehr schnell eingesehen und schon kam ein Gabelstapler herangerast. Ich wußte gar nicht, dass die kleinen Dinger so schnell fahren können!

"Das werden die doch nicht wirklich...", dachte ich spontan laut. Doch, sie versuchten es: Vorsichtig schob sich die Gabel unter den Rahmen des Fahrertürfensters, eben am Körper des Verletzten vorbei, fuhr hoch und bog scheinbar spielend leicht das Metall in seine ursprüngliche Lage zurück. Dann zog sich die Gabel ebenso vorsichtig zurück und verharrte wartend auf Höhe des Türgriffs. Erstaunlich, ohne jede weitere Hilfe kletterte der Verletzte aus der nun freien Türöffnung auf die Gabel hinaus. Und während er sich das Hemd vom Körper riß, um sich damit das Blut vom Gesicht zu wischen, ließ ihn der Staplerfahrer langsam herunter. Wie durch ein Wunder schien der Mann lediglich ein paar Zähne verloren zu haben, von einigen Schnitt- und Schürfwunden mal abgesehen. Jetzt endlich, eigentlich erst fünf Minuten später, erreichte ein Krankenwagen die Pier. Dann kamen auch Polizei und Feuerwehr.

Schließlich begannen die Kräne wieder zu arbeiten. Nach der Protokollaufnahme bestieg ebenfalls der Unglücks-Kranfahrer seine Kanzel ... und ich notierte mir die Nummer des beschädigten Containers.

La Spezia

Meine Nachmittagswache war zu Ende und ich stand vor meiner Kammertür um sie aufzuschließen, da bemerkte ich einen kleinen Notizzettel im Türspalt:

"Hallo Dirk, wenn du Lust hast, können wir um 18.30 losziehen! H." - Rasch duschen, umziehen und los. Im endlich wieder gewohnten Seemannseilschritt durchquerten wir das Hafenviertel und erreichten den zentralen Platz. Wieder wurden als erstes Telefonkarten gekauft, hier im Tabakgeschäft. Dann dauerten die Anrufe sehr lange ...

Hans, unser II.TO, wurde eher fertig und begann, unruhig auf dem Fußweg hin und her zu laufen. Kaum trat ich zu ihm heraus, begann er auch schon, seiner Aufregung freien Lauf zu lassen:

"Meine Schwiegermutter hat schon wieder versucht, sich umzubringen!" - Vor Überraschung brachte ich überhaupt kein Wort heraus.

"Ja, ja ... sie hat's überlebt! Schickt meine Tochter, die gerade zu Besuch ist, einkaufen, geht in die Küche, nimmt sich ein schön großes Küchenmesser und jagt es sich in den Bauch, nachdem sie sich auch noch die Unterarme aufgeschnitten hat!" - "Wie alt ist sie denn?" fragte ich, um wenigstens etwas zu sagen.

"58 - und seit der Wende arbeitslos... das macht ihr so zu schaffen..." - Verstehend nickte ich. Es gab viele Menschen der ehemaligen DDR, die mit dem neuen System nicht so richtig klar kamen. Erst recht nicht, wenn sie urplötzlich und für sie völlig unverständlich den Job verloren, der sie bereits seit Jahren ausfüllte!

"Dass es meiner Frau auch nicht so gut geht, ist wohl verständlich ... und ich bin hier ...", noch leiser fügte er hinzu:
" ... und meine Tochter kommt vom Einkaufen zurück und findet ihre Oma blutüberströmt in der Küche ... das Mädchen ist erst 16!"
Schweigend liefen wir zurück zum Hafen. Ich wagte es nicht, über mein Telefonat zu reden, war mir doch ein Stein vom Herzen gefallen als ich hörte, meinem Vater ginge es wieder besser: Auf seiner letzten Exkursion in die Alpen hatte sich bei ihm Wasser in den Unterschenkeln angesammelt. Und das, obwohl er vor kurzem erst ein Blutgerinnsel im Bein gehabt hatte! Mit diesem ohnmächtigen Gefühl der Hilflosigkeit müssen Außenseiter wie Seeleute leben (können)!
Schließlich fanden wir uns nahe dem Hafentor in einer echten italienischen Kneipe wieder: jeder ein großes Glas Bier und einen Whisky vor sich.
"Wenn du zurück mußt, sag es!", forderte er mich auf. Mit einem Blick auf die Uhr meinte ich einfach: "Ach was, kein Problem! Da mach ich die Nacht eben wieder durch..." - Beide hatten wir in unsere Wirklichkeit zurückgefunden und redeten über alle und alles, was uns an Bord so bewegte. Mir war es in dem Moment gar nicht bewußt, dass es das letzte Mal gewesen sein sollte, bevor er abgelöst wurde.

Als ich am darauffolgenden Mittag wach wurde und verschlafen ins Bad schlurfte, wäre ich fast auf ein DIN-A-4-Blatt getreten, welches unter der Tür hindurchgeschoben worden war. Sofort wurde ich etwas wacher, hob es auf und nach dem ersten Überfliegen verursachte ein Adrenalinstoß, dass ich schlagartig hellwach wurde und unter der Dusche zu singen begann! Kaum abgetrocknet las ich das Papier noch einmal und dann gleich wieder! Oben drüber stand: "Nur zum persönlichen Gebrauch!", in der großzügigen Handschrift des Alten, darunter eine Beurteilung meiner Person an die Reederei.
DAS war es! DAS war nicht nur die erste positive Einschätzung während meiner Berufslaufbahn - es war die entscheidende Bestätigung dafür, DOCH nicht völlig falsch zu sein! Immer wenn ich an meine Zeiten als Lehrling und später auch als Matrose zurückdachte, wurde das Grauen so groß, dass ich immer wieder dazu neigte, einfach alles stehen und liegen zu lassen, um egal was zu machen, nur NICHTS mehr, was mit Seefahrt zu tun hätte! Und nun hielt ich plötzlich schwarz auf weiß in der Hand, dass ich doch nicht der Versager war, der alles, was mit der Seefahrt zu tun hatte, falsch machte, was nur falsch zu machen war...
Und spontan kritzelte ich zur letzten Bemerkung des Alten hinzu: "Danke!" - Ja, mit dem Mann zu fahren, womöglich auch noch gemeinsam mit E., das macht wirklich Spaß. Ich begann mich zu freuen ... aufs nächste Jahr!

Fos-Sur-Mer

Oje - ich komme einfach nicht mehr zum Schreiben. Und wenn ich doch Zeit habe, fehlt die Lust. Inzwischen haben wir bereits Anfang November und wir treiben vor Sydney, deshalb im Schnell-durchlauf, was weiter geschah:
In Fos bekam ich mit dem Ausrüstungstruck aus Deutschland ein Päckchen der Familie, in dem

unter anderem auch schon Geburtstagsgeschenke für mich waren (in weiser Voraussicht bereits ein Vierteljahr vorher abgeschickt!) Es fiel mir verdammt schwer, die Geschenke ungeöffnet im Schrank verschwinden zu lassen!

In Barcelona stiegen dann der Elektriker, der II.TO und der Azubi ab. Außerdem wechselte der Koch, da der letzte kurzfristig gekündigt hatte: Ihm wurden "nur" 130 (!) Überstunden im Monat bezahlt, so dass er es vorzog, eher arbeitslos zu machen...

Wir passierten den Suez-Kanal und erreichten nach gut zwei Wochen Seetörn wieder Fremantle. Erst in Melbourne ging ich wieder an Land.

Wieder Sydney

Es ist 04.20 Uhr, ich sitze in meiner Kammer und warte aufs Anlegen. Die eine Stunde lohnt nicht, sich ins Bett zu legen. Seit gestern Mittag ließen wir uns etwa 10 sm vor Sydney treiben, und so verbrachte ich die Wache mit Schreibkram und ... Zeitung lesen.

An dieser Stelle einige Ergänzungen:

Meine euphorische Stimmung im Mittelmeer über die Empfehlung des Alten an die Reederei wurde wenige Tage später schon gedämpft, indem er mich mal kurz beiseite nahm und einfach meinte:

"Es ist mir aufgefallen, dass Sie immer etwas knapp zur Wache kommen... fünf Minuten eher ist schon angebracht!" - Ich nickte und er ging Mittag essen. Das passte natürlich nicht ins Bild eines Nautikers mit "tadelloser Dienstauffassung", also kam ich ab sofort einige Minuten eher. Wobei ich zugeben muß, dass es vorher durchaus punkt 12 werden konnte. Die Tage drauf durfte ich mir dann Sprüche gefallen lassen wie:

"Was denn, ist doch erst 10 vor 12! - So pünktlich, wollen Sie mich verscheißern?!"

Es dauerte aber gar nicht lange, da lieferte mir der Alte wieder einen Vertrauensbeweis: In Barcelona wurde das Schiff mit einigen Tonnen überladen, so dass der Chiefmate und der Kapitän lange am Ladungsrechner saßen und immer wieder die Stabilitätskriterien durchrechneten. Sie waren zwar knapp, aber ausreichend - und bis Australien würden wir soviel Treibstoff verbraucht haben, dass auch die Lademarke wieder Sollwert erreicht hätte. Aber der ganz einfache Rollzeit-Stabilitätstest ergab einen günstigeren GM-Wert als der am Computer errechnete - irgendwo war der Wurm drin! Bis sich schließlich herausstellte, dass ein bisher als leer angenommener Ballastwassertank doch schon voll war!

"Der Chiefmate ist einfach unfähig - weiß nicht, welche Tanks voll sind!", wetterte der Alte los, als er mich gegen 12.30 Uhr auf der Brücke besuchte. Wir waren allein.

"Das erklärt ja dann wohl die Differenzen!" - "Ja, am besten, Sie machen sich auch mal ein wenig mit dem Ladungsrechner vertraut! Ich habe dafür auch nicht immer die Zeit... und der Chiefmate scheint mit dem Ding auf Kriegsfuß zu stehen..." - Ich suchte fieberhaft nach einer Antwort. Ich konnte doch nicht einem Ersten Offizier, ein Mann, der seit über 30 Jahren zur See fährt, seinen Job abnehmen! Also meinte ich schließlich:

"Interessieren würde mich der Rechner schon ... ich kann ja mal versuchen, wenn sich die Gelegenheit ergibt, ihm über die Schulter zu schauen." - Der Kapitän nickte und schloß das brisante

Thema mit den Worten:
"Mit dem Herrn B. wäre das nicht passiert!"

Morgens um sieben waren wir in Sydney fest. Nachmittags erklärte sich der Chiefmate ohne langes Reden bereit, meine Wache von 16 bis 18 Uhr zu übernehmen. Und so stand ich gegen 17.00 Uhr wieder vor der Oper. Dieses Mal mit Videokamera. Im Gegensatz zum letzten Besuch waren heute, am Sonntagnachmittag, sehr viele Menschen hier, die das frühsommerliche Wetter (25 C) zu einem Spaziergang nutzten. Eine Vielzahl kleinerer Stände bot Souvenirs an, dafür war der Laden in der Oper bereits geschlossen, so dass ich keine weiteren Modelle der Oper bekam, worüber ich mich ärgerte, denn so platzten fürs erste meine Pläne für die Weihnachtsbescherung! Wenig später traf der Koch ein, mit dem ich mich vorher an Bord verabredet hatte. Gemeinsam zogen wir los - zur nächsten Telefonzelle.
"Dietrich." - "Ja, hier auch - in Sydney, am Fuße der Oper!" - "Und wir sind bei Diemo in Kiel." -

"Schönen Guten Morgen! Ihr sitzt bestimmt noch beim Frühstück, was? Bei mir hier ist es bereits 19.00 Uhr. Das Wichtigste zuerst: Ich hab eben H. in der Firma angerufen und er hat zugesichert, ich würde in Fos absteigen, gerade rechtzeitig vor Weihnachten!" - "Das ist schön", freute sich meine Mutter, doch dann wurde ihre Stimme ernster. "Geli hat eine Thrombose gehabt und hat vier Tage auf der Intensivstation gelegen... ich gebe dir mal deinen Bruder!"
Das gibt's doch gar nicht, wie kommt meine Schwägerin mit ihren 22 Jahren zu einem Blutge-

rinnsel?! - "Was ist bei euch los?" - "Jetzt ist alles überstanden. Sie liegt schon im normalen Krankenzimmer!", beruhigte mich mein kleiner Bruder. Gottseidank. "Bestell bitte ganz liebe Grüße, ja!? Und gib ihr meinen letzten Brief zum Lesen, das wird sie vielleicht ein wenig aufmuntern!" - "Mach ich, danke dafür. Ich freu mich schon riesig, dich endlich wieder zu sehen! Wenn du mich brauchst, ich hol dich sogar von Frankfurt ab!" - "Danke, ich melde mich dann bei dir. Ich freue mich auch schon!" – „Ich gebe dich mal an Vati weiter. Tschüssi und mach dir keine Sorgen um deine Schwägerin, das wird schon!" - Als dann auch die 2. Telefonkarte verbraucht war, zogen der Koch und ich weiter in die Stadt.

Wenig später fanden wir uns in demselben Pub wieder, den ich bereits vor 10 Wochen mit dem Azubi gefunden hatte. Mit dem Unterschied, dass heute, am Sonntagabend sehr viel mehr Gäste hier waren. So fielen die Handvoll Deutscher dieses Mal nicht so auf. Eine Drei-Mann-Band spielte live alles von den "Blues Brothers" bis zu "Tina Turner", die Gästepalette reichte von langhaarigen Jeansträgern bis zu älteren Herren in gedeckten Anzügen. Dazwischen Mädchen im Alter von 15 bis 45 Jahren. Die wenigen Barhocker reichten längst nicht mehr. Die Gesprächstrauben wurden ständig größer. Schließlich begannen die ersten, dort wo sie gerade standen, zu tanzen. Die lockere Stimmung steigerte sich unversehens wie selbstverständlich in eine ausgelassene Tanzpartie...

Wieder fiel es uns enorm schwer, gegen 23.00 Uhr ins Taxi zu steigen, damit ich rechtzeitig zu meiner Nachtwache wieder an Bord kam. Während des kleinen Abstechers zur Oper, um den Anblick auch bei Nacht aufs Tape zu bannen, nahm ich mir wieder vor, eines Tages einen langen ausgiebigen Urlaub in Australien zu machen. Und eine Station wird bestimmt die Bar im Orient-Hotel Sydney sein...

Überfahrt nach New Zealand

Da wir mittlerweile 12 Stunden eher den Sonnenaufgang erleben als die Europäer, tickert unsere "Post" in meiner Nachtwache durch den Telexprinter herein. Zu meinen Aufgaben gehört es dann, den Ausdruck vom Gerät vorsichtig zu trennen (des öfteren hatte uns der Drucker rabiate Bedienung mit Streik quittiert) und den Eingang im Funktagebuch festzuhalten. Bei der Gelegenheit überfliege ich den Text auf Wunsch des Kapitäns (ich stehe ja unter Postgeheimnis, laut meinem Seefunkzeugnis), um so entscheiden zu können, ob der Alte sofort geweckt werden muß, oder ob die Beantwortung "weniger eilt".

Inzwischen bin ich mir in der Mehrzahl der Fälle auch sicher in meiner Entscheidung, doch gestern enthielt ein Telex die traurige Nachricht für unseren Bootsmann, dass seine Schwester bereits vor fünf Tagen an einem Herzinfarkt verstorben war! Am liebsten hätte ich sofort meinen Wachmatrosen mit dem Papier zum Bootsmann gejagt, nur, um den Weitertransport einer solchen Nachricht nicht noch einen 6.(!) Tag hinauszuzögern. Doch dann fiel mir die Bemerkung unseres Reiseleiters ein, die er vor Wochen machte, als ein ähnliches Telex einem Matrosen den Tod seines Vaters mitteilte:

"Es ist meine Aufgabe, derartige Informationen zu überbringen!" - Unsere Kiribatis haben alle Verträge über mindestens 14 Monate, viele sind bereits länger an Bord, auch der Bootsmann hatte seine Schwester schon über ein Jahr lang nicht gesehen...

Doch es gibt auch sehr schöne Augenblicke, wenn die Telexmaschine anfängt zu tickern: So durfte ich einem anderen Matrosen einmal mitteilen, dass seine Frau einen gesunden Jungen geboren hatte. Fast gleichgültig nahm er es auf und erst auf meine erstaunte Frage hin erklärte er, es wäre bereits das 4. Kind - also schon Routine... und dann huschte doch ein kleines stolzes Lächeln über das Gesicht des Vaters.

Andere angenehme Nachrichten sind die Ankündigung von Urlaubsablösungen. Und letzte Nacht hieß es schlicht:

"Ablösung 2/O Dietrich - A. Mittelmeer ca. Mitte Dez." - Des weiteren wurde dem Alten mitgeteilt, dass er bis Mitte Februar auf diesem Schiff bleiben sollte, um dann ab April den Neubau in Hamburg zu übernehmen! Als wir uns während meiner nächsten Nachmittagswache auf der Brücke trafen, sprach er aus, was ich dachte:

"Na, dann dürfte doch alles klar sein! Sie müßten mit Ihrem Urlaub gerade so heranreichen, und ich werde in der Firma zu Hause auch noch einmal nachhaken..." - Ich nickte und bekam richtig gute Laune bei der Aussicht, Weihnachten in Familie, Silvester mit Freunden und nach einem langen Urlaub eine Jungfernreise mit diesem Kapitän erleben zu können!

Wieder Auckland

Morgens um 00.30 Uhr einlaufen, abends um 22.00 Uhr wieder los. Dazwischen zwei mal sechs Stunden Wache, die restliche Zeit für die Mahlzeiten und bruchstückweise Schlaf! Natürlich hätte ich nach meiner Wache ab 18.00 Uhr an Land gehen können. Da Landgangsende aber auf 20.00 Uhr festgesetzt war, ersparte ich mir die Hetze und zog es vor, rechtzeitig in die Koje zu klettern, zumal sich bei mir, wie beim letzten Mal in New Zealand, eine immer stärker werdende Erkältung zeigte.

Wieder Wellington - Hauptstadt N.Z.

Morgens gegen sechs war das Schiff an der Pier vertäut. Eigentlich hatte ich schlafen gehen können und müssen. Doch als ich beim letzten Telefonat wagte, das nächste Gespräch auf den 11. festzulegen, war nicht vorauszusehen, dass unsere Satellitenanlage aussteigen würde. So blieb mir nichts anderes übrig, als wach zu bleiben, um vormittags an Land zu gehen.
Wellingtons Hafen liegt schön dicht am Stadtzentrum. Ich erreichte den Hauptbahnhof nach einem kurzen Spaziergang und verlangte an einem Kiosk Telefonkarten. Zu unserem gegenseitigen Bedauern konnte mir der Verkäufer jedoch die australische Währung nicht abnehmen. Dafür

gab er mir den Tip, es bei der nächsten Bank zu versuchen. Da ich viel zu bequem bin, fragte ich vor dem Bahnhofsgebäude den nächsten Taxifahrer, und siehe da, er tauschte mir lachend 30 A$ 1 zu 1 im Glauben, ein gutes Geschäft gemacht zu.
Nach einigen sehr kurzen Gesprächen in die Heimat, die Minuten fast so teuer wie von Bord aus, spazierte ich gemütlich eine der Geschäftsstraßen entlang ins Stadtzentrum. An diesem herrlichen Sonntagmorgen schienen die Hauptstadtbewohner noch zu schlafen oder zumindest beim

Frühstück zu sitzen. Ich schlenderte durch die menschenleeren Straßen, bis ich zufällig ein Hinweisschild auf eine "Seilbahn" entdeckte. Neugierig geworden folgte ich der Richtung und fand mich schließlich in einem einzelnen Waggon sitzend wieder, der an einem Seil gezogen die enorme Steigung zu einem der Wellington umgebenden Hügel nahm.

Mit mir befanden sich noch drei Ehepaare (davon zwei deutschsprechende) und eine asiatische Reisegruppe im Wagen, und als wir an der Endstation ausstiegen, vergaßen selbst die Asiaten im ersten Moment ihre Videokameras...

Zu unseren Füßen breitete sich die malerische Bucht der neuseeländischen Hauptstadt aus - und nach kurzer Suche entdeckte ich sogar die "James Cook". Dieser Aussichtspunkt war einer von vielen Zugängen zum Wellingtoner Naturpark, der neben einer unendlichen Vielfalt an Bäumen, Blumen und anderen Pflanzen auch ein Observatorium, einen Rosenpark und einen Memorial-Park zum Gedenken der wichtigsten Persönlichkeiten Neu Seelands, vom ersten Siedler und Begründer Wellingtons bis zu den Gefallenen des 2. Weltkrieges, in sich bot.

Gemütlich wanderte ich den Berg hinunter und genoß es, seit langem wieder einmal das Grün der Bäume und die bunte Vielfalt der unterschiedlichsten Blumen gegen die unendlichen blau-grauen Weiten der Meere auszutauschen. Gern wäre ich noch länger geblieben, aber die Zeit verging wie im Fluge und meine Nachmittagswache erwartete mich.

Noch am selben Abend verließ die "James Cook" Wellington - die Hauptstadt New Zealands.

Wieder Port Chalmers - Dunedin

Und noch einmal wurde ich vormittags gegen neun aus dem Bett geholt. Kaum lagen wir an der Pier, stürzte die Lashgang auch schon an Bord - schließlich sollten wir keine 10 Stunden später wieder los!

Nach meiner Wache zog ich mit meinem Wachmatrosen und Kumpel Teeta los an Land. Als erstes wurde selbstverständlich telefoniert, dann Billard gespielt. In derselben Kneipe, in der ich auch mit dem letzten Chiefmate gewesen bin - 10 Wochen zuvor. Erstaunlich, wie schnell die Zeit vergeht...

Um 22.00 Uhr verließ unser Schiff diesen Wendepunkt der Reise und nahm nördlichen Kurs auf, zurück nach Melbourne. Der südlichste Punkt lag gegen Mitternacht hinter uns, und für mich begann die Heimkehr.

Albatrosse, Delphine, Wale

Solange wir in Landnähe von etwa 50 bis 100 km fuhren, begleiteten uns unzählige Albatrosse, so dass es leicht war, sie zu filmen.

"Wissen Sie", fragte der Alte, als er nach dem Mittagessen mit seiner Frau auf der Brücke erschien. ", dass man sogar heute noch geadelt wird, wenn man es schafft, einen Albatros lebend an den englischen Königshof zu bringen...?!" - Das wußte ich nicht und er musste mir angesehen haben, dass ich etwas zweifelte. Deshalb erläuterte er:

"Die Wissenschaft steht da heute noch vor einem Rätsel! Sobald ein Albatros auf die nördliche Halbkugel gebracht wird, stirbt er."

"Da!", unterbrach ihn der Ausruf seiner Frau. "Delphine!", rief sie noch, während sie schon in die Nock hinauslief. Mein Kapitän und ich griffen mit geübter Hand zu unseren Videokameras und stürzten hinterher, im Laufen die Geräte einschaltend. In knapp 200-300 m Entfernung sprangen unzählige Delphine immer wieder in kleinen Gruppen synchron aus dem Wasser. Mit geschätzten 30 bis 40 Tieren eine unerhört große Delphinschule, die wir zu sehen bekamen! 15 Minuten später waren die Delphine so weit hinter uns geblieben, dass sich ihre Sprungwellen kaum noch von den kleinen weißen Windwellen unterscheiden ließen.

Der Alte und seine Frau zogen sich in ihre "Gemächer" zurück, ich setzte mich, zufrieden über die gelungenen Filmaufnahmen, an den Arbeitstisch Vorkante Brücke und begann wieder einmal, am Reisebericht zu tüfteln...

Bei einem meiner zur Routine gewordenen Kontrollblicke über das unendliche Blau ringsherum bemerkte ich eine ungewöhnliche Bewegung zwei Strich an Steuerbord! ‚Ein kleines Fischerboot?' rasch stand ich auf und griff zum Fernglas. ‚Aber eigentlich sind wir doch zu weit weg vom Land...' Dann sah ich sie: Die fast zwei Meter hohe Fontäne eines Wales!

Mein Bleistift fiel zu Boden, das Fernglas landete auf dem Tischchen - mit einem Satz erreichte ich die auf dem Kartentisch liegende Videokamera, und noch im Hinauslaufen startete ich die Aufnahmeautomatik. Dann stand ich draußen, die Kamera summte, der Sucher strich übers Wasser, aber der Wal war weg.

"Komm schon - einmal nur noch, bitte bitte!" Erst als ich mir später die Aufnahmen ansah, bemerkte ich, dass ich laut gedacht hatte.

Plötzlich erschien am unteren Rand des Suchers wieder eine Unregelmäßigkeit im Wellenbild. Sehr viel näher als erwartet, tauchte eines der größten Tiere dieser Welt neben unserem Schiff auf. Und als wenn es meine Bitte gehört hätte, gab es, dicht unter der Wasseroberfläche schwimmend, wieder einen Wasserstrahl gen Himmel ab... und ich war glücklich. Dann geschah etwas, was mich wie gebannt durchs Objektiv starren ließ: Der Wal befand sich etwa 100 Meter entfernt querab, da hob sich die gigantische Schwanzflosse aus dem Wasser heraus und schlug majestätisch mit enormer Wucht zurück, so dass ich sogar das Geräusch des Aufschlags hörte. Doch damit nicht genug: Ein zweites, drittes, viertes Mal und immer wieder, solange ich ihn noch sehen konnte, hob sich langsam die große typische Walschwanzflosse, um mächtig aufs Wasser zu schlagen...

"Ich hab ja schon so manchen Wal an seiner Fontäne erkannt, aber so etwas habe ich in den 40 Jahren meiner Seefahrt noch nicht gesehen!", beneidete mich später der Chiefmate, als ich ihm diese seltenen Aufnahmen vorspielte. Auch unser Reiseleiter und seine Frau waren sichtlich beeindruckt:

"Solange ich auch schon zur See fahre, so dicht habe ich derartiges noch nicht gesehen!", versicherte der Alte. "...und dann auch noch die Kamera dabei zu haben, ist fast ein unmöglicher Zufall!"

Erst jetzt wurde mir selbst richtig bewußt, was für ein Glück ich gehabt hatte. Die wenigen Filmminuten wurden immer wieder abgespielt: Der Chief war so baff, dass er mich fragte, wie wohl ein so großes Tier in eine so kleine Kamera hineinpaßt... Der Koch und unser gemeinsamer Freund, der Steward, schüttelten einfach nur kommentarlos den Kopf.

Mir fällt da eine Radiowerbung aus Wellington ein. Angeboten wird ein Hubschrauberflug über eine der sichersten Walbuchten der Welt. Nahezu jederzeit sollen dort Wale zu beobachten sein! Interessiert hatte mich das Angebot schon - bis ich den Preis für den zweistündigen Ausflug hörte; und wie ich nun weiß, geht's auch preiswerter.

Melbourne - Strike

Nun, diese Art STRIKE hat nichts mit Bowling zu tun. In Australien ist die Gewerkschaft eine wirklich funktionierende Institution. Nach Gesprächen mit dem Lotsen, dem Agenten, Schiffshändler, Hafenarbeitern und dem intensiven Studium hiesiger Zeitungen wurde mir klar, warum in den großen Häfen Australiens gestreikt wurde:

Die Lebens- und Arbeitsbedingungen der Kumpels in den verschiedenen Bergbaugebieten sind (im weltweiten Vergleich gesehen) auf Mittelalterniveau! Da es in Australien nur eine Gewerkschaft gibt, die nahezu alle Arbeiterinteressen vertritt, ist sie natürlich in der Lage, wirkungsvoll Druck zu machen. Wenn es nun wenig bringt, im betroffenen Bereich zu streiken, dann werden eben auch andere Industriezweige lahm gelegt. Es ging jetzt also gar nicht um den Hafenbetrieb, als in Melbourne und Sydney für drei Tage überhaupt nichts mehr lief!

Am Abend vor dem Einlaufen saß ich in der Bar und sah mir einen Film an, als der Alte hereintrat und sagte:

"Nach Absprache mit dem Chiefmate habe ich beschlossen, dass Sie und der Dritte, wenn morgen wirklich nicht gearbeitet wird, frei machen. Der Chiefmate bleibt an Bord und ich muß es wohl auch erst mal." - Wieder hatte er es geschafft, mich zu überraschen. Mehr als ein "Danke" bekam ich gar nicht heraus.

Begonnen hatte es vor zwei Tagen mit einem Telex der Melbourner Agentur, in dem es hieß, aufgrund eines drohenden Streiks wäre es möglich, dass wir gleich nach Fremantle weiterfahren würden. Doch praktisch im letzten Augenblick, nur wenige Stunden vorm Lotsen, tickerte die Nachricht herein, wir würden als eines der letzten Schiffe durch die (ebenfalls gewerkschaftlich streikenden) Lotsen und Schlepper nach Melbourne gebracht werden. Die schlechte (oder gute) Nachricht bestand darin, dass der Streik womöglich auch uns zu einer längeren Liegezeit zwingen könnte!

Der Lotse, der uns begleitete, versuchte vergeblich, seine Freude über die kommenden bezahlten freien Tage an mich weiterzureichen. Mir blieb nichts anderes, als ihm meine "Wahrheit" darüber mitzuteilen:

"One or two days delay is not the problem, but more, then I will come too late home, too late for Christmas Time!" - Tatsächlich wurde sein Gesichtsausdruck sofort verstehend ernster. Und wirklich konnte ich eine längere Verspätung überhaupt nicht gebrauchen. Der Reiseplan war knapp genug bemessen und sollte uns bis jetzt gerade noch rechtzeitig vor Weihnachten ins Mittelmeer bringen. Aber nicht, wenn wir hier noch mehr als zwei Tage warten müßten!

Trotzdem freute ich mich schließlich auf den freien Tag: endlich einmal mehr als sechs Stunden Schlaf in einem Stück! Nachdem wir angelegt hatten und feststand, dass am kommenden Tag tatsächlich nichts geschehen würde, legte ich mich um 01.00 Uhr ins Bett, um erst 10 Stunden später durch meinen Wecker wieder aufzuwachen.

Beim Mittagessen traf ich unseren Reiseleiter und seine Frau:

"Noch nicht an Land?!", fragte er mich, scheinbar leicht enttäuscht.

"Geht gleich los. Ich brauche nur noch etwas Kleingeld." - "Tut mir leid, aber der Agent hat noch keines besorgen können." - Das gibt's doch gar nicht! Da hat man nach einem Vierteljahr endlich einen freien Tag, und dann steht man ohne Geld da! Er muß mir meine Enttäuschung angesehen haben:

"Ich habe privat noch ein paar US-Dollar, wenn Sie die erst einmal haben wollen?" - Erfreut stimmte ich zu und saß eine Stunde später im Taxi.

"Sorry, I have only US-Dollar, can You take me to a bank at first?!" - "Oh, no problem, I will take also US-Dollar, but I will bring You to a big business-street to change Your money." - Damit waren also auch meine finanziellen Schwierigkeiten geregelt. Der Fahrer setzte mich an einer der Hauptgeschäftsstraßen direkt vor einer Bank ab, bekam 10 US-Dollar, worüber er sich scheinbar enorm freute; und ich begann durch die City zu spazieren, nachdem ich 200 Dollar getauscht hatte.

Mein einziges Ziel waren Weihnachtsgeschenke für die Familie. Da es in Sydney eben nicht

so geklappt hatte, suchte ich hier nach passenden Andenken. Es gab so viele Souvenir-Shops, dass ich mich schließlich entschloß, im nächsten endlich alles zu nehmen, was mir gefiel. So lief ich dann am frühen Nachmittag mit zwei dicken Plastikbeuteln durch die Straßen. Im Melbourner "Fitzroy Park" setzte ich mich endlich auf eine Bank und genoß in Ruhe das Rauschen der Bäume, das Grün des Rasens und holte bewußt tief Luft...

Doch immer wieder der Blick zur Uhr. Der Zeitunterschied von 10 Stunden zwang mich zum Warten. Endlich war es in Europa sieben Uhr morgens - und in der nächsten Telefonzelle verbrachte ich die kommende halbe Stunde. Meine Freundin, mein Bruder und seine Frau waren bereits auf, meine Eltern weckte ich. Nach den ausführlichen Gesprächen stand ich erleichtert mitten in Melbourne, und ein Blick auf die Ortszeit sagte mir, dass es Zeit fürs Abendbrot und damit für den Rückweg wurde.

Am Hafentor wartete ich auf den Kleinbus, der mich zum Schiff bringen sollte, da im Hafen aus Sicherheitsgründen niemand zu Fuß gehen darf. Als ich den Fahrer dann fragte, wann der Streik beendet sei, antwortete er, der ist längst zu Ende, aber die Bosse hätten durchaus erkannt, dass die Arbeitsniederlegung bewußt von Mittwoch bis Freitag stattgefunden hatte, um den Arbeitern nicht den Verlust der Wochenendzuschläge anzutun! Daraufhin hatten die Geldgeber gesagt, ne, dann beginnt ihr erst wieder Montagmorgen!

Auch verständlich, dementsprechend nicht nur noch ein freier Tag, sondern auch ein weiterer Tag Verspätung! - An diesem Sonntag blieb ich dann an Bord "standby", was mich aber nicht davon abhielt, erst mal richtig auszuschlafen. Schließlich begann am Montagmorgen pünktlich um 00.00 Uhr die Arbeit, und spätabends verließen wir endlich Melbourne.

Singapore - Geburtstag

Innerhalb weniger Stunden hatten wir Fremantle als letzten australischen Hafen "abgearbeitet" und befanden uns nun kurz vor Singapore.

Nachdenklich stand ich kurz nach 00.00 Uhr am Brückenfenster und schaute zu dem sternenklaren Himmel hoch... mit dem gewohnten Schwung stieß plötzlich der Alte die Brückentür auf, kam im Dunkeln zügig auf mich zu und begann spontan und schön laut "Happy Birthday" zu schmettern! Dann stand er vor mir, streckte die Rechte aus, schüttelte mir lange die Hand und meinte: "Herzlichen Glückwunsch zum Geburtstag! Ich wünsche Ihnen alles Gute im nächsten Lebensjahr und dass Sie möglichst oft mit guten Kapitänen fahren können!" - Überrascht bedankte ich mich, als er mir auch noch ein Geschenk in die Hand drückte.
"Das ist ja sogar eingewickelt!", rutschte mir heraus. "Na klar, was denken Sie denn... also, gute Wache!" - "Danke!" - Grüßend hob er die Hand, und schon fiel das schwere Schott hinter ihm ins Schloß.
Mein Wachmatrose Teeta hatte natürlich alles mitbekommen, jetzt trat er auf mich zu, drückte mir die Hand und meinte schlicht: "Happy Birthday!" - Ich lud ihn zu einer Tasse Tee ein und freute mich auf eine ruhige Nachtwache...
Aber wir kamen ja nicht einmal dazu, den Tee auszutrinken. Plötzlich erschienen am dunklen Horizont erst 2,3,4, dann immer mehr kleine weiße Lichter: Fischerboote, die es erst beim Nahen

eines Großen für notwendig hielten, sich zu zeigen! Und im Radar waren sie erst ab 2 sm zu erkennen - also "Augen zu und durch!". Erstmalig sah ich mich gezwungen, das Typphon und auch die Signallampe einzusetzen. Ich sah einfach keine Ausweichmöglichkeit: Zu dicht aneinander lagen die weißen Lichter auf dem Wasser vor uns! Tatsächlich öffnete sich vor uns die Kette. Doch die Erleichterung dauerte nur wenige Minuten, dann kam die nächste Welle Fischer...

"Da hab ich geglaubt, eine ruhige Nachtwache zu haben, da treffen sich alle Fischer der chinesischen See hier, so dass ich sogar "Klimmzüge am Flötenbändsel" machen muß!" ließ ich meinen Stress heraus, als der Chiefmate um 04.00 Uhr auf der Brücke erschien; gerade als die letzten Boote hinter uns zurückblieben und vor uns nichts als Wasser lag! Schmunzelnd schüttelte er mir die Hand und meinte:

"Herzlichen Glückwunsch!" - Nun, ich nehme an, er dachte mehr an meinen Geburtstag.

Kurz darauf saß ich mit Teeta in meiner Kammer. Wir stießen mit einem guten Weinbrand an und unterhielten uns ein Weilchen. So begann mein 27.Geburtstag, aber da sollte noch mehr kommen!

"Na, dann wollen wir mal wieder!", begrüßte mich mein Kapitän zur Mittagswache auf der Brücke. Wir fuhren auf das östliche Verkehrstrennungsgebiet von Singapore zu, fast zur selben Tageszeit wie beim letzten Mal. Während der nun folgenden vier Stunden zeigte sich wieder einmal, wie viel Wert ein gut aufeinander eingestimmtes Brückenteam hat. Während er aktive Kollisionsverhütung betrieb, pendelte ich ständig zwischen Radar und Karte, um alle drei Minuten einen Ort zu "zaubern". In Extremsituationen wie das Einfädeln in das Verkehrstrennungsgebiet lieferte ich die Positionen jede Minute: Ein Konzentrationskraftakt, den man nicht gerade stundenlang durchhält!

Gegen 15.00 Uhr kam seine Frau auf die Brücke, um wie immer den Nachmittagskaffee anzusetzen. Das war die Gelegenheit für den Alten, folgende Bemerkung zu machen:

"Seit über zwei Stunden jetzt haben wir hier Stress! Aber ich kann mich ja auf meinen Navigator blind verlassen." - Ich nickte nur stumm, in Gedanken die zigste Peilung ständig wiederholend.

Als das unscheinbare aber doch so wichtige Kreuzchen dann in der Karte war, gönnte ich mir den Luxus, mal kurz Luft zu holen und erwiderte:

"Wenigstens muß man so nicht ständig an den eigenen Geburtstag denken..."

Nachdem ich um 16.00 Uhr meine Wache an den Ersten übergeben hatte, setzte ich mich noch für ein Stündchen in den Salon vor den Fernseher, mit einem Stück Geburtstagskuchen und einer Tasse Kaffee, und genoß die Entspannung.

Von 17.00 bis 18.00 Uhr stand ich auf der Back und beobachtete, wie die Matrosen versuchten, meinen Anlegeanweisungen zu folgen... Dann endlich waren wir fest und ich stand unter der Dusche: Landgang in Singapore!

Mit Koch, Steward und Teeta war abgesprochen, dass wir erst telefonieren und dann gut essen gehen würden. Dementsprechend viel Vorschuß in Singapore-Dollar hatte ich vom Alten geholt. Doch es wurde immer später und niemand meldete sich. So begann ich im Schiff herumzutelefonieren, bis ich schließlich den Koch in seiner Kombüse erreichte.

"Was ist denn los, ich denke, wir können längst los!?" - "Das dachte ich auch, aber da ist eben der Proviant gekommen... und der Steward und ich stehen hier allein herum!" - "Ok, ich kümmere mich darum." - Während der Hafenwache sind die Nautiker über Sprechfunk erreichbar. Ich bat den III. NO, sich um die Proviantübernahme zu kümmern... und eine halbe Stunde später standen wir vier endlich an der Pier.

Mit einem der regelmäßig fahrenden Hafenbusse erreichten wir das Gate und bemerkten nebenbei, wie groß der Hafen von Singapore sein musste, wenn es sogar erforderlich war, allein innerhalb des Hafengeländes ein umfangreiches Buslinennetz aufzubauen!

Nach etwa 15 Minuten Eilmarsch betraten wir eine belebte Geschäftsstraße. Telefoncards bekommt man hier in fast jedem kleinen Laden, und die Apparate stehen förmlich an jeder Ecke...

"Hast du denn noch Geburtstag?", war das erste, was ich von meiner Mutter hörte.

"Ja, es ist hier zwar schon abends, während ihr noch beim Mittagessen sitzen dürftet, aber ich habe extra gewartet, bis ich an Land bin - wer ist schon zu seinem 27. Geburtstag in Singapore?!" - Meine Eltern wünschten mir alles Gute. Der nächste Anruf galt meinem Bruder und seiner Frau: "Hey, Herzlichen Glückwunsch! Schön dich zu hören! Wo bist du denn?" – „Kannst du dir den Zufall vorstellen, da ist man mit seinem Containerschiff mal 20 Stunden in Singapore, und dann trifft das genau meinen Geburtstag!?" - Da hier die Gesprächskosten kaum der Rede wert sind, zog sich auch dieses Gespräch in die Länge. Schließlich rief ich noch meine Freundin an, und das Gespräch wurde, wie erwartet, am längsten...

Endlich fertig geworden, sah ich meine Freunde gelangweilt auf einer Bank warten: 80 Dollar hatte die letzte Stunde gekostet - es wurde Zeit fürs Abendessen!

Inzwischen war es bereits 21.00 Uhr durch, der „Peoples Park", eines der bekanntesten Einkaufszentren, in dem man auch sehr gut essen kann, macht gegen 21.30 Uhr zu. Kurz entschlossen nahmen wir das nächste Taxi und fragten den Fahrer, wo man noch gut essen könne. Nach etwa 10 Minuten Fahrt (die Taxipreise sind hier ebenfalls sehr niedrig) setzte er uns vor einem der größten Fastfood-Markets ab. Auf einem riesigen Gelände reihten sich Stände und Buden mit allen erdenklichen asiatischen Fisch- und Fleischgerichten aneinander. Die Luft war voll mit Düften von „Peking Duck" bis „Shrimps" - und leider waren auch die Tische voll besetzt. Sonnabendabend trifft sich hier wohl halb Singapore! Schließlich fanden wir einen freien Tisch und versuchten, unsere echt chinesische Glasnudelsuppe mit den dazugereichten Stäbchen unter Kontrolle zu bekommen. Eigentlich sollte das nur die Vorsuppe werden, doch schließlich mussten wir uns, den Schweiß von der Stirn wischend eingestehen, dass so eine „Arme-Leute-Suppe" durchaus reicht, auch einen ausgewachsenen hungrigen Europäer abzufüllen! Nebenbei bemerkt hat eine Portion nur drei Dollar gekostet, und die Literflasche Bier für sechs Dollar ließ ebenfalls keinen Wunsch mehr offen. Da sich meine Freunde strikt weigerten, noch mehr zu essen, und auch ich keinen zwingenden Grund mehr verspürte, beschränkte ich mich darauf, ein komplettes Hähnchen a la asia einpacken zu lassen - für die kommende Nachtwache!

Auf dem Rückweg nahmen wir wieder ein Taxi, und pünktlich zum Wachbeginn um Mitternacht erreichten wir die „James Cook".

5. Kapitel

Überfahrt nach Jeddah - GRAN FIESTA

„Today Gran Fiesta on Poopdeck" verkündete die Tafel im Hauptgang. Eigentlich schien auch diese Ankündigung überflüssig. Jeder an Bord wußte, dass der II. Nautiker heute anläßlich seines Geburtstages und seines Absteigens zu „einem" Bier eingeladen hatte. Was nicht jeder wusste aber viele ahnten oder wenigstens hofften, war die Absprache, die zwischen meinem Kapitän und dem Koch bereits Tage zuvor stattgefunden hatte! Doch was dann achtern aufgetafelt wurde überraschte selbst mich: Drei Sorten Bratwurst, Krautsalat, Nudelsalat, Kartoffelsalat, Reissalat, selbstgebackenes Brot, mit und ohne Knoblauch, Koteletts, Schnitzel vom Schwein, Rind und Lamm, eisgekühltes Bier und auch Softdrinks ohne Ende sowie ein ganzes Spanferkel am Spieß! Den gesamten Nachmittag hatten Bootsmann, Teeta, Tio, Koch und die beiden Stewards den Platz hergerichtet, die Grills angeworfen und das Spanferkel betreut, so dass um 18.00 Uhr alles bereit stand - zur Großen Fiesta!

Tios Recorder sorgte für die musikalische Untermalung und bereits wenige Minuten nach sechs war die Besatzung komplett versammelt. Bei vergangenen Gelegenheiten dieser Art erschienen die meisten spät und eher zögernd. Jetzt galt es nur noch ein Problem zu lösen: Für unseren Koch und seine Mannen war der Auftrag erfüllt, alles notwendige vorzubereiten. Ich wußte, es gab sogar die ausdrückliche Order vom Kapitän, dass die Wirtschaft gleichberechtigt an derlei Feierlichkeiten teilnehmen sollte, also nichts zu braten und servieren hatte!

Da saßen und standen sie nun alle mit kaum beherrschtem Hunger da, trauten sich aber nicht, anzufangen - die Deutschen aus höflicher Rücksichtnahme auf den Gastgeber, und die Kiribatis, weil die Offiziere sowieso den Anfang machen mussten ... Der Einzige, der das Recht und wohl auch die Verpflichtung hatte, zu beginnen, war der II. Nautiker. Ich stand neben dem Spanferkel und verlor meine Hilflosigkeit, als ich das erkannte! Mit dem lächelnden Selbstverständnis, das eine solche erstmalige Situation gerade noch zustande bringen läßt, griff ich mir Messer und Gabel und begann, das erste Stück herauszuschneiden. Alle sahen mir erwartungsvoll zu und ich spürte förmlich die zunehmende Entspannung.

„Das macht er doch auch richtig gut, oder?!" - ließ sich der Alte vernehmen und beifälliges Kopfnicken bestätigte meine Bemühungen. Das erste Stück drängelte ich seiner Frau auf, das nächste ihm selbst. Dann ging es die Reihe durch, bis jeder seinen mehr oder weniger fairen Anteil vor sich liegen hatte.

Im Laufe der folgenden Stunden nahmen die Steaks und Würste rapide ab - das Fassungsvermögen eines kiribatischen Magens bewies einmal mehr die doppelten Fähigkeiten eines Europäers - und auch das Bier musste rasch aufgefüllt werden. Wir unterhielten uns, natürlich erst, als der größte Hunger uns Gelegenheit gab, zwischen zwei Koteletts eine Gesprächspause einzulegen, jeder mit seinem Nachbarn. Schließlich lockerte sich die ursprüngliche Sitzordnung auf. Und nur so für mich bemerkte ich, dass die meisten sehr viel länger blieben, als bei den Feiern zuvor...

Gerade kam ich aus meiner Kammer zurück, wohin mich ein bestimmtes und sehr menschliches Bedürfnis gezogen hatte, da traf ich den Bootsmann auf dem Gang. Dringend bat er mich, zu ihm in die Kammer zu kommen. Ich muß wirklich ein total überraschtes Gesicht gemacht haben, denn er begann zu lächeln, als er auf seine Kollektion handgefertigter Muschelketten an der Wand wies.

„Ich wollte es nicht vor allen tun ... bitte, suchen Sie sich eine aus!" - Überwältigt blickte ich ihm in das ehrliche Gesicht, dann auf die verschiedenen Ketten. Viel wußte ich noch nicht über die Mentalität der Kiribatis, aber doch genug, um diese Situation richtig einzuschätzen zu können... Ich raffte mich auf und wählte schließlich eine der wunderbaren Arbeiten aus, bedankte mich mehrmals und war mir bewußt, dass wir uns beide gerade gegenseitig ein viel größeres Geschenk gemacht hatten!

Gemeinsam begaben wir uns wieder unter die Feiernden. Jeder Kiribati hat einige derartige Muschelketten mit an Bord, die nur zu einem Zweck von ihren Angehörigen, meist den Ehefrauen, angefertigt wurden: Guten Freunden eine bleibende Erinnerung zu überlassen. Als eines meiner wertvollsten Andenken hängt sie noch heute bei mir zu Hause.

Epilog

Jeddah, der Suez-Kanal, Port Said und schließlich Piräus. Hier verließ ich die „James Cook" - das Schiff, welches ich gerade wegen seiner Besatzung nur sehr ungern verließ. Am letzten Abend gab mir „mein" Kapitän noch eine Gesamteinschätzung meiner Fähigkeiten und Fertigkeiten, die mich schlichtweg sprachlos machte.

Während ich versuchte, meine Koffer die Gangway hinunter zu bekommen, fiel mir förmlich Tio hinterher, um mir atemlos zu gestehen:
„Entschuldigen Sie bitte, dass ich immer wieder so vorlaut und frech gewesen bin, es war nie böse gemeint..." - „Ich weiß" antwortete ich lächelnd gerührt. „Du wirst eines Tages ein guter Offizier sein. Und ich hoffe, dass wir noch einmal miteinander auf einem Schiff fahren..." - Glücklich strahlte er mich an, während ich mich dem Kleinbus zuwandte. Da bemerkte ich Teeta, wenige Schritte abseits stehend. Spontan trat ich auf ihn zu, griff seine Rechte mit beiden Händen und sagte auf Englisch:
„Es gibt nicht viele wahre Freunde ... hoffentlich sehen wir uns wieder ... ich wünsche Dir alles Gute!!!" - Stumm erwiderte er meinen Händedruck, und ich musste mich mit Gewalt von dem traurigen Gesicht abwenden.

Wenige Stunden später saß ich im Flieger nach Hamburg, wo mich meine Familie erwartete. Und neben der Wehmut des Abschieds begann ich mich mehr und mehr auf die nächsten Tage zu freuen: Weihnachten in Familie, Silvester mit Freunden im Wintersport und nach einem langen schönen Urlaub zu Hause der nächste Einsatz als Nautiker...

Die Seemannssprache und der Versuch, sie zu erklären

Weitere Bände der Reihe Seemannsschicksale

Die Seemannssprache und der Versuch, sie zu erklären:

abbacken	Abräumen des Tisches (Back) nach einer Mahlzeit
abmustern	das Arbeitsverhältnis an Bord beenden
abwettern	einen Sturm auf See durch geeignete Manöver überstehen; beidrehen
achterlich	von hinten kommend
achtern	hinterer Teil des Schiffes
achtern raus segeln	die Ausfahrt des Schiffes verpassen
Alle Mann! all hands!	Manöver bei schwerem Wetter, wenn alle Männer auf die Stationen müssen. Englisch: „all hands"
der **Alte**	Kapitän
Ankerklüse	Öffnung in der Bordwand, wo die Ankerkette durchläuft
anmustern	Vertrag für den Dienst an Bord abschließen
Assi	Ingenieurassistent in der Maschine
Aufklarer	Reinigungskraft
Ausguck	Beobachtungsposten, Wachmatrose, der den Seeraum beobachtet und Hindernisse, Schiffe, Lichter oder Land meldet
ausloten	mittels Lot die Tiefe eines Gewässers feststellen
Back	1. Klapptisch, Esstisch, 2. Vorschiffsaufbauten
Backbord	linke Schiffsseite, von achtern gesehen, durch rote Seitenlaterne gekennzeichnet
Backschaft	Küchendienst
Backskiste	schmale Couch
Bananenjäger	Fruchtkühlschiff
beidrehen	das Schiff bei kleiner Fahrt so gegen den Sturm/ Seegang drehen, dass es wenig Widerstand bietet
bekleeden	gespleißte Enden werden mit Fett eingerieben, dann mit Segeltuch umwickelt und abschließend mit derbem Band dichtgebunden
Beaufort	Windstärke
Bilge	Doppelbodentank zum Auffangen von Flüssigkeitsresten aus dem Maschinenraum und / oder Laderaum
Blitz	Bordelektriker
Bootsmann	Vorgesetzter für Matrosen und Decksleute
Brise	leichter, kühler Wind, steife Brise bis etwa 5 Beaufort
Brücke	Nautischer Leitstand des Schiffes
Bulk Carrier	Massengutfrachter
Bunker	Kohle- oder Treibstoff-Vorratsraum
bunkern	Treibstoff an Bord nehmen

Charter	Frachtvertrag, Vermietung eines Schiffes
Chief	Leitender Ingenieur, Stellvertreter des Kapitäns
Chiefmate	Erster nautischer Offizier, Stellvertreter des Kapitäns
Crew	Besatzung
Dampfer	umgangssprachlich für das Schiff, auch wenn es nicht mit Dampf betrieben wird
Dhau, Dau	zweimastiges Segelfahrzeug (in arabischen und ostafrikanischen Gewässern)
Decca	landgestütztes Navigationssystem
Deck	Stockwerksboden eines Schiffes
Decksmann	ungelernter Decksarbeiter
DGzRS	Deutsche Gesellschaft zur Rettung Schiffbrüchiger
Dock	Schiffsreparaturanlage
Dockschwalbe	Prostituierte
drei Eisheiligen	Kapitän, Leitender Ingenieur und 1. Offizier
Dschunke	flaches chinesisches Segelschiff mit rechteckigen Segeln; für Fluss- und Küstenschifffahrt
Dünung	Wellen, die aus dem Windfeld herausgewandert oder nach Abzug des Windfeldes verblieben sind
entlaschen	Festgebundenes wieder lösen
Etmal	die in 24 Stunden zurückgelegte Reise in Seemeilen
Fender	Polster zum Schutz der Bordwand
Feuer	leuchtendes Seezeichen
fieren	etwas absenken
Freiwache	Freizeit zwischen den Wachen
Gangway	Laufsteg zwischen Land und Schiff
Heuer	Lohn des Seemanns
Heuerschein	Arbeitsvertrag des Seemannes
hieven	hochziehen
hinaufentern	hochklettern
IHS	Ingenieurhochschule für Seefahrt Warnemünde/Wustrow
Jan Maat, Janmaat	scherzhaft für Matrose, Seemann
Kabelgatt	Lagerraum für Trossen und Kabel ganz vorne im Schiff
Kabelgattsmatrosen	für das Kabelgatt verantwortlicher Matrose, auch Stellvertreter des Bootsmanns
Kimm	Horizont
Kiribati	Inselgruppe im Pazifik, gleichzeitig auch die Bezeichnung der von dort stammende Seeleute
klarieren	etwas in Ordnung bringen
Klar vorn und Achtern!	ist ein definiertes Kommando und bedeutet, dass alle Besatzungsmitglieder nach vorn und nach achtern sowie

	in die Maschine auf ihre Manöverstationen zu gehen haben, um das An- oder Ablegemanöver durchzuführen
Knoten	1.Fahrgeschwindigkeit des Schiffes in sm/h; 2. seemännische Art und Weise, Tampen miteinander zu verbinden
Kochsmaat	Helfer in der Küche
Koje	Bett
Kombüse	Schiffsküche
Kümo	Abkürzung für Küstenmotorschiff
Kurs	Fahrtrichtung eines Schiffes
längsseits	parallel zur Kielrichtung des Schiffes
laschen	das Festzurren beweglicher Gegenstände, Ladung an Bord
laufendes Gut	Tauwerk, das zum Auf- und Niederholen von Segeln und Ladebäumen sowie andere Arbeiten dient
Lee	dem Wind abgekehrte Seite
Leine	dicke Schnurr, Seil mittlerer Stärke
lenzen	eingedrungenes Wasser aus dem Schiff pumpen
löschen	Schiff entladen
Logis	Mannschaftswohnraum
lotsen	ein Schiff in den Hafen lotsen, ein Schiff durch schwierige Gewässer lotsen, führen, leiten
Luv	dem Wind zugekehrte Seite
Matrose	gelernte Fachkraft für den Decksdienst
Mehrzweckeinsatz	Personaleinsatz für Deck und Maschine
Messe	Speiseraum der Seeleute an Bord
Messesteward	Bedienung für Offiziers- oder Mannschaftsmesse
Mooringboot	Festmacherboot, kleines Motorboot, welches die Schiffsleinen annimmt und an die Pier schleppt
MS / MV	Motorschiff / Motorvessel (engl.)
Notice of readiness	engl. Erklärung: „klar zum Löschen"
NO	nautischer Offizier
Ölzeug	wasserdichte Oberbekleidung für Seeleute
O-Messe	Offiziersmesse, Gemeinschaftsraum der Offiziere für Mahlzeiten und Freizeit
Passat	gleichmäßiger tropischer Wind, wechselnd zwischen Nordost und Südost
Persenning	starke präparierte Segeltuchplane
Pier	Anleger, Hafendamm, Landungsbrücke
Planke, Decksplanke	starkes Brett, Bohle
Poller	metallener Pfeiler an der Pier zum Festmachen des Schiffes

Poop	ein auf dem hinteren Teil des Oberdecks errichteter Aufbau
Pütz	kleiner Eimer
Reeder	ursprünglich Schiffseigner, heute auch möglich, nur als Verwalter tätig
Reefer	engl. für Kühlcontainer
Reiniger	Maschinenhelfer
Ro/Ro	Roll on / Roll off Schiff für über Heckklappe rollende Ladung
rollen	Schlingern, Schaukeln, Drehbewegung (Rollen) eines Schiffes um die Längsachse und Querachse
Ruder	Steuerteil eines Schiffes oder Bootes
den **Sack kriegen**	fristlos gekündigt werden
SBG	Seeberufsgenossenschaft mit Seekasse
Schanzkleid, Schanz	festes Geländer um ein freies Deck, überkommendes Wasser läuft durch Speigatten ab
Schäkel	verbindendes Ankerkettenglied, dient auch der Darstellung der Ankerkettenlänge, ein Schäkel = 25 m
Schiffsbetriebsmeister	Vorgesetzter für Decks- und Maschinenarbeiter
Schiffsmechaniker	gelernte Fachkraft für Deck und Maschine
schlingern	seitliches Schaukeln des Schiffes zwischen Steuer- und Backbord
Schmierer	Motorenwärter, gelernter Bordmechaniker
Schwell, Swell	Dünung, Wellen, die auslaufenden Bug- und Heckwellen der Schiffe vor und in Häfen (siehe auch „Dünung")
Seefahrtbuch	Fahrtennachweis und Pass des Seemannes
Seekasse	Rentenkasse der Seeleute (siehe SBG)
Seemannssonntag	jeder Donnerstag wird aus alter Tradition heraus als Sonntag angesehen, als einen Feiertag, an dem der Seemann zumindestens weniger arbeitet
Smut oder **Smutje**	Schiffskoch
Smoketime	10 bis 20 Minuten lange Kaffeepause, in der Regel um 10.00 und 15.00 Uhr
Spant(en)	Außenhautversteifung von Schiffen aus Stahl oder Holz; meist querschiffs angeordnet (Quer-Spant)
Speigatt	Öffnung in der Schiffswand, als Wasserablauf
Spill	Winde zum Hieven von Lasten
spulen	etwas mit Wasser abspülen
Spring	Schiffsleine, die zur Schiffsmitte hin an Land gegeben wird
spleißen	Draht oder Tauwerk wird in sich selber verbunden
stampfen	Schaukeln des Schiffes bei Seegang in Längsrichtung

Stellage	ein durch Tampen gehaltenes Brett, welches als hängende Arbeitsplattform dient
Steamblech	Bleche, die an Deck verlaufende Rohrleitungen abdecken und so vor äußeren Einflüssen schützen
Stevedors	engl. Hafenarbeiter
slippen	eine Leine loswerfen
Steuerbord	rechte Schiffsseite, von achtern gesehen, durch grüne Seitenlaterne gekennzeichnet
Steuermann	Navigator, Nautiker, Schiffer, der für die Navigation verantwortlich ist; jemand der ein Boot steuert
Steven	Bauteil, das den Schiffskörper vorn als Vorder-Steven und hinten als Achter-Steven abschließt
Steward	Bedienungskraft
Storekeeper	Lagerhalter (Maschinen-Unteroffizier)
Taifun	tropischer Wirbelsturm in Südostasien; orkanartiger Wind
Taklingen	derber Bindfaden wird abschließend um das Ende eines Taues oder Drahtes gebunden
Talje	aus Rollen (Blöcken) und Tauen bestehendes Hebezeug (Flaschenzug)
Tampen	Stück oder Ende eines Taus
Tide	Gezeiten: Flut und Ebbe
TO	technischer Offizier
törnen	schlingen
Topp	**1**. oberes Ende des Mastes oder Stenge, **2**. Toppzeichen auf der Spitze von Seezeichen (Tonnen) in Form von Kegeln, Zylinder, Spindeln u.a. dienen zu ihrer besseren Unterscheidung
Tramp-Fahrt	Seefahrt ohne Zeit- und Routenplan
Trockendock	Schiffsreparaturanlage, aber auch Alkoholentziehungskurheim
überholen	1. ausbessern, nachsehen; 2. starkes Neigen des Schiffes
verholen	ein Schiff an einen anderen Liegeplatz bringen
Vordersteven	vordere Spitze des Schiffes (Bug)
Wache	Arbeitsschicht des Seemannes
Wachsmatrose	Matrose im Schichtdienst: gemeint sein kann Brückenwache oder Gangwaywache
Walkie-Talkie	mobiles handliches UKW-Sprechfunkgerät
Winch	engl. für Winde
WO	Wachoffizier
zutörnen	Arbeit zuteilen, erledigen, schneller machen

Die Buchreihe
Seemannsschicksale
ist erschienen im

Dietrich's Verlag

Erhältlich über

www.Dietrichsverlag.de

und über den Buchhandel.

*Verfasser und Herausgeber
Band 1 bis 6:
Jürgen Ruszkowski*

Band 1

Seemannsschicksale
Lebensläufe und Erlebnisberichte von Fahrensleuten aus aller Welt

Begegnungen im Seemannsheim
aufgezeichnet und zusammengestellt
von Jürgen Ruszkowski

ISBN: 3-9808105-0-X

Seemannsschicksale
Band 2

Lebensläufe und Erlebnisberichte
von Fahrensleuten aus jüngster Geschichte und Gegenwart

gesammelt und herausgegeben von Jürgen Ruszkowski

ISBN: 3-9808105-1-8

Band 1:
Begegnungen im Seemannsheim

Menschen an Bord in den 50er bis 90er Jahren in der Sprache des Seemanns, abenteuerlich und engagiert. Geschichten von der Backschaftskiste voll Lebenslust, Leid und Tragik. Menschenschicksale voll von Hochs und Tiefs.

Band 2:

Lebensläufe und Erlebnisberichte von Fahrensleuten aus jüngster Geschichte und Gegenwart

Seemannsschicksale
unter Segeln
Die Seefahrt unserer Urgroßväter im 19. Jahrhundert
Band 4

gesammelt, überarbeitet und herausgegeben von Jürgen Ruszkowski

ISBN: 3-9808105-2-6

Band 3:
wird im Oktober 2002 erscheinen

Band 4: Unter Segeln
Die Seefahrt unserer Urgroßväter im 19. Jahrhundert

Zwei Seemannsschicksale unter Segeln aus der Mitte und vom Ende des 19.Jahrhunderts werden in diesem Band vorgestellt. Als man noch ohne meteorologische Vorhersagen und ohne Satellitennavigation, nur auf die Kraft des Windes angewiesen, von Kontinent zu Kontinent fuhr, waren seemännische Erfahrung, Weisheit der Nautiker und wagemutiger Einsatz der Mannschaften lebensnotwendig. Sie sollten nicht in Vergessenheit geraten.

Band 5:
Ein Leben auf See
Die Memoiren des Captain E. Feith

Sehr detaillierte und farbige Darstellung eines interessanten Lebens als Seemann, angefangen von der Zeit als 16jähriger „Moses" auf einem Kümo vor dem Mast 1952 bis hin als Kapitän eines 71.000-Tonnen-PanMax-Bulk-Carriers Mitte der 90er Jahre. Ein zeitgeschichtliches Dokument, welches die harte und oft gefahrvolle Wirklichkeit des Seemannsalltags an Bord und das pralle vitale Leben in den Häfen der Welt spannend und amüsant wiedergibt.

Band 6: ist in der Entstehung

In der Reihe
Seemannsschicksale

Ein Leben
auf See

Die Memoiren des
Captain E. Feith

Erinnerung an die Seefahrt
der 50er bis 90er Jahre

herausgegeben von Jürgen Ruszkowski

ISBN: 3-9808105-3-4